[또 하나의 문화]

「또 하나의 문화」는
인간적 삶의 양식을 담은
대안적 문화를 만들고 이를 실천해 가는
동인들의 모임입니다.
이 모임은 남녀가 진정한 벗으로 협력하고
아이들이 자유롭게 자랄 수 있는 사회를 꿈꾸며
특히 하나의 대안 문화를 사회에 심음으로써
유연한 사회 체계를 향한 변화를
이루어 갈 것입니다.

• 착 달라붙은 '참개' 머리
무스 바른 뒤 물로 정리해야 촉촉함
• '자자' '언타이틀'의 랩이나 레게를 흥얼흥얼
• '엉턱스' '쿨' 언니들이 꽂았던 집게핀
• 인생의 썰렁함을 달래는 달콤한 아이스크림
• 여드름은 청춘의 심볼이 아닌 촌티의 심볼
예방에 힘쓰지만 사후 관리도 철저
사복 외출시 기초 화장으로 잡티를 감춤
• 입고 꿰맨 듯한 폴티셔츠
• 각진 구석이라곤 없이 마구 늘어진 배낭
• 귀여운 열쇠고리
• 삐삐는 필수. 소리가 나면 '폭팔려'. '진동'으로
• 환경미화원 아저씨들이 좋아하는 힙합바지
하지만 오해는 마시라.
바지단을 압정으로 고정시켜 질질 끌리는 일은 없을 테니
• 바지 밑단에 덮이지 않을 정도의 왕발신
스펀지 굽이어야 압정을 꽂을 수 있음
• 보이지 않지만 양말을 폼나게 신는 것도 패션

표지 그림 · 장정예
표지 사진 · 교육사진연구회

[또 하나의 문화]
제13호

새로 쓰는 청소년 이야기 · 1
아이들이 없다

[또 하나의 문화]
제13호

도서출판
또 하나의 문화

책을 펴내며

1.

동인지 5호 『누르는 교육 자라는 아이들』에서 우리는 "아이 하나를 행복하게 기르는 작업이 세상에서 가장 중요한 일"임을 말했습니다. 그리고 그것은 "아이를 둘러싸고 있는 비인간적인 거대한 벽들을 허물지 않고는 불가능한 일"임을 밝힌 바 있습니다. 그 책이 나간 지 7년이 되었고, 여전히 '기르는 것'에 지대한 관심을 가지고 있는 우리는 그때보다 더한 위기감 속에서 교육 관련 책을 펴냅니다.

더이상 대화하기를 거부하는 아이 앞에 말을 잃은 부모를 본 적이 있습니까? "이제 어떤 모습으로 아이들 앞에 설 것인가?"라는 질문을 던지다 결국 교직을 떠나고 만 교사의 이야기를 들어본 적이 있습니까?

감옥 같은 집을 떠나지 못하고, 지옥 같은 학교를 그만두지 못한 채 자폐적인 인간이 되어 가고 있다는 아이에 대한 이야기는요?

십대를 잃어버린 자들의 신음 소리가 들립니다.

피기도 전에 삭아 버린 십대 아이들의 냉소에 찬 모습이 사방에 가득합니다.

일본의 청소년들이 떼를 지어 다니면서 길 가는 '아저씨'를 '그냥 재미 있어서' 폭행한다는 뉴스를 얼마 전 텔레비전에서 들었습니다. 아이들의 분노는 이제 딱히 뚜렷한 대상을 향해 발산되고 있지 않습니다. 아버지를 죽이고 교사를 폭행한 사건을 두고 경악을 금치 못하던 시대는 상대적으로 좋은 시절이었습니다. 이제 많은 아이들은 생각하며 살기를 포기하려고 합니다. 스스로를 파괴하면서 모두 함께 침몰하기를 바라는 듯 행동하는 이들이 늘고 있습니다. 아무렇지도 않게 "죽고 싶다"고 말하기도 합니다. 아이들은 심하게 흐트러지고 있습니다.

아이들은 갖가지 방식으로 버텨 보려고 발버둥을 치고 있습니다. 입시 게임에 중독되어 위로 상승하려는 의지로 버티든가 살벌한 사회에 나가기가 무서워 부모에게 기생하며 버티거나 자신들만의 어두운 놀이 공간으로 숨어들면서 말입니다. 청소년들은 갈 곳이 없습니다. 그래서 아무 곳에나 다 갑니다. "아이들은 놀고 싶고 아버지는 울고 싶고 할아버지는 불안하다"는 어느 건물 벽에 걸린 플래카드의 문구대로 그 가운데 모두가 불행합니다. 세대간의 골은 점점 깊어지고 있습니다. '미성년자 출입 금지' 지역만이 아니라 '성년자 출입 금지' 지역이 늘어나고 있습니다. 아이들을 사랑하는 방법을 잊어버린 이들이 늘어나고 있고, 그 중에는 교사와 어머니도 있습니다. 물질만을 추구하는 사회 속에서, 압축적인 변동의 속도에 치어 모두가 지쳐 가고 있습니다. 어른은 어른대로, 아이는 아이대로 이 불행이 서로의 잘못이라고 손가락질합니다. 서로를 '문제'라고 비난하면서 상대를 괴롭힐 기회를 노리거나 등을 돌리고 있습니다. 의사 소통의 물길은 이제 흐르지 않습니다.

2.

아주 새로운 눈으로 새 질문을 물어야 할 때입니다. 우리는 이제 더이상 '청소년 문제'라는 말을 쓰지 않기로 했습니다. '어른 문제'라는 말을 쓰지 않듯이 서로에게 손가락질하기를 그치면 좋겠습니다. 대신 어려운 시대에 어려운 사춘기를 보내고 있는 아이들에게 말을 걸어 봅니다. 자신이 십대에 흘린 눈물과 분노를 되새기며 우리가 살고 싶은 세상에 대해 함께 생각해 보자고 불러 봅니다. 그래서 아이들의 눈으로 세상을 바라보는 연습을 하려고 합니다. 그들 역시 아파하고 힘들어 하는 어른들의 눈으로 세상을 바라보는 연습을 조금씩 해주기를 바라면서 말입니다.

청소년들이 살아가는 공간은 실은 매우 넓어서 다루기가 쉽지 않았습니다. 학교, 학원, 가정, 유흥 공간, 대중 문화 공간, 사이버 스페이스까지 그들이 '침투'한 공간은 여러 갈래, 여러 길이었습니다. 그 다양한 공간 속에서 열심히 무언가 일을 꾸미고 벌이는 이들에게 이야기를 해달라 부탁했습니다. 대안을 찾는 일에 주력해 온 우리들에게는 자연스러운 선택이었습니다.

그러나 글 모으는 일이 쉽지는 않았습니다. 이야기를 가진 십대들을 찾기가 무척 힘들었다는 것이죠. 범생이들은 학교 공부에 찌들려 글을 쓸 소재도, 여유도 없다 하고 날라리들은 빈둥거리며 노느라고 생각이 없어졌다고 하고, 폭주족도, 피시 통신에 빠진 아이도 다 그 나름의 재미 속에 빠져서 이미 글 따위와는 담을 쌓고 있었습니다. 그래도 그 어떤 전형성에서 벗어나 있는 여러 층의 사람들이 주로 글을 썼습니다. 다수의 글쓴이들은 공부를 잘하면서 딴짓을 슬금슬금한 학생들이었던 것 같습니다. 적당한 거리를 둠으로 학교 교육에 찌들지 않았던 이들이라고나 할까요?

책의 첫머리에 우리 사회에 '청소년'은 과연 존재하는가 하는 근본적인 질문을 던지는 논설 격의 글을 실었습니다. 정유성의 글은 교육 운동가이자 교육학자이자 '어른'으로서 오늘날 청소년들의 현실을 둘러보며 쓴 반성적 글이고, 두 번째 엄기호가 쓴 글은 대학이라는 공간에 와서 비로소 사춘기를 보내고 있는 대학생들 사이의 세대차와 의사 소통법을 다룬 글입니다. 서로에게 말 걸기가 무서운 세상이지만 말을 제대로 걸어 보려는 시도이지요.

「아이들이 없다, 그들이 가버린 곳」에서는 집과 학교를 벗어나려는 청소년들의 이야기를 실었습니다. 극단적으로는 가출이나 자살이 그 예이지요. 신문에서는 기사 몇 줄로 정리해 버리는 사건이겠지만 그 이야기는 결코 그리 단순하지 않습니다. 가출 경험을 통해 자신을 성찰한 경희, 연이은 친구들의 자살로 청소년기를 보낸 주연이의 이야기를 통해 우리 사회가 청소년들을 어떤 방식으로 집 밖으로, 학교 밖으로 내몰고 있는가를 알 수 있으며 그런 어려움 속에서 자신의 주체를 세워가는 청소년들의 당찬 모습도 함께 읽을 수 있을 것입니다.

록 가수가 되고 싶은 보람이, 서태지 기념 사업회원 선영이, 록 가수 황보령의 글과, 그룹 패닉의 이적 엄마인 박혜란이 쓴 청소년 팬 관찰기, 서태지 세대로 자처하는 김성태의 '서태지와 아이들' 분석기 등은 대중 가수가 청소년들에게 어떤 존재인지를 실감나게 그리고 있습니다. 영화 감독이 되고 싶은 현진이, 명작 만화를 보며 자라난 세대의 글을 통해 영상이 이제 청소년 세대의 감성을 형성하는 일상적인 체험 공간임을 알게 됩니다. 또한 그 연장선상에서 삐삐와 로맨스가 청소년들을 사로잡는 이유를 알아봅니다.

이즈음 청소년들에게 인기가 있는 또 하나의 공간은 사이버 공간입니다. 게임이라는 가상 세계에 빠진 아이가 마침내 게임을 만들어 내는 창조자로 성장하는 이야기, 통신 공간을 대안적인 의사 소통의 장으로 만들어 가는 '하이텔 학생 복지회' 이야기에서 우리는 청소년들이 만들어 가는 새로운 공간을 만날 수 있습니다.

이 글 속에서 우리는 스스로를 '어른'들과 구분해 내려는 아이들이 벌이는 갖가지 '문화 게릴라 작전'을 봅니다. 대중 음악, 비디오, 만화, 사이버 공간에 빠져 버린 아이들이 '아무 생각이 없는 철부지'들이 아니라 미래의 문화 생산자로서 당당히 한몫을 해낼 연습을 하고 있음을 발견합니다.

「아이들이 간 학교, 그들을 둘러싼 환경」에서는 학교 현장에서 만나는 청소년들과 대화를 통해 의사 소통의 장을 열어가는 교사의 애정을 느낄 수 있을 것입니다. 여자 중학교 3학년 교실에서 이루어진 학급 토론 기록물, 아이들의 증언을 그린 만화, 그룹 패닉의 김진표가 만든 노래 '벌레'를 둘러싸고 벌어진 일련의 소동을 분석한 글 등을 통해 학교 안에서 교육이란 이름으로 행해지는 갖가지 훈육 방식이 아이들을 일찍부터 폭력에 길들여지게 하는 기제임을 깨닫게 됩니다. 전화 상담 형식을 통해 들어본 아이들의 고민과, 방학중에 해외 어학 연수 프로그램에 참여한 고등학생 효인이의 글, 그리고 중고교 시절, 마음에 들지 않는 그 무엇으로부터의 계속적인 탈출을 꿈꾸며, 또 그 탈출에 성공한 서동욱의 글에서 누르는 속에서도 밝고 당당하게 자라는 이들의 모습을 봅니다.

3.

우리는 이 책이 멀어진 마음과 마음을 연결하는 작은 다리 역할을 하기 바랍니다. 친구들끼리, 또 부모와 자녀가, 교사와 학생이 함께 읽고 토론을 시작하는 책이기를 바랍니다. 그래서 자신의 삶을 이야기할 수 있는 십대들, 스스로의 삶을 적극적으로 꾸려 가는 청소년들이 많아지고, 그들과 일상을 함께 하는 어른들이 다시 행복해질 수 있기를 바랍니다.

이제 손을 잡습니다. 벽은 점점 더 높아지기만 하는 것 같습니다. 그러나 개미처럼 부지런히 벽의 밑둥을 파야 하겠습니다. 그것은 자라나는 청소년을 위한 일이면서 동시에 십대를 빼앗긴 모든 자들이 벌일 '복수전'이자, 즐겁게 살기를 포기하지 않을 이들이 벌이는 축제일 것입니다.

이 책과 짝을 이룰 동인지 14호 『새로 쓰는 청소년 이야기·2』에는 좀더 제도적인 차원에서 청소년들의 삶에 영향을 미치는 공간과 언어와 권력 관계를 살펴보려 합니다. 청소년들의 삶의 자리를 변화시켜 보려는 '어른들'의 고민과 실험들이 연극 대본, 상담 프로그램, 교육 프로그램, 일기와 반성문, 청소년 카페 공간 디자인물 등으로 작품화하여 선을 보이게 될 것입니다. 아이와 더불어 성장하는 어른들의 이야기를 통해 어른과 아이의 이분법을 넘어서 새로운 삶의 공간을 열어 가려 합니다.

앞으로 또 7년이 흐른 후 다시 기르는 것에 대한 주제로 동인지를 내게 될 때 우리는 어떤 문제로 고민을 할는지… 두렵군요. 함께 가는 이들이 늘어났으면 하는 바람이 큽니다. ■

|또 하나의 문화|
제13호

새로 쓰는
청소년 이야기 · 1

아이들이 없다 / 차례

표지 그림 / 장정예

표지 사진 / 교육사진연구회

북디자인 / 안희옥 외

본문 사진 / 공석범, 교육사진연구회, 김현진, 대우영상사업단, 이종현, 태흥영화(주), 한겨레신문 김진수·변재성·정진환, 서태지 외

본문 그림 / 석동연, 장정예, 황보령

글 편집 / 김경례, 김성애, 김숙희, 김영란, 김현진, 김혜련, 나원형, 노지은, 박선희, 박인근, 백신영애, 성숙진, 엄김연수, 유이승희, 이종현, 이현주, 장인경, 정유성, 조은영, 조정은, 조한혜순, 조한혜정, 최병건, 최보문, 최희정

너그러이
용서하려무나

정유성

청소년 없는 사회, 생활 없는 학교

어제 오늘 일은 아니지만 요즈음 들어
우리 사회에서는 새삼 자라나는 세대, 특
히 청소년들을 놓고 이러쿵저러쿵 말이 많
다. 흔히 '청소년 문제'라고들 하지만 이 말
부터가 따지고 보면 모순 투성이다. 이를테면
'여성 문제'라는 말로 마치 단지 그대가 여성이라는 이유만으로 여성들을 무슨
문제 집단처럼 보듯이, '청소년 문제' 하면서 청소년의 존재 자체를 무슨 문제
로 보고 있는 것이다. 그러니 이제는 무엇보다도 먼저 청소년 하면 자라나는
세대의 삶의 이야기로서 오늘날 우리가 살고 있는 사회의 가장 중요한 주제의
하나로 보아야 마땅할 것이다.

이렇듯 청소년은 지금, 여기 우리 함께 모여 사는 삶의 이야기에서 빼어 놓을
수 없는 주제이며 또 삶의 주체이다. 그러나 조금 냉소적으로 말해도 된다면,
우리 사회에 청소년은 없다. 아니, 있을 수가 없다. 청소년은 없고, 단지 '학생'
만 있을 뿐이다. 이것은 얼마 전 생활기록부 논쟁에서 내가 역시 냉소적으로

비아냥댔듯이 있지도 않은 생활을 무얼 기록하느냐, 그저 성적표만 있으면 되지 않겠냐고 되물었던 사정과 관련이 있다. 우리 사회에 청소년은 없고, 학교에서는 생활이 없다. 학교에서는 오로지 공부라는 학습 활동만 있을 뿐이고 그 공부에 직업적으로 전념하는 학생 신분이 있을 뿐이니 청소년이라는 삶의 기간, 인간의 정체는 어디에고 없다. 굳이 있다면 그들은 지금은 바뀐 체육 청소년부라는, 이름부터 말이 안되는 부서의 서류철에 있거나, 청소년 개발원이라는 역시 이상한 이름의 기관의 연구 주제로 있거나, 지역마다 구성되어 온갖 지역 유지들을 망라해 군림하는 이름만 어마어마한 청소년 선도위원회의 회식 빌미일 뿐이다. 물론 실제로는 학생이 아닌 이질 집단, 일탈 집단으로서 학교가 내다버린 떨거지 집단, 문제아 집단, 쓰레기 집단으로 대접 받는 청소년의 무리가 있기는 있다. 하지만 이들은 사회가 있는 그대로 받아들이고 주체로 인정하고 관심을 쏟으며 그들의 이야기에 귀를 기울여 주는 집단이 아니라, 요즈음 유행하는 용어를 쓰자면 사회적인 정리 해고의 대상일 뿐이다.

사실은 이것이 우리 청소년들의 운명이요, 삶이다. 처음부터 이 사회에서 청소년으로 산다는 것 자체가 큰 고통이요, 업이다. 그러면서도 정작 우리들의 관심은 놀랄 만큼 적다. 그저 사건이나 나야 혀를 차며 걱정하는 대상으로, 내 아이는 그렇지 않겠지 안도하는 기준으로, 저것들 보아라 하고 손가락질하는 낙인의 밭이로 여길 뿐이다. 세상은 헝클어질 대로 헝클어지고 교육은 교육 대로 엉망진창인데 바로 교육이 사회 안에서 감당해야 할 가장 중요한 몫인 자라나는 세대를 보듬고 함께 자라는 일은 직무유기하고 있다. 가뜩이나 어지러운 세상에 글 배운 사람 노릇에다 교육 공부하고 가르치는 사람 노릇 어렵다는 푸념만 하고 있기에는 상황이 너무 절박하다. 그래서 나는 거듭 청소년의 새로운 삶 이야기 이전에 청소년이라는 존재에 눈을 주고 귀기울이기를 촉구하려는 생각에서 또 이렇게 되잖은 글이나마 써보는 것이다. 다름이 아니라 더도 말고 덜도 말고 이러한 심각한 문제 상황을 제대로 인식하고 문제 삼아야만 우리는 우리 시대 청소년들의 불행을 감지하고 나아가서 이들과 함께 진정 바람직한 삶의 문화, 교육 문화를 만들어 갈 수 있으리라는 생각에서이다.

새로운 삶터, 낡은 사람 관계, 죽음과 죽임의 문화

사실 우리 사회처럼 빨리 변하는 사회도 드물다. 우리는 남들이 수백 년 걸려 어렵사리 해낸 산업화를 수십 년만에 뚝딱 해치웠다. 그러다 보니 겨우 한 세대가 성장할 만한 짧은 세월에 산업화 전시대, 구시대, 옛질서가 정보화 시대, 탈산업 시대, 신시대, 새질서로 바뀐 것이다. 하도 빨라서 미처 알아채기조차 어렵지만 그 속도는 어떤 사람도 감당하기 어려운 것이다. 우리는 한편 이런 속도에 홀려 버려 사람과 사람 사이의 일을 너무도 소홀했다. 특히 그 동안 오로지 먹고 사는 일 해결하려고, 그리고 양적인 성장에만 눈이 어두워 모든 것 불구하고 내달아온 우리는 그 못지않게 중요한 많은 부분에서 동티가 난 것도 모르고 살았다. 다리는 끊어지고 가스는 터지고 건물은 무너지지만 동시에 우리 삶의 온 자리에 동티가 나 모두 무너지고, 끊어지고, 터지는 것은 모르고 살아온 것이다. 이렇게 앞뒤고 옆이고 돌아보지 못하고 살아온 우리 정신은 황폐하고 사람 사이는 아귀다툼이 되었고 사람들은 줏대없이 흔들거리며 산다.

이렇게 너무 빠른 속도로 달라졌을 뿐 아니라 헝클어질 대로 헝클어진 세상에 사는 우리들은 그 속도에 어지럽고 변화에 치인다. 겉으로는 이런저런 변화에 빨리도 적응하는 듯 보인다. 이를테면 언제적부터라고 아파트 아니면 불편해서 못살고, 자동차 없으면 못산다는 듯 온통 거리를 만인에 대한 만인의 투쟁의 장소로 만든 것이 그렇다. 그 바람에 어디를 둘러보아도 살 만한, 사람다운 구석은 찾아보기 어렵다. 그러면서도, 아니 그러길래 사람들은 중음신처럼 떠돌면서 어디엔가 기댈 언덕, 안길 안온한 품을 찾는다. 하지만 그런 옛것, 옛질서, 옛품은 사라진 지 오래다. 그러니 우리들이 가장 잘 저지르는 실수는 무엇보다도 세상이 얼마나 달라졌는지 겉으로만 아는 체, 익숙한 척하고 정작 그 속내는 모른 채 흔들리며 막무가내 억지를 쓰는 것이다. 특히 우리 삶의 가장 가까운 터전과 인간 관계의 변화를 말이다. 바로 이런 맥락에서 우리는 청소년을 오해하고 곡해하여 그 존재조차 없도록 만든 것이다.

하기는 몇 세대 전만 하더라도 청소년의 삶이란 따로 없었다. 마치 우리가 더 옛적에 아동기를 인정하지 않고 그저 어른되기 위한 예비기로 보았듯이 청소년기는 새롭게 등장한 삶의 시기이다. 평균 수명이 길어지고 교육 기간이 늘어나면서 그 예비기가 독자적인 삶의 시기로 인정받기 시작한 것이다. 그러면서도 오늘날까지도 어느 사회건 여전히 어른 중심의 세상이 지배적인 만큼 제대로 된 대접은 말할 것도 없고 그들 스스로가 주체로 나선 삶이나 문화는 아직 멀기만 한 것도 사실이다. 게다가 우리처럼 무엇이든 급하게 달라지고 바뀐 사회에서는 문제가 더욱 심각하다. 한편으로는 미처 꼼꼼히 생각해 보고 마련해 보기도 전에 너무 급하게 청소년기라는 것이 생겨났으니 그렇다. 다른 한편 지금, 여기 우리 사회의 어른들은 제대로 된 청소년기를 겪지 못했다. 전쟁과 궁핍의 어려운 시절을 살아오면서 그들은 그럴 여유도 없었으려니와 또 그런 체험이 허용되지도 않았던 각박한 청소년기를 보냈을 뿐이다. 그러니 이제 겨우 제대로 된 청소년기를 살고 겪을 만한 시대가 되어 자라나는 세대에게 거꾸로 그 체험을 제한하려고만 드는 것이다.

이렇게 청소년기를 제대로 지내지 못하고 오늘날의 청소년을 제대로 알지 못하는 어른들이 꾸려 가는 사회에서 청소년들이 제 삶을 살기란 어려울 수밖에 없다. 앞에 늘어 놓은 여러 가지 흉한 꼴들이 바로 이런 상황의 표현이다. 한마디로 어른들에게는 오늘날 자라나는 세대인 청소년이 한편 낯설고, 두려우며 동시에 샘이 나고 미울 것이다. 전혀 자신들의 청소년기와는 다른 세상에서 다르게 사는 집단이니 그렇고, 또 그런 처지가 부럽기도 하면서 속으로는 은근히 얄밉고 화가 나기도 할 것이다. 그러니 자신들이 지배하고 있는 사회에서 청소년들이 나름대로의 삶을 살지 못하도록 규제와 통제로 억누르고 길들이고 싶어 하는 것이다. 그렇지 않고야 어떻게 늘 떠들 듯이 우리 사회의 앞날을 짊어지고 나갈 미래의 주인공들을 마치 무슨 범죄 집단, 기피 집단처럼 대하고 다룰 수 있겠는가?

그 가장 두드러진 모습을 가족과 학교라는 청소년들의 주된 삶터에서 살펴보도록 하자.

먼저 청소년들이 가족 안에서 어떤 자리를 차지하고 있나 살펴보자. 우리 사회에서 가장 많이 달라졌으면서도 여전히 옛꿈에 사로잡혀 안온한 품의 환상을 만들어 내는 것이 바로 가족이다. 엄청난 사회 변화에 따라 마땅히 달라져야 할 새로운 가족 문화는 멀기만 하고 옛것을 고집하자니 가족이 흔들리고 깨져 간다. 그러다 보니 오히려 이제는 낡아버린 옛질서에 매달리려 안간힘을 쓴다. 이를테면 가족 구성원 사이의 인간 관계가 달라질 수밖에 없는 현실은 나몰라라 하고 유난히 전통적인 가부장적이며 어른 중심의 사고를 고집하는 것이 그렇다.

그런데 문제는 지금 우리 사회의 가족 안에는 서로 다른 세대 정도가 아니라, 서로 다른 인종이 함께 살고 있다는 데 있다. 양적인 성장과 풍요의 열매를 누리며 자라나는 세대인 청소년들은 어른들의 이런 고정 관념이나 과거 지향적인 인간관으로는 전혀 이해할 수 없는 새로운 인종이다. 상징적으로 '컴맹' 엄마와 '컴광' 아이가, '가요 무대'나 '열린 음악회' 세대의 아버지와 '가요 톱 텐', 아니 자신들만의 라이브 무대 세대인 아이들이 서로 소가 닭 보듯 하며 한지붕 밑에 사는 것이다. 이렇게 다른, 달라도 너무 다른 세대끼리 함께 살면서 정작 가족 구성원 사이의 인간 관계는 여전히 수직적인 위계 질서와 분업을 바탕으로 한다. 아버지는 군림하고 어머니는 보살피며 자식들은 복종하고 말 잘듣고 공부 잘해야 한다.

이런 상황에서 생김이나 속내, 버릇까지 전혀 다른 청소년들은 숨이 막힌다. 그렇다고 아직은 경제적이나 사회적, 심리적으로 홀로 설 힘도 없고, 채비도 갖추지 못한 청소년들은 수긋하니 자신의 존재를 죽이고 수직적 관계에 눌려 복종하며 덜 자란 어른으로 살기를 강요당한다. 그조차 못견디는 청소년들은 "어른들은 몰라요" 하면서 몰래, 또는 짐짓 튀고 맞서고 어긋나고 벗어나는 것밖에는 살아남을 길이 없다. 게다가 요즈음 부모들은 핵가족에서 자라나 핵가족을 꾸린 첫세대답게 어디서도 부모 노릇을 배우고 익힌 적이 없다. 그러니 줏대도 본보기도 없이 그저 자신들의 청소년기만 뒤돌아보며 마구잡이로 부모 노릇하고 막무가내로 자식 노릇을 강요한다. 이렇게 우리 가족 안에서는 세대간의 전쟁이라고 불러야 옳을 갈등과 다툼, 존재의 싸움이 한창인 것이다.

그렇다고 이들이 삶의 대부분의 시간을 보내는 학교는 나으냐 하면 결코 그렇지 못하다. 오히려 학교가 이들을 더욱 숨막히게 한다. 우리 교육, 특히 그 현장인 학교는 위에 비쳤듯이 무엇보다도 먼저 삶의 터전이 아니다. 오로지 학습의 장소일 뿐이다. 그것도 제대로 사는 데 꼭 필요한, 한 사람 한 사람 스스로를 찾고 세우는 데 필요한 학습이 아니라, 극한 경쟁을 통해 사람을 고르고 버리는 데 유용한 학습만 인정되는 장소이다. 한창 자라고, 서로 만나고 사귀며 활달하게 뛰어놀 나이에 죽은 글자들만 머리에 억지로 집어넣는 학습을 되풀이하다 보니 아이들은 망가질 수밖에 없다. 공부는 잘할지 모르지만 멍청하고, 살벌한 경쟁에 치이다 보니 가슴은 싸늘하고, 손발은 놀릴 기회조차 없어 못쓰게 되었다. 우리 교육, 학교에 대한 문제를 늘어 놓자면 한이 없으니 그저 떠오르는 대로 몇 가지 눈에 띄는 현상만 살펴보자.

지난 여름인가, 무더운 여름날 방학인데도 찜통더위 교실에 모여 몸은 웃자라 책상 밖으로 삐져 나온 열대여섯된 청소년들이 보충 수업 받는 모습을 보고 있노라면 저들이 어떻게 미치지 않을까 걱정스러워 한 적이 있다. 그런데 이들은 이미 집단 정신병 같은 입시병에 걸려 있기 때문에 미치기는커녕 얌전히 수용되어 잘 훈련된 죄수들처럼 묵묵히 그 고행을 따르고 있었다. 하지만 이들은 아직 실패한 승리자가 되려는 마지막 기대라도 남아 있으니 그럴 것이다. 여전히 이 교실에서 대부분은 낙오자가 될 수밖에 없다. 흔히 말하는 '게임의 법칙'이 그렇다. 그런가 하면 그나마 마지막 기대조차 갖지 못하고, 또는 허용받지 못하고 튕겨 나가거나 내다버려진 수만의 청소년들은 어찌할 것인가? 화양리에서 날라리 골목에서 자기들만의 소돔과 고모라를 연출하고 있는 청소년들, 주유소에서 우스꽝스런 몸짓으로 기름을 넣어 주고 인사하는 청소년들, 또는 술집 골목에서 은근한 몸짓으로 삐끼노릇 하고 있는 청소년들은 어찌할 것인가? 어디서고 제대로 배운 적은 없는데 온통 주변에 넘쳐나는 일그러진 성문화에 물들어 가뜩이나 억눌린 성충동에 휘둘리는 청소년들을 어찌할 것인가? 억눌릴 대로 억눌린 삶의 욕구를 생산적이거나 창조적으로 승화시킬 데도 없어 얄팍한 상혼에 찌들린 대중 문화의 우상들이나 농구 선수들의 모습에 악을 써 보는 청소년들을 어찌할 것인가? 이렇게 사람의 가능성을 펼쳐 주기보다는 사람을 옥죄고 억누르는 구조적 폭력이라고밖에 달리 표현할 길이 없는 학교와 교육에 부딪쳐 사회에, 다른 사람들에게, 또는 자기 자신에게 폭력을 휘둘러 보는 청소년들을 어찌할 것인가?

상생과 화쟁의 앞날

이제는 이 청소년들을 어찌할 것인가, 하는 아무 대책 없는 개탄이나 분노의 신음소리를 그만둘 때가 되었다. 다만 청소년이라는 주제를 제대로 인식하기 위해 이른바 방법적인 물음, 뉘우침으로 삼아야 한다. 우리가 가장 먼저 해야 할 일은 어른들이 스스로를 되돌아 보는 일이다. 어른들은 자신들이 황폐하게 살아온 지난 세월이나 지금 여기의 엉망인 삶의 세계, 줏대 없는 자기 삶은 돌아보지 못하고 "우리 때는 그러지 않았다"고 자라나는 세대, 청소년들만 야단친다. 이른바 바담풍하는 것이다. 이제 청소년들을 어른들 멋대로 이렇고 저런 집단이라고 규정하고 이름짓는 일부터 그만두자. 청소년들을 한마디로 이런저런 특성을 가진 사람들이라고 규정하는 일은 쉽지 않을 뿐더러 마땅한 일도 아니다. 왜냐하면 이들은 아직 한마디로 정의할 수 없는 미지의 집단이며 아직 기성세대를 거부하며 그들과는 다른 문화와 가치관을 지닌 집단으로, 미지의 거부와 반항과 일탈로만 상징되는 집단으로, 좀처럼 한마디로 정의하기 어려운 부정과 긍정의 총합이기 때문이다. 그만큼 남들 눈에나 이들 스스로의 눈에나 이들은 모순투성이의 존재로 보일 수밖에 없다. 이들은 제대로 살아갈 수 있는 삶의 터전만 주어진다면 반발과 거부가 아니라 나름대로의 삶을 살며 문화를 만들어갈 수 있는 주체들이다. 사실 방법적으로는 이들을 어찌할 것인가, 물을 것이 아니라 자신들의 삶을 살도록 배려하면서 내버려 두는 것이 가장 옳을 것이다.

이제라도 청소년을 겨누었던 손가락을 거두고 어른들 스스로에게 돌려야 한다. 어른들부터 스스로 제 눈의 들보를 들여다 보고 자신을 뉘우쳐야 한다. 사회 전체를 더욱 열고, 공동체적인 도덕성을 거듭 세워야 한다. 더 급하게는 지금 여기의 우리 비뚤어지고 비인간화된 교육을 바꾸어 청소년들이 제 삶을 살수 있도록 해야 한다. 이런 바탕에서만 세대간의 전쟁은 세대간의 대화 문화로 평화롭게 바뀔 것이다. 그렇지만 어른들이 정신 차리고 버릇을 고치기 전까지는 청소년들의 무엇을 탓해도 소용이 없다.

결국 문화란 어른과 아이가 함께 만드는 것인 만큼 어른과 아이가 함께 자라는 성숙함이 필요하다. 그래야만 우리 청소년들이 건강하게 자랄 수 있다. 물론 청소년들에게도 당부하지 않을 수 없다. 자신들만의 고집이 아니라 서로 아우르고 서로 살리는 큰 우리를 만들어 가는 일이 중요하다고. 수직적인 질서와 수평적인 질서를 한꺼번에 바꾸고 가름하려는 무리는 하지 말자고, 어쩌면 당분간 그 중간 어디엔가 기우뚱한 균형 안에 우리의 새로운 세대간의 질서, 문화가 자리할지도 모른다고.

그러면서 우리 모두에게 거듭 당부하고 싶다. 이제는 정말 사람을 사람 대접하고 삶의 한복판에서 벌어지며 죽음과 죽임의 문화가 아니라 살림의 문화가 숨쉬는 교육 현장을 만들어 가자고 말이다. 숨막히는 교실에서 아주 작은 인간관계의 배려와 살아 있는 학습의 장을 마련하는 일부터, 이 닫히고 갇힌 제도의 벽을 허물고 삶의 현장에 교육을 되살리려는 애씀까지 청소년들이 스스로 주체로 제 삶을 살아갈 수 있는 터전을 함께 만들어 가자고 말이다. 이제는 서로 살리고, 모두 어우러져 살아가는 그런 삶의 자리에서 청소년을 만나자고 말이다.

■ 글쓴이 정유성은 1956년에 태어났고 교육의 사회철학, 사회교육을 전공하여 지금 서강대 교양과 정부에서 사회교육과 여성학을 가르치고 있다. 공동육아, 성평등, 청소년 등의 주제를 화두로 이 헝 클어진 사회에서 어떻게 하면 평등과 조화의 삶의 문화를 만들고 실천할까 안팎으로 고민하고 애쓰 는 중이다.

제발 이해해 달라고 말하지 마

엄기호

아이들은 '자기를 사랑해줄 사람', '자기가 사랑할 만한 사람'을 찾고 있었지 '더불어 같이 일할 사람'을 찾는 아이들은 몇몇 없었다.

한 더러운 공장 폐수구에
다리 달린 물고기가 살았다.

한 열혈 환경 운동가
그를
깨끗한 연못으로 옮겨 주었다.

그,
이틀만에
더러운 물피 토하고
수면 위에 떠올랐다.

대학 한 동아리에서 '늙은' 청소년들과 사는 피곤함

청소년에 대한 이야기들 속에서 대학생들에 대한 이야기는 어디쯤 위치를 차지할 수 있을까? 혹시 대학생들은 이미 너무 '늦은' 청소년들이 아닌가? 고3까지 내내 청소년 비행쯤으로 여겨지던 술 마시기도 대학교 학생증과 함께 청년의 당당한 권리로 인정받는 이들은 혹시 청소년에 대한 이야기에 끼여들 틈은 없는 것은 아닌지? 중고등학교 6년 내내 자신의 감수성과 느낌을 저당잡혀 사춘기조차 사춘기답게 보내지 못하는 것을 생각한다면 어쩌면 우리는 아이에서 청소년 한 번 제대로 못보내고 곧바로 늙어서 청년이 되어 버리는 것은 아닌지 모르겠다. 하지만 나이만 먹으면 그냥 어른이 되는 것이 아니라고 한다면 청년이라기에는 너무 어리고 아이라고 하기에는 너무 늙었다. 그래서 어쩌면 이들이야말로 청소년에 대한 이야기에 적극적으로 훔쳐보기를 해야 하는지도 모르겠다.

대학에 들어온 지 8년째, 여전히 나도 이들과 마찬가지로 아이도 아니고 어른도 아닌 어정쩡한 상태에서 7번에 걸쳐 이 늙은 청소년들과 7평 남짓한 동아리에서 거의 모든 시간을 보내었다. 대학 시절에 대한 거의 모든 기억이 이 방에서 만들어졌기에 이제 냄새만 맡아도 누가 누구인지를 구분할 지경이다. 그래서 가장 친숙한 동아리, 하지만 군에 다녀온 뒤, 서서히 이 동아리에서 사람들과 관계 맺음에 피곤을 느끼기 시작하였고 짜증이 쌓여 갔다.

언제부터인가 생긴 '개인날적이'는 전체날적이를 압도하면서 동아리 내에서 공론은 점차 사라져 갔다. 적어도 두세 명이 같이 이야기할 수 있는 '동아리'에 관한 이야기는 공적이고 피곤하고 딱딱하고 형식적인 이야기가 되었고, 개인들은 그것보다는 자기자신에 대한 친교와 위로를 바라고 있었다. 동아리 생활의 꽃, 뒤풀이는 점차로 메모도 하지 않고 친한 몇몇이 끼리끼리 모이는 사적인 친교의 장이 되어 있었다. 아이들은 '자기를 사랑해줄 사람', '자기가 사랑할 만한 사람'을 찾고 있었지 '더불어 같이 일할 사람'을 찾는 아이들은 몇몇 없었다.

태어나서 처음으로 '공동체'가 무엇인지를 느끼게 했던 공간은 점차로 개인적인 친분을 맺는 공간으로 그 성격이 바뀌어 가고 있었다. 이렇게 공간의 성격이 바뀌면서 복학생들은 가장 친숙한 곳이 가장 낯선 곳이 되어감에 당황하였고, 후배들은 이런 선배들의 당황과 반발에 불편해 하면서 서로 헛돌기만 하였다.

선배들의 '공동체성'에 대한 이야기는 후배들에게는 전체주의와 과거에 대한 집착 이상도 이하도 아니었으며, 후배들의 '사랑에 대한 갈구'는 선배들에게 개인주의와 이기주의, 바로 그것이었다. 애초부터 서로의 언어가 너무 달랐고 이해하고자 하는 시도는 그 조급함 때문에 오해만 낳고 있었다. 상대의 언어를 이해하지 않고 자기 언어만을 강요한 대화는 이해를 빙자한 설득에 불과한 것이다.

자유로움와 외로움 사이에서 — '같이'와 '나만'의 언어 게임

대학이 급격하게 소비자본주의화 되기 이전에 대학 사회를 가장 강력하게 지배한 언어는 아마도 '같이'라는 말일 것이다. 밥을 먹는 것도, 수강 신청을 하고 강의를 듣는 것도, 저녁에 술을 마시는 것도 대부분 이 '같이'라는 말에 의해 이루어졌다. 점심 때쯤이면 '같이' 밥 먹으러 가려고 사람을 기다리다가 결국은 밥 못먹고 강의실에 들어가는 수도 있었다. '같이' 하지 않는 대부분의 일은 비정상적이고 예외적인 일이라고 생각되었다. 뭐든지 혼자 하는 것은 꽁생원 아니면 저 혼자 공부해서 성공해 보겠다는 출세주의자 정도로 치부되었다. 그래서 그때는 인간이 사회적 동물이라는 것이, 사람은 사람과 '같이' 있을 때 비로소 사람이 된다는 말이 너무나 자연스러운 말이었고 의심의 여지가 없는 말이었다. 또한 이렇게 사람이 같이 한다는 것은 같이 하는 인간들의 행동이 더불어 살 수 있는 대동의 세상을 가져올 것이라는 믿음이자 확신이기도 했다.

그러나 1992–3년, 사회주의권의 붕괴와 대통령 선거, 또한 성수대교와 삼풍백화점 붕괴 등의 사건들과 사회 변화를 겪으면서 이 '같이'가 가지고 있던 신화는 깨어졌다. 사람들은 '같이' 하는 것이 미래를 아름답게 할 것이라는 믿음을 의심하기 시작하였고, '같이' 하는 것이 꼭 아름답기만 한 것은 아닐 것이라고 생각하기 시작했다. 무엇보다 '같이' 하는 것은 피곤함을 감수해야 하는 일이었고 그것을 감수하면서까지 얻을 수 있는 것은 지나치게 모호했다. 가정에서도 학교에서도 이 '함께'와 '같이'가 얼마나 폭력적일 수 있는가를 경험한 아이들은 이제 그런 위험을 감수하고 싶어하지 않는다. 적어도 지금보다 나빠지지만 않는다면 지금이라는 시간은 대충은 참으면서 견딜 만한 것이다.

아이들은 자기네들이 자유롭게 되기를 바랐다. 하지만 그 자유는 선배들의 그것과는 완전히 다른 자유였다. 선배들의 자유가 체제나 독재, 억압으로부터의 자유를 의미했다면 이 아이들의 자유는 '그냥 내버려 두는 것'이었다. 간섭하지 않는 것. 그것이면 이들은 족해 하는 듯이 보였다. 그러나 정말 이들이 자유롭게 되기 위해서 가장 필요한 경제적인 완전 독립과 공간적 독립을 성공적으로 달성한 이들은 별로 많아 보이지는 않는다. 아르바이트를 하더라도 끊이지 않고 계속해서 할 수 있다는 보장이 없었기에 언제든 이들의 일시적인 경제적 독립은 집으로 돌아갈 준비가 된 독립이었다. 또한 설사 완전히 독립하였다 하더라도 스스로 자기 삶을 꾸려갈 능력이 있는 사람이 얼마나 될까? 한달만 지나면 라면만 해먹는 생활력으로 독립한다는 것은 무슨 의미가 있는 독립일까?

또 한 축으로 이들은 자기네가 참으로 외롭다고 느끼고 있었다. 가정에서도, 학교에서도 사람과 더불어 성공적인 관계를 맺는다는 것이 점차로 힘들어지면서 이들은 자기를 '진정으로' 이해해 주는 사람을 만난다는 것은 불가능하다고 입버릇처럼 이야기를 한다. "늘 그래, 세상 사는 것은. 날 이해한다구? 웃기지 마. 사람 관계는 어차피 그런 거야." 하지만 이 이야기는 거꾸로 뒤집으면 그만큼 자기를 '진정으로' 이해해 줄 사람에 대한 강력한 열망이기도 하다. 그래서 이들은 연애에 그렇게 열중한다. 복학하고 나서 가장 신기한 것 중의 하나가 동아리에서 이루어지는 이야기의 80% 이상이 연애 이야기라는 것이었다. 그것 말고는 할 만한 가치가 있다고 여겨지는 것이 없는 듯이 보였다. 그러나 '진정한 사랑'에 대한 그만큼의 열정만큼이나 관계는 쉽게(?) 깨어지고들 있었다. '진정한 사랑'인 줄 알았던 관계가 어느샌가 돌아보니 엄청난 구속으로 느껴져 화들짝 놀라 한 걸음 물러서고, 상대는 상대대로 자기가 '이용당'했다고 분개

한다.

아이들은 이처럼 자유와 외로움 사이를 시계추처럼 왔다갔다 하고 있다. 공적인 것에 대한 불신과 도피, 쉽게 깨어지는 연애 관계들은 바로 이들이 얼마나 자유로움과 자유로와지는 것에 대한 공포, 자신의 무기력함, 진정한 사랑에 대한 열망과 구속에 대한 공포 사이에서 행려병자처럼 방황하고 있는지를 고스란히 보여주고 있었다. 자유롭고자 하기 때문에 이들은 사적인 공간으로 도망치고, 외롭기 때문에 이들은 연애나 개인적인 친분 관계로 이를 극복하고자 한다. 이들에게 온통 사적인 것만 남은 것은 이렇게 보면 당연한 결과이다. 자유로움와 외로움 사이를 그나마 중재해 주는 공간이 바로 이 사적인 공간이다.

이 공간에서 이들은 어른들에게 아주 새로운 언어 게임을 구사한다. '간섭하지 마세요'와 '부모님이 저를 잘 이해해 줬으면 해요'라는 말을 하면서 자기네의 불쌍한 처지를 무기삼아 작은 폭군이 되려고 한다. 원할 때 있어 주고, 원하지 않을 때 언제든지 물러 가라고 그들은 말하고 있다. 이들은 끊임없이 자신의 불안한 상태를 호소하며 그것을 미끼로 이 권력을 휘두른다.

그러나 자유로움와 외로움 사이에서 방황은 이들만의 몫은 아니었다. 이런 경향이 '갑자기' 나타나서 몇 년 동안 지속되면서 동아리의 공간적 특성이 뒤틀리기 시작했다. 즉 서로 관계 맺는 방식과 이유가 이렇게 바뀌면서 선배와 후배 사이뿐 아니라 선배들 사이, 후배들 사이도 뒤틀렸다. 더이상 어떤 학번이나, 성, 지역 등을 바탕으로 그가 무슨 생각을 하고 있을 것이라고 순진하게 생각할 수 없었다. 미시적인 세밀한 힘들이 자잘하게 하나의 공간을 무수한 균열들 속으로 밀어넣고 있었다. 그렇기 때문에 점차로 선배−후배 사이의 갈등은 공간을 둘러싼 갈등으로 바뀌었다. '자기'를 무기로 한 언어 폭력과 언어 게임을 중지하고자 하는 아이들과 그들을 귀찮아하며 여전히 끼리끼리 자기네들끼리의 은어를 만들어서 권력을 가지고 싶어하는 아이들이 점점 더 단일한 공간으로써의 동아리에 균열을 가하였다.

그렇기 때문에 대학에 대해서 이야기한다는 것은 힘이 무척 든다. 이렇게 코

딱지만한 동아리마저도 뭐라고 단일하게 이야기할 수 없는 다양한 힘들이 공간을 가로지르며 분할하고 있는데 대학 사회에 대해서 이야기를 하는 것은 어쩌면 우주를 설명하는 것만큼이나 불가능해 보인다. 8년째 학교에 있으면서 별로 신촌 밖으로 나가보지 않는 나에게 연세 대학교는 지구에 버금가는 의미를 가지고 있는지 모른다. 그래서 '안'에 있는 나로써는 통째로 연세 대학생 — '들'이 아니라 — 을 만나고 그들을 이해하고자 한다고 말할 재주가 없다. 이 안에는 결코 내가 만나 보지도 못했거나 상상도 못해 본 어떤 '괴물 같은 애'가 있을지 모른다. 그렇기 때문에 '안'과 '밖'에서 연세 대학생, 혹은 연세 대학생 '들'에 대한 내 언어는 다를 수밖에 없다.

단지 여기서 내가 이야기할 수 있는 것은 대학 내에 있는 차이와 균열이며 그 가운데에서 내가 주로 서식하는 공간에 모여 있는 '요즘 애들'에 대한 이야기일 것이다.

사춘기를 빼앗긴 자들의 허우적거림

입시 위주의 교육이 아이들을 어떻게 파괴하는가를 많이들 걱정하지만 기상천외한 방식으로 그 입시 교육의 자잘한 틈에서 영악하게 자기를 지키고 대학에 들어오는 데 성공한 아이들을 만날 때는 그들의 적응력에 놀라움을 금치 못한다. 이들은 더러운 물에서 놀아 놓고는 마치 그것 때문에 더 자기가 똑똑해질 수 있었다는 듯이 캠퍼스에서 꼬리를 치며 돌아다닌다.

많은 수의 아이들은 대학에 들어오자마자 사회 진출을 준비한다고, 불안하기만 한 자신의 미래를 최대한 예측 가능하게 만들어 보겠다고 또 다른 입시 공부에 바로 뛰어든다. 도서관에 들어가면 거의 대다수의 학생들이 토플책이거나 법이나 회계 관련 책들을 보고 있다. "무한 경쟁, 세계화 시대에 제대로 적응하며 살기 위해서는 뭐니뭐니 해도 영어가 최우선"이라는 말이나 "명예 퇴직이니 조기 퇴직이니 하는 불안 속에서 그나마 안정적인 것은 공무원"이라면서 행정 고시를 준비하는 친구들은 일찌감치 그 물에 적응해 버린 아이들이다. 이들은 늘 "어쩔 수 없지 않느냐"라는 말로 자신을 위로하고 "직업이 안정되기만 하면 뭔가 다른 꿈을 꿀 수도 있다"며 자신의 현재를 미래의 식민지로 만든다. 이들은 자신에게 달린 두 다리는 '끔찍하기도 하지만' 계속 더러운 물에서 살면서 앞으로 앞으로 전진하기 위해서는 꼭 필요한 존재라는 것을 잘 안다.

20년 가까이 죽여 버린 자신의 감수성과 언어를 대학에 들어와서 기적적으로 회생시킨 경우도 없지 않다. 가부장적인 질서 속에서 수동적인 냉소만이 남은 아이들과는 다르게 자기를 파괴시킨 사회와 교육에 대한 증오만큼이나 또한 자기에 대한 사랑을 가지고 있는 친구들이다. 이 친구들은 요즘 대학 내에 새로운 연못들을 만들고는 자기네들끼리 모이곤 한다. 늘 위태위태하여 자주 만들어지는 만큼 쉽게 무너지기도 하지만, 숨쉴 만한 틈을 조금씩 대학에 뚫고 있다.

이들 말고도 이전에 만들어진 웅덩이에 몰려 들어와 사는 물고기들도 있다. 이들은 주로 학생회나 동아리 주위에 서식하며 나름대로 자신들의 생태학적 환경을 만들어 간다. 이들은 처음 경우의 아이들처럼 공동체나 현재의 의미를 완전히 미래의 식민지로 만들 만큼 수동적이지는 않다. 그렇다고 후자적 범주에 드는 것도 아니다. 사실 이들은 — 내가 놀던 물이기도 한 이 부류의 아이들은 — 상당히 어정쩡하다.

이들은 긍정과 창조의 에너지로 완전히 새로운 것을 꿈꾸기에는 두려움이 많다. 그것은 때로는 외로워지고 힘들어지고 바빠지는 것을 감수해야 하는데 그렇게 하기에는 스스로에 대해 그렇게 자신이 없다. 늘 '내가 할 수 있을까'라는 의문에 휩싸이곤 한다. 그래서 인터넷이나 여행을 통해서, 혹은 가수나 영화 감독이 되는 것처럼 뭔가 창조적인 새로운 일을 해내기는 위험 부담이 많아 두려워하는 것이다. 또한 기업에 취직해서 그냥 그렇게 살아가는 것은 뭔가 답답하고 불만스럽다. 그래서 이들은 오히려 고민이 더 많고 방황을 많이 한다.

또한 이 아이들은 '사람들 사이의 자유로운 의사소통이 주는 단맛'을 본 아이들이다. 그렇다고 해서 이들이 의사소통에 확신을 가지기에는 '가정이나 교실에서 보았던 폭력적인 의사소통'의 공포가 또한 깊다. 그래서 이들은 자유와 외로움 사이에서 어쩔 줄을 모르고 깊은 방황을 하고 있다. 늘 누군가가 자기를 '이해'해 주기를 원하면서도 사람이 자기를 '이해'해 준다고 말하면서 가할지도 모르는 폭력에 대해 대개는 두려움을 가지고 있다. '이해'나 의사소통이 주는 '개입'들과 폭력적으로 다가서는 '간섭'을 구분하지 못한다. 그래서 한편으로는 사람이 다가오는 것을 경계하고 한편으로는 사람이 자신에게서 물러서는 것을 섭섭해 한다.

자기가 살아온 생태계가 자신을 기형으로 만들었다는 것에 대한 인식과 하지만 그 기형을 성찰적으로 긍정하지도, 스스로 새로운 생태계를 만들 용기도 없이 이런 여러 가지 극단적인 이분법 속에 스스로를 위치하여 '서구적인 의미에서의 개인주의적 주체'도 되지 못하고 그렇다고 '공동체적인 질서와 삶을 만드는 주체'도 되지 못하고 있다. 창조와 적응, 자유로움과 외로움 사이에서 시계추처럼 이 양극단을 오가며 자신의 에너지를 소진하다가 바테리가 떨어진 시계추가 그 가운데에서 멈추듯이 멈추어 버린다. 그러면서 마치 그곳이 중심이고 안정이라고 스스로 위로하고 체념한다.

자칫하면 이들은 자신이 두 발 달린 물고기라는 사실 때문에 분노와 좌절 속에서 몸부림치다가 이기적인 체계에 완전히 편입되어 버리기도 한다. 이렇게 되면 처음부터 그랬던 아이들보다 훨씬 더 격렬하게 파괴적이 되어서 진짜 '이기주의자'가 되어 버린다. 1–2학년 때 공동체적인 질서와 삶을 고민한 것이 '해 볼 만한 일이긴 했지만' 정작 '먹고 사는 데는 도움이 안되었다'고 판단하기 때문에 이제는 어떠한 면죄부라도 자기 스스로에게 발행할 수 있다고 마음먹어 버린다.

또 어떤 경우에는 사회와 스스로 타협하고 3–4학년 때는 사회에 얌전히 적응할 준비를 한다. 하지만 이들에게 공동체적인 경험은 '순간이긴 했지만 삶의 의미가 충만했던 시기'로 남아 앞으로의 삶을 지탱해 주는 꿈이 된다. 자기 스스로나 남에 대해 최소한의 인간적 예의를 갖추며 살아가는 계기로써 기억되며

이 과거의 꿈과 가냘픈 연결선을 가지고 살아간다. 학교를 벗어난 후 가끔씩 후배들에게 술을 사주고, 옛 공간을 찾아와서 자신의 과거를 기억하며 나름대로 현재의 자신의 삶을 아름답게 만들려고 노력한다.

늦지 않은 사춘기 — 대학에서의 1-2학년

이들이 어떤 길을 선택하는가는 1-2학년 때의 공동체적인 생활과 자기의 감수성에 대한 성찰에서 비롯되는 경우가 많다. 그런 점에서 대학에서의 1-2학년은 새로운 가능성을 가진 사춘기라고 할 수 있을 것이다. 1-2학년이라는 질풍노도의 시기, 주변인의 시기를 어떻게 긍정의 에너지로 전환시키는가가 정말 중요하다. 그것이 또 한번의 좌절이 되는지, 아니면 비로소 자신의 삶을 창조할 수 있는 성찰과 실험의 시기가 되는지는 '그들'만의 노력뿐만 아니라 그들을 이해하고자 하는 어른들의 몫이기도 하다.

그렇기 때문에 자신의 서식지에 모여드는 물고기들이 어떤 게임을 하는지를 보는 것, 그리고 자신의 서식지가 어떠한 게임을 유도하고 있는지를 성찰하는 것이 무엇보다 중요할 것이다. 전자는 아이들의 언어 게임에 말려 그들을 영원히 불만에 가득 차 칭얼거리기만 하는 치어 상태에 남겨두지 않기 위해서. 후자는 섣불리 '그들을 고려하지 않고' 그들을 치료하려고 함으로써 그들을 다리 달린 물고기로 죽게 하지 않기 위해서.

"대학 1학년 때 자기 감수성을 다시 복원시키는 노력을 해야 해"라는 말에 "이미 망가진 저에게 그런 걸 물어보면 답이 있나요?"라던 97학번의 말이 쓰겁게 귀에서 맴돌고 있다. "너만 그러냐? 다 그러면서도 억울하지 않기 위해서라도 한번 해보는 거지, 뭐"라는 말밖에는 할 수 없는 무력한 모습을 그와 나에게서 같이 느낀다.

이들에게 "그래, 나는 너희를 이해해" 하는 말은 얼마나 무기력한지. 그 말에 족쇄 걸려 아이들과 자신이 함께 무언가를 만들기보다는 마냥 관계를 피상적인 수준에 내버려 두는 경우를 종종 본다. '이해한다'는 말이 가져다 주는 미묘한 따스함에 몸을 맡겨 버리고만 만다면 그것은 세상으로부터의 도피처가 되기만 할 것이다.

또한 이해한다는 말은 아이들이 자기를 돌아보고 스스로에 대해 말할 수 있는 기회를 봉쇄하는 폭력일 수도 있다. 많은 경우에 '이해한다'는 말은 상대방의 말문을 막아버린다. 종종 '하지만…'이라는 단서를 붙여서는 이해는 온데간데 없고 일방적인 훈육만 있기 십상이다. 그렇기 때문에 '이해하고자 하는' 수많은 말들이 이해에 도달하기는커녕 오해만을 부추기는 것이다.

함부로 이해한다고 말하지 않기. 함부로 그들에 대해서, 스스로에 대해서 인정하지 않기. 이해한다는 것이 얼마나 어려운 것인가를 서로 인정하고 대신 자신과 그들이 서 있는 공간에 대해서 많이 떠들고 대화하기. 대화의 내용과 목적에서만 '함께'를 강조할 것이 아니라, 아니 오히려 이것은 다를 수 있더라도 방법에서 함께 할 수 있는 것을 모색해 보는 것. 왜냐하면 우리에게 부족한 것은 이해해야 할 내용이나 목표가 아니라 이해하는 방법일 수 있으니까.

■ 글쓴이 엄기호는 1971년 가을이 추워지던 때에 태어났다. 유난스럽게 1학년만 좋아하며 8년 동안 한 동아리에서 서식하다가 최근에 후배들과 거리 두기를 시도하고 있다. 연세대 사회학과 대학원에서 공부중(?)이다.

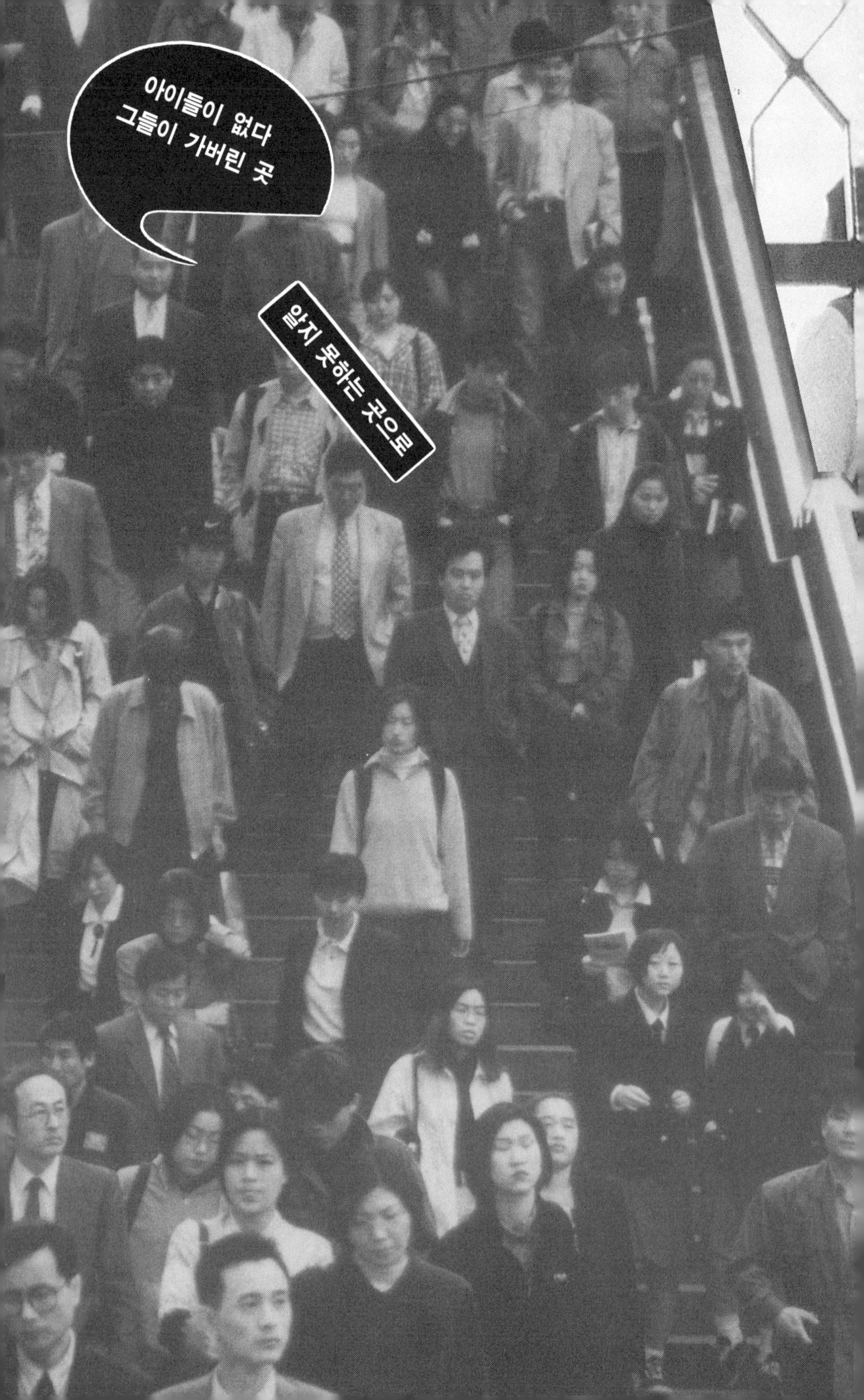
아이들이 없다
그들이 가버린 곳
알지 못하는 곳으로

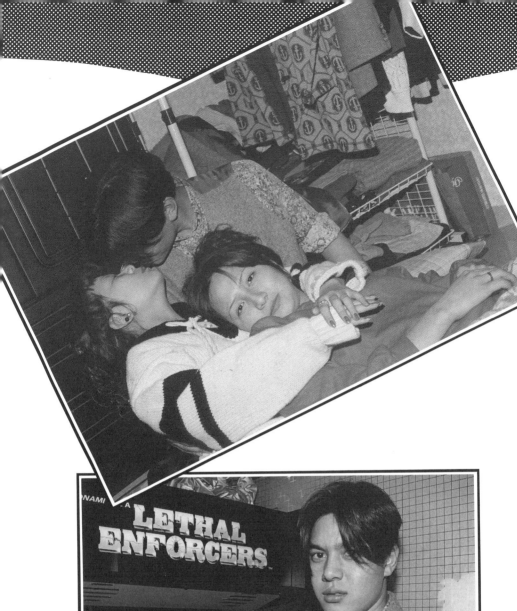

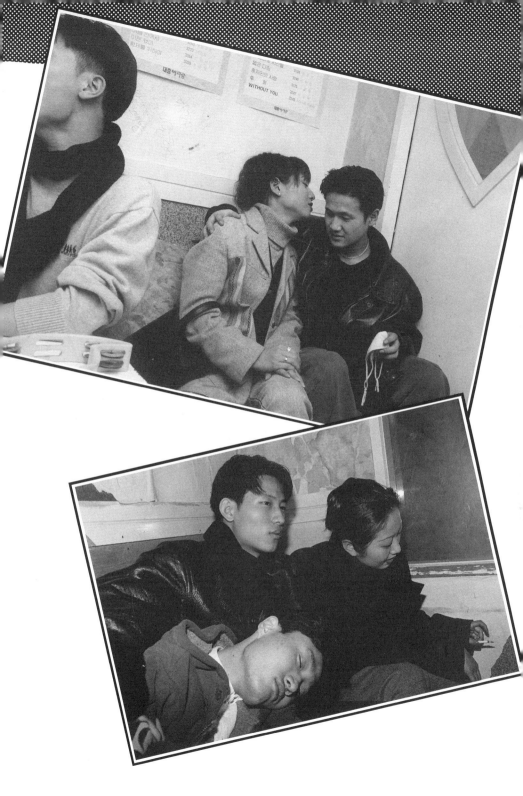

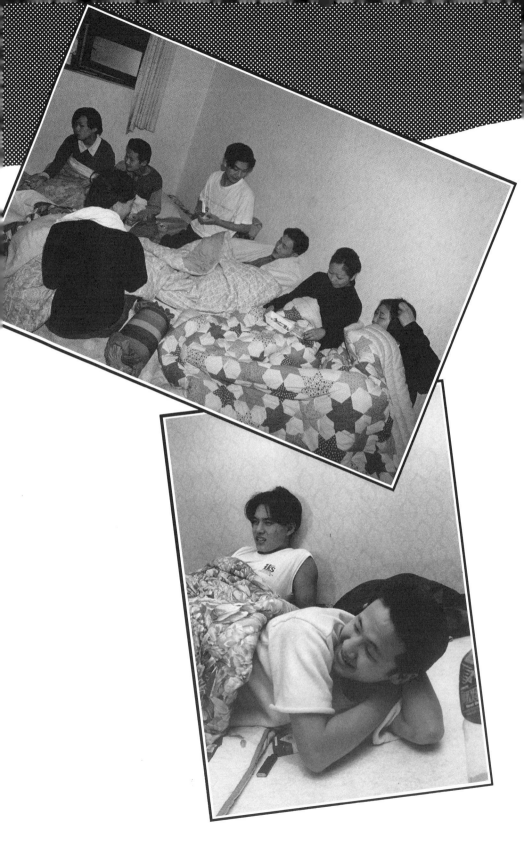

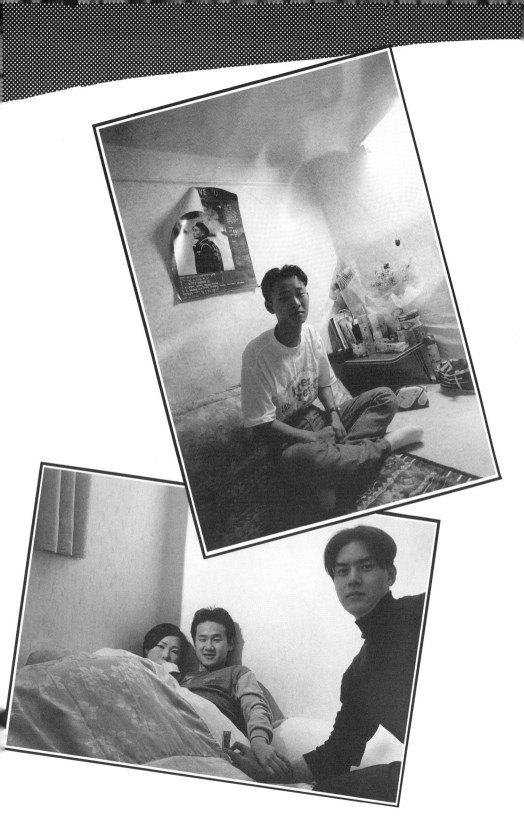

■ 이종헌은 중앙대 사진학과를 졸업하고
  현재 『일요신문』 기자로 활동하고 있다.

가출 일기

오경희

이젠 그 누구 때문도 아니라
나를 위해 좋은 길로 가려고 한다.
어떨 땐 여전히 답답해서
뛰쳐 나가고도 싶지만
그래도 나가서 힘들 때보다는
덜하기 때문에 참을 수 있다.

버스 안에서 친구들과 수다를 떨고 있었다. 그런데 버스 뒤쪽 어디선가 낯익은 목소리가 내 이름을 불렀다. "혜란아, 혜란아!" 누굴까? 한참 뒤쪽을 쳐다보는 나에게 친구가 손가락으로 가리키며 창가 쪽을 보라고 했다. 그곳에는 내가 방황했고 힘들었을 때 함께 있어 주었던 준이라는 오빠, 한마디로 얼마 전까지 내 사랑이었던 오빠가 있었다. 교복을 입은 모습을 보이는 건 처음이어서 난 그냥 안녕하고 손으로만 손짓을 하고 얼른 다른 데로 앉아 버렸다. 그렇게 남남이 된 준이 오빠와 난 만남도 헤어짐도 그냥 우연이었다. 집을 나가서 그 오빠를 만났고 그 오빠와 이별의 원인이 되었던 정아 언니를 만나게 되었다.

언제부터였을까? 집을 나가고 싶은 충동을 느끼게 된 것은. 7살 때까지 시골에 살았을 때는 어렴풋이 기억이 나지만 재미있고 행복했었다. 개울에서 고동을 잡고 아카시아 꽃을 따먹고, 밤나무 감나무 서리해 가면서 시골 아이로 지내온 나는 동생 둘과 부모님 이렇게 다섯 식구다. 나는 학교에 들어가던 해, 서울 봉천동 아주 달동네로 이사를 오게 되었다. 아빠는 공장에, 엄마는 집에서 미싱을 하고, 나는 쌍둥이 동생들을 돌보면서 살았다. 아빠 월급날은 외식도 하고,

내 귀여운 쌍둥이 동생들은 재롱을 부리고, 엄마는 맛있는 반찬을 만들고 행복했던 시간들.

그런데 언제부턴가 티격태격 엄마와 아빠의 싸우는 소리가 들려 오기 시작했다. 나는 처음엔 조금 싸우시다가 그만두겠지라고 생각했다. 하지만 날이 갈수록 엄마 아빠의 싸우는 횟수가 잦아졌다. 나는 동생들과 옆방에서 울었다. 그런 날이 점점 많아지면서 아빠의 술취한 모습, 엄마의 짜증, 이 모든 것을 맏이라는 이유로 다 받아 주어야 했고, 동생 돌보고 설거지에 청소를 시작했던 내 나이는 10살밖에 안되는 어린 나이였다. 그때부터 숙제나 공부는 나에게 신경 쓸 것이 아니고 중요하지도 않았다. 나는 그런 내 처지에 화가 나서 괜히 동생들에게 짜증을 부리고 때리기도 했지만 미안한 마음과 불쌍한 생각이 들 때가 더 많았다. 그렇게 지내온 국민학교 생활이 끝나고 중1이 되던 해, 우리는 현대 시장이라는 곳으로 이사를 했다. 거기서 엄마는 미싱을 팔고 바느질을 하는 직업으로 바꾸었고, 아빠는 공장을 그만두고 막노동을 시작하게 되었다. 그때까지도 계속되는 집안 문제, 엄마는 일을 핑계로 밖으로 매일 나다니고, 아빠는 일이 없다고 집에서 심부름만 시켰다. 밤 12시가 넘어도 안 들어오는 것이 엄마는 당연한 것처럼 되어 있고, 밥 차리는 것, 설거지, 도시락 싸는 것, 청소, 다 내가 해야 할 당연한 일이 되어 버렸다. 난 그때까지는 내가 해야 할 일이라고 생각하며 잘 참아 내며 학교와 집에서 잘 적응을 해나갔다.

중1 여름 방학 쯤부터 나는 친구 소개로 우리 동네에 살고 있는 쌍둥이 언니라는 나보다 8살이 더 많은 언니들을 만나게 되었다. 그 언니들은 어머니가 안 계셔서 집안일을 하면서 놀고 있었는데, 나에게 아주 친절하게 대해 주었으며 귀여워해 주었다. 그 중 지현이 언니와 나는 둘도 없는 언니와 동생이 되었다. 그러면서 나는 집안일을 소홀히 하고, 언니네 집에 가서 하루종일 있다가 밤늦게 집으로 돌아가곤 했다. 그런데 엄마 아빠는 내가 변했다고 하시면서 나쁜 길로 간다고 보기 좋은 핑계를 대면서 쌍둥이 언니들과 만나는 것을 막았다. 난 엄마 아빠보다도 지현이 언니를 더 좋아하고 사랑했기에 중1 겨울, 처음으로 엄마 아빠에게 반항과 말대꾸를 하고, 적당히 개기면서 언니들을 만났다. 내가 그러면 그럴수록 엄마 아빠는 그 언니들을 못마땅해 하셨다. 나는 그 언니들을 못만나게 하는 엄마 아빠를 미워했다. 어릴 때부터 늘 내가 싸오던 도시락도 싸기 싫어서 거의 매일 싸가지고 다니지 않았다. 그렇게 시간이 지나고, 2학년 겨울 방학 때부터 나는 여러 언니들을 만나면서 술도 배우고, 집에도 종종 안 들어가면서 학교도 엄마 아빠 몰래 빠지면서 점점 나쁜 길로 가게 되었다.

그러던 중 참고참아 몇 년 쌓인 것이 중3 오월에 터졌다. 그때부터 나는 아르바이트를 생각했다. 돈이 없던 우리집엔 내가 사고 싶은 옷이나 신발, 유명 메이커 물건들을 살 수 없어서 나는 아르바이트를 해서 돈을 벌고 싶었다. 가지고 싶은 것도 많고 먹고 싶은 것도 많은 나이에 나는 그것을 구하기 위해 학교를 빠지면서까지 일자리를 알아보러 다녔다.

벼룩 신문을 보고서 나는 호프집 몇 군데를 돌아다녀 보다가 봉천동에 있는 호프집에 오후 6시부터 밤 12시까지 시간제로 나가게 되었다. 나는 아주 잠시 동안이었지만 호프집 서빙을 보면서 집안일 할 때와는 달리 보람이 있었고, 내가 돈을 번다는 사실이 아주 자랑스러웠다. 그런데 호프집에서 얼마 일하지도 않았는데 엄마가 찾아와서 날 끌고 갔다. 그때 나는 일을 좀 배워 아르바이트도 열심히 하면서 학교도 열심히 다니려고 했다. 그런데 나의 보람의 하나였던 나의 직업을 엄마가 빼앗아가 버렸다.

그리고 며칠 동안 나는 집안에만 있었다. 쌍둥이 언니네도 못가게 하는 엄마 아빠는 돈 때문에 매일 싸우다가는 밖에 나가서 안 들어오고, 동생들 밥도 안 차려주고, 그래서 나도 동생들을 거들떠도 안 보았다. 그리고 나는 5월 30일 집을 나왔다. 답답함에 질려서, 싸우는 소리에 질려서, 아니 어디론가 도망치고 싶어서 난 달랑 2,000원이란 돈을 가지고 하루는 친구네 집에서, 또 하루는 지하철역에서 이틀 정도를 버텼다. 그런데 더이상 힘들었다. 집에 다시 돌아갈까? 하지만 내 자존심이 허락지 않았다. 특히 엄마 아빠한테는 또 집에 갇히고 싶지 않았다. 그래서 호프집에서 같이 일하던 언니를 찾아갔다. 그 언니네는 여관방

에서 살았는데 그나마 방이 있어 난 그곳에서 살게 되었다. 언니들은 나의 구세
주였다. 힘들고 갈 곳 없는 날 재워주고 먹여주어서 나는 무척 고마웠고 행복했
다. 그 언니들의 집은 지방이고, 지금 18살이고 17살 때 가출을 하였다고 한다.
미희 언니는 아빠한테 망치로 맞고 나왔고, 정아 언니는 엄마가 3번이나 바뀌
는 바람에 집이 싫어서 나왔다고 한다. 우리는 술을 마시면서 서로의 지난 이야
기들을 하면서 울기도 많이 했다. 처음에는 언니들 일 끝나면 언니네와 같이
화장을 하고, 언니들 옷을 빌려서 빼입고 노래방, 록카페 등에서 남자들을 만나
서 노는 것과 남들 학교 가 있을 시간에 마음껏 자고 놀 수 있다는 것이 무척
재미있었다. 간간이 배운 술과 담배를 아무런 제재 없이 할 수 있다는 것도 너
무 좋았다. 오빠들의 성질 받아 주면서 비위를 맞춰 주고, 적당히 "멋있다. 잘
생겼다"라고 치켜세워 주면 우리는 돈 없이도 놀 수 있었다. 그런데 이런 것은
처음에는 재미있고 신났지만, 매일 반복되는 생활들에 나는 회의가 들기 시작
했다. 계속 바가지를 씌우는 언니들 옆에서 거드는 내가 역겨워지기 시작했다.
돈이 없어서 더럽고 치사하게 남자 비위나 맞추고, 더러운 말을 들어도 거짓
웃음을 지어야 하고, 난 한마디로 유흥비를 만들기 위해 언니들과 웃음을 팔았
던 것이다. 그래도 별 수 없이 그럭저럭 그런 생활에 익숙해질 때쯤, 난 또 하나
의 아픔, 아니 치사한 일들을 겪게 되었다. 언니들은 일을 나가서 돈을 벌고 난
일을 하지 않았기 때문에 난 온갖 집안일들과 심부름 등을 해야 했다. 불평 불
만을 늘어놓을 힘도 자격도 내게는 없었다. 그렇게 며칠이 지났을까? 언니들도
월급날 10일 전에 돈이 바닥이 났다. 그리고 우리는 3일 정도를 밥도 못 먹고
과자 조금과 물만을 먹고 지냈다. 그래서 난 내가 돈을 벌어야겠다고 생각했다.
난 그렇게 돈의 중요성을 깨달았다. 난 이런 경험을 통해 돈이라는 것은 세상에
서 나를 일인자로 만들어 주는 무기라고 생각했다. 이것을 깨닫기까지 나는 너
무 가슴이 아팠다. 돈이 사람보다 우선인 세상, 사람의 목숨을 돈으로 사는 세
상, 이런 곳에서 난 점점 어른이 되어 가는 체험을 했다. 나는 돈을 모으겠다는
생각밖에 하지 않았다. 난 일인자가 되고 싶었다. 하지만 생각뿐, 일자리를 구

해 그 중요한 돈을 벌기는 내 나이엔 너무 힘들었다. 매일같이 벼룩 시장 구인 난을 보고서 호프집, 레스토랑, 당구장 별별 군데를 다 다녀 보았는데 한결같이 사람들은 내 나이가 너무 어려서 안되겠다고 했다. 수십 군데를 다녀 보다가 호프집에서 사람을 구한다기에 정아 언니와 함께 가 보았는데 거기는 TV에 나오는 카페 술집이었다. 우리는 무서워서 그냥 그 집을 뛰쳐나왔다. 제 나이로 취직하기는 쉽지가 않아서 나는 거짓말을 했다. 나는 16살이 아닌 18살의 혜란이가 되어 호프집과 신문 배달 일을 함께 하게 되었다. 호프집은 9시간 일하고 한 달에 60만원을 준다고 했으며 신문 배달은 200부를 돌리면 40만원을 준다니까 열심히 하면 100만원이 된다. 방세를 내고 먹고 살고 내가 사고 싶은 것을 살 수 있는 돈이다. 나는 갑자기 부자가 된 것 같았다. 나는 힘에 부치지만 두 군데를 열심히 다녔다. 신문 배달 일은 시간은 짧았지만 너무 힘이 들어 오래 하고 싶지는 않았다. 그런데 호프집은 한 일주일쯤은 일을 배우는 것이 재미있었고, 나 스스로 돈을 번다는 것이 자랑스럽기조차 했다. 나는 벌써 어른이 된 것 같았다. 그런데 호프집 일은 보기보다 쉽지가 않았다. 배울 때는 실수를 좀 한다 해도 그냥 넘어가 주던 언니들이었지만 시간이 지날수록 실수는 용납이 되지 않았다.

어느 날, 단체 손님들이 왔는데 나보고 자꾸 옆에 앉으라고 했다. 그래서 난 "여기는 호프집이에요. 단란 주점이 아니라고요. 여자를 앉히고 드시려면 단란 주점으로 가세요"라고 말했다. 그런데 정말 그 사람들이 가 버렸다. 큰언니는 나를 막 꾸짖었다. "다른 언니들을 좀 봐. 적당히 비위 맞추고 잘하잖아. 넌 왜 그러니? 월급도 주기 싫다." 후우, 잔인한 세상. 난 열심히 일했고 잘못한 것은 하나도 없다고 생각했기에 언니한테 대들었다. "내 말이 틀렸어요? 호프집은 손님 옆에 앉지 않는 것. 맞잖아요." 그리고는 그곳을 나와 버렸다. 또 다시 실업자가 되었다. 일주일 정도 일한 돈은 월급날 찾으러 가면 받을 수 있었기 때문에 큰 후회는 하지 않았다. 나는 좀더 건전한 일자리를 찾아보기로 하였다. 그 한달 동안 내가 번 돈은 모두 50만원. 신문 배달해서 40만원 받고, 호프집에서 10만원. 나는 그 돈 중에서 언니들과 함께 사는 방값으로 10만원을 내고, 10만원 정도는 동생들을 몰래 불러내서 맛있는 것 사주고, 10만원은 식비로 내고, 나머지 20만원으로는 옷 사고, 술 먹고, 노래방 가고 해서 그렇게 힘들여 번 돈을 다 써버렸다.

내가 다음에 간 곳은 주유소였다. 호프집보다 월급은 작으면서(45만원) 일하는 시간은 9시간으로 같았기 때문에 힘들었지만 내 또래들이 많아서 훨씬 재미있었다. 그런데 나는 갑자기 아프기 시작했다. 그때까지도 정아 언니와 나는 돈이 없었기 때문에 약도 못 사먹고 일은 계속해야 해서 나는 너무 서러웠다. 힘들었다. 그렇게 힘들고 아플 때 같은 주유소에서 같이 일하던 준이 오빠를 사귀게 되었다. 준이 오빠는 지금 ㅇ공고 2학년에 재학중이다. 어머니와 단 둘이 사는데 경제적 형편이 여의치 않아 그 오빠도 자기 용돈과 생활비를 벌기 위해 아르바이트를 한다고 했다. 그리 잘생기지는 않았지만 여자들한테 아주 친절한 성격이고, 어릴 때 형을 잃은 경험이 있으며, 아버지의 사랑을 별로 받아 보지 못했다고 한다. 내가 그 오빠를 좋아하게 된 것은 주유소에서 아르바이트생들끼리 단체 물놀이를 갔을 때, 내가 물에 빠져 허우적댈 때 그 오빠가 나의 손을 꼭 잡고 놓아주지 않으면서 나를 구해 주었을 때, 그 오빠의 따뜻한 마음에 감동을 하면서부터였다.

난 여전히 아팠지만 그런 오빠가 내 옆에 있다는 사실 하나만으로 행복했고 지금까지 더럽고 역겨워 보이던 세상이 아름다워 보였고, 사랑만은 돈이 없어도 할 수 있다는 걸 알았을 땐 하늘을 날아갈 만큼 행복감에 점점 빠져들어 갔다. 준이 오빠를 위해 내 모든 것을 줄 수 있을 만큼 오빠를 좋아했고 감히 16살 나이에 사랑이란 걸 배웠다. 사랑할 땐 행복했고 준이 오빠와 영원히 하나가 될 줄 알았다. 그런데 언제부터인가 차가운 눈빛으로 나를 대하는 오빠의 모습을 볼 수가 있었다. 그리고 만나는 횟수가 줄어들면서 멀게만 느껴지던 오빠가 전화를 해서 "사랑해" 한마디만 해주면 모든 걸 다 잊어버렸다. 휴우, 한마디로 나는 준이 오빠의 포로가 되었다.

그러나 그것도 잠시만의 행복이었다. 행복하고 아름다워 보였던 세상이 또다시 역겨워 보이기 시작했다. 그건 내가 좋아했던 준이 오빠와 내가 그렇게도 믿었던 정아 언니가 나 몰래 사귀고 있었던 것이다. 한마디로 준이 오빠는 양다리를 걸친 것이었다. 나에게 그렇게 잘해 주던 준이 오빠가 날 버렸다는 게 정말 믿어지지가 않는다. 날 보고 웃던 그 웃음이 가식이었다는 것을 알고 나는 그 웃음이 몸서리치게도 역겹고 증오스러웠다. 지금도 그 생각이 나면 가끔 울고 싶다. 며칠 되지도 않았는데, 천당과 지옥이 이렇게 가까이 있을 줄은 미처 몰랐다.

목이 너무 아파서 밥도 4일째 먹지 못한 어느 날, 나는 집으로 돌아오게 되었다. 돌아갈 마음은 조금 있었지만 부끄러워 감히 집에 갈 엄두를 내지 못했는데 병이 난 것이었다. 정아 언니가 집에 전화를 해주고 집에 데려다 주었다. 집에 들어가자마자 난 병원에 입원하게 되었다. 그 동안 잘 먹지 못하고 함부로 생활을 해서 나는 지독한 편도선염과 빈혈이 되었다. 10여일간 입원을 하면서 다시 엄마 아빠의 신세를 지게 되었다. 그렇게 속상하게 했던 나를 엄마 아빠는 아무말 없이 받아 주셨다. 나는 너무 죄송스러웠다. 엄마 아빠는 돈 걱정을 하시면서도 날 따뜻하게 맞아 주셨다. 내가 나가 있었던 동안에도 우리 엄마 아빠 사이는 여전히 좋아지지는 않았나 보다. 엄마와 아빠는 거의 별거 중이셨다. 엄마는 낮에는 집에서 일을 하다가 밤에는 어디론가로 가서 주무시고 아침에 오셔서 아빠와는 말도 하지 않는다. 나는 그것이 싫어서 다시 나가겠다고 하니까 이제는 집에 들어와 주무신다. 그러나 여전히 아빠와는 말 한마디 안하신다. 그래도 날 위해 집에 들어와 준 엄마가 고맙다. 그러나 내 속마음과는 달리 엄마와 말을 할 때면 나는 마음에도 없는 말을 가시처럼 내뱉어서 엄마를 속상하게 한다. 엄마와 싸우고 나면 나는 엄마한테 한 말이 가슴 아파서 나도 울어 버린다. 아직 내 마음 속에는 풀리지 않는 그 무엇이 있나 보다.

난 이렇게 힘들게 사춘기를 지냈다. 지금은 학교 잘 다니면서 공부를 열심히 하고 싶다는 생각뿐이다. 다른 친구들은 이제 고등학교 선택을 놓고 고민하는데 나는 아직 어떻게 할지 모르겠다. 방황하지 않았더라면 내가 가고 싶은 공고 정도는 무난히 갈 수 있었는데….

　지금 우리집은 대식구이다. 부모님과 동생들, 나, 미희, 정아 이렇게 한 집에 살고 있다. 내가 집으로 들어오게 되면서 우리가 함께 살던 여관방에서 더이상 살 수가 없어서 이리저리 떠돌던 미희, 정아 언니들까지 우리집에 들어오게 된 것이다. 부모님들은 조금 싫어하시지만 어쩔 수 없다고 생각하시고 당분간 우리집에 있게 해주셨다. 부모님들도 조금 달라지시고 나와 내 동생들을 배려해 주신다. 부모님들이 지금 잘해 주신다고 해도 나는 문득문득 다시 먼 곳으로 떠나가고 싶다. 지금, 이렇게 학교에 있는 것도 힘들어서 밖으로 뛰쳐나가서 어디론가 가고 싶다. 그런데 참는다. 내 미래를 위해서, 그리고 더이상 엄마를 슬프게 하고 싶지 않아서.

　정아 언니와 미희 언니는 우리집 근처 한식집에서 홀 서빙을 보고 있다. 정아 언니는 준이 오빠와 한창 잘되어 가고 있고, 미희 언니는 몰래몰래 남자 친구들을 만들고, 나는 아직까지 준이 오빠를 잊지 못해 노래방만 가면 준이 오빠 이름을 부르며 옛 추억을 되씹고 있다. 아픈 이별의 상처가 다 아물지 않았지만 집 나가서 고생했던 일, 힘들었던 일들을 생각하며 열심히 살아가고 있다.

　하지만 언젠가 또 집안에 문제가 생기면 나가고 싶은 충동을 느끼겠지만 다른 친구들에게 말해 주고 싶은 것이 있다. 한순간의 기분으로 영원히 후회할 일은 하지 말라는 것이다. 만약 너희들이 나가서 집에 다시 안 들어오고도 살 수 있다고 생각한다면 한 번쯤은 나가서 살아 보아라. 그러나 집 나가서 있으면 마지막엔 후회할 뿐이라고.

　나는 나도 모르게 많이 달라졌다. 친구들이 나에게 조금 냉정해진 것 같다고도 하고 어른스러워졌다고도 한다. 그러나 난 중3 16살. 아직은 창창하고 새싹이 조금 밟혔지만 다시 꿋꿋하게 일어났다고, 그리고 더욱 훌륭하게 자랄 수 있는 아픔을 겪었다고 생각한다.

지금은 준이 오빠와 그냥 오빠 동생으로 지내기로 하고, 가끔 전화를 하곤 한다. 준이 오빠도 내 이름을 아무런 거리낌없이 부르기에 내 마음도 편안하다.

이제 나는 문제아도 아니고, 직업인도 아닌, 엄마 아빠 밑에서 보호받고 있는 중3 여학생이다. 이젠 그 누구 때문도 아니라 나를 위해 좋은 길로 가려고 한다.

어떨 땐 여전히 답답해서 뛰쳐 나가고도 싶지만 그래도 나가서 힘들 때보다는 덜하기 때문에 참을 수 있다. 이젠, 난 순진무구한 중학생이다.

■ 글쓴이 오경희. 중 3 여름 동안 방황을 많이 했던 나. 이제 난 제자리, 바로 학생이라는 자리로 돌아오게 되었고, 열심히 그 자리를 지키기 위해 노력하고 있다. 어떨 땐 다시 집 나가고 싶다는 생각이 문득문득 들지만 이젠 나도 성숙해졌는지 부모님을 먼저 생각하게 된다. 돈 때문에 싸우시던 부모님께서도 싸우시지 않고 대화를 나누시게 되었다. (아직도 아버지가 돈을 잘 못벌어 오신다.) 아직 영세민이라는 딱지를 떼지 못했지만 올해 여름, 많은 일이 벌어지고 나서 우리집은 다시 조용해지고 평화로워졌다. '폭풍이 지나간 파도처럼.'

나는 지금 고등학교에 들어갈 준비를 하고 있다. 열심히 노력해서 지금 부모님보다는 훨씬 더 잘살고 싶다. 나는 중학교를 포기하지 않은 것이 자랑스럽다. 그리고 특히 내가 학교에 다니게 도와주신 담임 선생님께 감사를 드립니다. 사춘기를 무사히 보낸 16세 소녀.

자살 이야기

김주연

이들은 모두 떠나가 버렸지만
사실은 어느 누구보다도
붙들어 주길 바랐을 것이다.

"고3생 성적 비관 자살, 몇 시간 뒤 친구 따라 같은 아파트에서 자살…."

성적 비관 자살은 흔히 일어나는 일이라고 기사의 서너 칸만을 차지하던 중에 뒤따라 죽은 친구를 두고 언론에서 떠들기 시작했다. 요즘 애들은 너무 정신이 약해서라든가, 부모는 눈꼽만큼도 생각지 않고 충동 자살했다는 식으로 엄청나게 비난을 받았다. 그 뒤에 신문지상에서는 소주가 가방에서 한가득이 나왔다는 둥, 남자 친구 문제로 다투고 일어난 일이라는 둥으로 그 친구들의 죽음을 문제아들의 종말쯤으로 다루었다.

인간의 목숨을 두고 이렇게 말 만들기를 즐기는 그 누군가에게 친구들의 진실을 대변해 주고 싶다. 선화는 최고 학벌의 부모님 슬하에 상류층 집안의 둘째 딸이었다. 선화는 어릴 적부터 공부를 잘했고 엄마의 치맛바람도 작용하여 학교에서 꽤 사랑받는 아이였다. 난 선화랑 고1 때 같은 반을 하면서 알게 되었는데, 고등학교에 오면서 친구들과 어울리느라 성적이 좀 떨어졌다.

물론 중상위권이었지만 엄마의 기대에는 미치지 못한 셈이 된다. 그러나 더없이 밝은 아이였고 이 친구가 죽었을 때 주위의 친구들은 하나같이 있을 수 없는 일이라고 했다. 선생님들도 정말 충격을 받았다고 하셨다. 자율학습 시간에 불꽃놀이를 했고, 소화기가 터지면 어떻게 될까 궁금하다고 복도에서 소화기를 터뜨렸지만 항상 쌩긋쌩긋 웃는 모습에 선생님들도 귀여워 하는 친구였다.

친구들에게 인기가 많을수록 엄마는 실망하셨고 친구의 전화를 받지 못하게 하고 학원 앞에서 차에 실어 친구들과 접촉하지 못하게 했다. 고3이 되자 엄마의 통제는 더욱 심해졌고 언니와의 비교로 극심한 스트레스를 받았다. 물론 선화가 죽음을 택한 것에는 이 아이가 쉽게쉽게 자라서 어려움을 극복하지 못한 면이 분명히 있을 것이다. 그러나 영문과를 나온 엄마처럼 선화는 영문과에 갈 수 없다는 걸 인정해 주지 않는 부모님, 더구나 고교 시절에 가장 소중하다고 믿고 있는 친구와의 접촉을 끊어버리는 압력이 이 아이를 죽음으로 몰고 갔다.

선화의 뒤를 따라 죽은 아이는 선화랑 가장 친한 친구로 이 아이는 평소 때 말이 없었다고 했다. 집안은 부유하지만 엄마가 식당을 하시기 때문에 항상 바쁘셨고 그나마 남은 시간에는 오빠에게만 신경을 쓰신다고 했다. 늘 우울하지만 선화랑 있을 때엔 활기차게 웃을 수 있다고 했다.

어떻게 선화가 뛰어내린 그 아파트 옥상에서 자살할 생각을 했는지…

이 아이가 용감한 건지, 나약한 건지…

두 친구의 죽음은 지나친 엄마의 기대, 지나친 엄마의 무관심이 만들어 낸 아이러니한 비극이다.

또 한 명의 떠나간 친구가 생각난다. 수경이는 초등학교 시절부터 같은 동네에 살고 있던 친구인데, 특별히 친했던 사이는 아니었지만 그 집안의 일은 동네에서도 떠들썩하게 입에 오르내리곤 했다. 한번은 수경이가 펑펑 울면서 친구들에게 호소하는 소리를 들은 적도 있었다. 수경이의 아빠는 화가 나면 아이를 사정없이 때린다고 했다. 언니가 중학생임에도 불구하고 아빠가 화가 난다고 옷을 벗겨 문밖으로 쫓아 내기도 했다. 이 집도 상당히 부유한 집으로 딸 셋다 과외 교습을 받으며 성적에 대한 중압감을 지니고 살았다. 그런데 언니와 동생은 성적이 좋았지만 수경이는 하위권에 속했고 그로 인해 천덕꾸러기 취급을 받았다. 그 탈출구로 수경이는 여학교 중고생들이 가지는 동성애에 호소하는 아이였고 좋아하는 동성 친구 집 앞에서 밤을 새워 기다리기도 하고 울면서 친해지고 싶어 해서 종종 여타의 아이들에게 빈축을 사기도 했다.

수경이는 하위권의 대학에 입학했지만, 엄마가 재수를 강요해서 휴학을 하고 학원을 다니게 되었는데 마침 나랑 같은 학원이어서 복도에서 자주 마주치곤 했다. 어느 날 수경이가 보이지 않는다고 느낄 때쯤 우리는 분명히 수경이가 개인 교습을 받으리라 생각했었는데, 성당을 같이 다니는 아이들이 수경이의 죽음을 알렸다. 그런데 수경이는 집에서 그것도 엄마가 아침에 창문을 열면 정면으로 보이는 곳에서 목을 맸다고 한다. 모두들 부모가 수경이를 죽인 거라고 했고 아마도 일부러 부모님 눈에 띄는 곳에서 자살했을 거라고 했다.

매스컴에서만 듣던 학생들의 자살 소동이 나와 같은 교복을 입고 같은 화장실에서 줄을 기다리던 친구들에게 일어나서 힘겨운 한때를 보냈다. 세 친구 모두 학교와 가정에서의 갈등을 감당하지 못하여 일어난 일이었다.

나는 이 세 친구를 비판할, 그렇다고 옹호할 용기도 자신도 없다. 현실에서 살아남기 위해, 또 부모님을 사랑하는 방법이라 믿고 그냥 묵묵히 살아온 아이들이었다. 친구의 죽음 앞에서 나는 저렇게까지 철장 속에 갇혀 지내지 않아도 되었다는, 오히려 안도의 한숨을 쉬었는지도 모르겠다.

그런데 얼마전에는 정말로 소름 끼치는 일을 알게 되었다.

고3 때 혜정이 엄마가 아빠 친구랑 '불륜'이라고 불리는 일이 벌어져서 이혼을 한다는 둥 쫓겨난다는 둥 집안이 콩가루였다고 한다. 그런데 혜정이는 아랑곳없이 열심히 공부하여 목표를 이뤄냈다. 입시의 성공이라는 이유로 졸업할 때는 우등상, 모범상 등 주위의 엄청난 박수를 받았다.

반면에 형민이 오빠는 고2 때 아빠가 외도를 하시는 바람에 반항한다고 공부를 하지 못해서 지금은 삼수를 하여 사람들이 말하는 삼류 대학에 다니고 있다. 하지만 차라리 이 오빠가 더 아름다운 것이 아닐까? 엄마의 인생은 엄마 것!

그러니까 나는 공부해서 성공해야 한다는 생각을 밀고 나갔던 혜정이가 대단히 ????…

집에서는 부모님께 대든다고, 학교에서는 공부 안한다고 농땡이로 찍히고 벌을 받지만 가족을 사랑할 줄 알고 가정의 파탄을 막아보려 발버둥치는 아이와 뛰어난 성적으로 늘 선생님의 사랑을 받고 일류 대학을 갔지만 극도록 개인주의적인 아이가 있다면 지금의 사회에서는 나타난 결과만으로 전자의 아이는 거부당하게 된다.

이 글을 쓰고 있는 나도 형민 오빠의 마지막 학벌 때문에 그 오빠가 다소 무능력해 보이고 뭔가 모자랄 것 같은 생각을 버리지 못한다. 너무 슬픈 일이지만 나 또한 이 사회에 철저히 세뇌당한 건 아닌지… 둘 다 뛰어난 모범생으로 출발했지만 부모의 파탄이 사회가 거부하는 아이와 어쩌면 거부해야만 하는 아이를 만들어 놓았다.

그토록 사랑하던 우리의 곁을 떠나버린 친구들, 엄마 곁에도 아빠 곁에도 머물 수 없었던 형민 오빠! 그리고 애초에 마음으로부터 부모를 떠나버린 혜정이…

이들은 모두 떠나가 버렸지만 사실은 어느 누구보다도 붙들어 주길 바랐을 것이다. 그들을 보낸 뒤 아무것도 달라진 게 없는 현재의 사회에서, 나와 친구와 가족과 사회는 또다시 어디에선가 우리 곁을 떠나는 친구를 그냥 묵묵히 지켜볼 뿐이다.

■ 글쓴이 김주연은 1976년에 태어났다. 20년 동안 부산에서만 주욱 살다가 지금은 서울에 유학을 와 있다. 1년 동안 재수 생활을 하면서 인생의 쓴맛을 알게 됐다. 글은 태어나서 난생 처음이라서 "나, 지금 떨고 있니?"

나는 록 가수가
되고 싶다

백보람

이제 음악이 없는
내 인생은 생각도 하기 싫다.
아니 생각할 수 없다.

음악에는 여러 종류가 있다. 그 중에서도 나는 록이라는 음악을 가장 좋아한다. 보통 사람들은 록을 들으면 '시끄럽다, 싫다' 그렇게 말하지만 나는 예전부터 막연하나마 '이런 음악도 있구나. 우와 이 음악 좋다' 이렇게 생각했다.

내가 본격적으로 록이라는 음악을 좋아하게 된 것은 중3 올라오면서부터다. 그러다가 지난 6월 초에 산 '서태지와 아이들' 콘서트 비디오에서 '교실 이데아'라는 노래를 같이 연주하고 불러 준 '크래쉬'라는 그룹의 기타 연주를 보게 되었다. 그때 나는 음악에 완전히 빠져들었다. 태어나서 처음으로 느껴 본 이상한 느낌이었다. 숨이 막혀 오면서 그냥 이유 없이 기타 소리, 드럼 소리, 신나는 노래 소리를 듣고 있다는 사실에 안절부절 못했다. 표현할 수 없이 그냥 좋은 느낌이었다.

본격적으로 음악을 해야겠다는 결심을 하고 주위의 친한 친구들에게 먼저 내가 생각하는 음악과 결심을 말했더니 진지하게 듣는 친구는 아무도 없고, 모두 비웃기만 했다. 내 마음을 몰라 준다는 것 때문에 답답하긴 했지만 그래도 언젠가 알아줄 날을 기다리며 음악을 알리려고 노력했다. 나는 음악을 하는 데

제일 큰 벽이 될 수 있는 엄마를 여름 방학 내내 설득했다. 처음엔 완강히 거부하시던 엄마가 결국 취미 삼아 가장 기초적인 것을 한번 해보라고 허락을 하셨다. 기타를 배울 수 있는 학원에 다니는 정도의 허락이었다. 이 정도도 내게는 과분하였다. 처음 말을 꺼냈을 때 엄마는 비웃으며 들은 체도 하지 않았기 때문이다. 나는 엄마에게 몇 가지 부탁을 더 드렸다. 내가 음악을 들을 때 심부름을 하라거나 무어라 말씀하시지 말고, 또 용돈으로 내가 사고 싶은 책, 즉 음악에 관계된 책을 사더라도 그냥 내버려 두어 달라는 것 정도였다. 다행히 엄마는 내 의견을 받아들여 주셨다.

막상 음악을 하려고 마음을 먹으니까 답답하던 일들이 조금씩 풀려 가기 시작했다. 희망이 보였다. 어찌어찌 아는 사람과 연결이 되어 보컬 그룹에 들어가게 되었다. 보컬 그룹에서 나는 노래를 맡게 되었다. 원래 노래에는 소질이 없을 뿐더러 음치여서 기타나 치려고 했는데 기타 멤버와 드럼 멤버는 다 차서 선택의 여지가 없이 노래를 하게 된 것이다. 노래도 연습을 하다 보면 는다고 하니 열심히 해야겠다고 생각했다.

시간이 지나면 지날수록 음악을 시작하기 전에는 몰랐던 일들이 터져 나왔다. 그냥 시작하기만 하면 어려울 것 하나 없을 것 같더니만 시작하고 보니까 그게 아니었다. 보컬이니까 노래 실력도 길러야 하고 부를 노래가 모두 팝송이니 영어도 알아야 했다. 유명한 그룹들 노래를 연습해서 합주를 하는데 카세트로 듣고 연습한 합주와 생음악과는 듣는 느낌도 다르고 음도 다르고 여러 가지로 달라서 너무 어려웠다. 영어 노래를 외는 것도 힘들었고 처음 보는 사람들 앞에서 우스운 실력으로 노래 부르기도 쑥스러워서 처음에는 진짜 고생 많이 했다. 물론 지금도 음악에 대한 지식이 조금 늘었을 뿐, 아직 많이 힘들다. 본격적으로 보컬을 시작한 것은 두 달밖에 안됐으니…

나의 능력뿐 아니라 내가 새로 알게 된 음악계의 문제점도 한두 가지가 아니다. 한국이라는 나라의 실정이 '록'이라는 음악을 하기에는 너무 어렵다. 아는 사람의 얘기를 들어보면, 록을 알리기 위해 TV에 나가려는 록 가수한테 댄스 가수들이 추는 춤을 추라고 하니 우리 나라 록 가수들이 제대로 TV에 나갈 수가 없다고 한다. 또 록 가수가 노래를 하는 것은 악기를 연주하는 것만큼 힘든데, 모처럼 TV에 나가서는 사운드가 맞지 않아 제대로 기량을 발휘하지 못하는 경우가 많고, 어렵게 판을 냈다 하더라도 사는 사람들도 드물다고 한다.

그리고 제일 어려운 것은 여자 록 가수를 볼 때, 색안경을 끼고 본다는 것이다. 여자가 록을 하면 사람들은 대부분 "여자가 집에서 밥이나 하지, 록은 무슨 록이냐?"고 한다. 또 속된 말로 록을 하는 여자를 같이 놀기 좋은 여자로 우습게 보는 경향이 있다.

록만큼 우리의 감정을 잘 표현해 주고, 자유스럽고 솔직한 음악은 없다고 생각한다. 한국 록 가수 노래 가사를 한 구절만 보면 "넌 거짓 웃음에 또 거짓을 팔며 거짓 세상을 얻는다. 주머니 속에 얻은 그 무엇이 네가 바라던 것일까? 넌 원망조차도 할 수 없겠지. 감정 없는 고기 덩어리인 넌." 록 그룹 '시나위'의 '고기 덩어리'라는 노래의 한 부분이다. 이 가사를 보더라도 댄스 그룹의 노래와는 다른, 내가 원하는 솔직하고 대담한 노래다. 하지만 사람들은 잘 알지도 못하면서 '록' 하면 시끄럽고, 정신 없고, 이상한, 질 나쁜 사람들이나 하는 음악으로 생각한다.

미국, 일본 같은 나라는 록이 대중 음악에 아주 중요한 부분인 데 비해 우리 나라의 TV에 나오는 록 가수는 아주 소수이다. 대부분 10여 년의 무명 시절을 지내야만 하거나 그 이상으로 길어질 수도 있고, 아니면 아예 무명으로만 끝날 수도 있다. 어떨 땐 우리 나라엔 잘 알려지지 않아도 일본에는 꽤 알려져 있는 그룹도 있다고도 하지만 사람들은 '록'이라는 음악을 대중성도 없고, 돈을 못 번다는 이유로 무조건 싫어하고 무시한다. 내가 '록'을 좋아해서 그런지 몰라도 모든 사람들이 '록'을 좋아하는 줄만 알았다. 그러나 그것은 우물 안의 개구리 같은 생각이었다. 록을 좋아하는 사람들은 소수일 뿐 거의 대부분 '록'이라는 음악을 싫어했다.

음악에 대해 아직 1,000분의 1도 안다고 할 수 없는 애송이이긴 하지만 내가 좋아하는 음악은 '펑크' 쪽이다. '트라시'도 좋아하지만 아직까지는 '펑크'가 더 좋다. '펑크' 음악을 들으면 속이 다 시원하고 스트레스가 확 풀린다. 제일 좋아하고 많이 듣는 그룹은 '너바나'(NIRVANA)라는 그룹인데, 이 그룹의 노래를 들으면 웬지 모르게 내가 옛날부터 원했던 음악인 것처럼 속이 다 시원해진다. 우리 나라에도 이 그룹의 팬들이 많이 있어 팬클럽까지 있는 걸로 알고 있다.

아무 일도 하지 않고 그냥 음악만 듣고 싶은 게 지금 나의 작은 소망이다. 그래서 말인데 서태지의 영향인지도 모르지만 나는 학교가 음악을 하는 데 걸림돌이 된다고 생각해서 한동안 학교를 그만둘 생각을 하였다. 노래를 밤 늦게까지 계속 듣고 싶은데 학교에 가야 하기 때문에 빨리 자야 하고, 학교에 있는 시간 동안에는 음악을 들을 수가 없고, 악기를 사기 위하여 돈도 벌어야 하고, 학교에 다니면서 학원을 다니면 시간도 부족하고 해서 학교를 그만둘 생각으로 내 맘대로 행동하고 그랬다.

그런데 지금은 그게 아니다. 한참 뒤에 다시 생각해 보니 음악으로 성공할 보장도 없고, 아무리 음악 때문에 학교를 그만둔다고 해도 우리 나라는 학력을 중요시하니 적어도 고등학교는 졸업해야 한다는 생각에서 학교를 계속 다니기로 결심했다. 지금 생각해 보면 학교에 계속 남아 있기로 한 것은 잘한 것 같다. 음악을 하는 데도 여러 가지 지식이 필요하니까….

끈기 없기로 소문이 나 있는 내가 무엇인가에 미쳐서 이렇게 오래도록, 그리고 열심히 해본 적이 없다. 그런데 음악을 시작한 뒤로는 누가 시키지도 않았는데 며칠씩 밤을 새워 가며 영어 노래 가사를 외웠다. 책 읽기를 진짜 죽기보다도 싫어하는데 책도 읽었다. 뭐 사먹는 데 다 써 버리는 용돈을 모아서 음악 테이프를 사고, 패션 잡지나 사던 돈으로 핫 뮤직 같은 잡지를 샀다. 이제 음악이 없는 내 인생은 생각도 하기 싫다. 아니 생각할 수 없다.

요즘은 댄스 음악이 강세를 보이고 있다. 그런데 난 이렇게 생각한다. 실력 있는 댄스 가수들도 많이 있지만 요즘 나오는 댄스 가수들은 대부분 노래보다는 춤에 더 신경을 쓴다. 춤이 나쁘다는 말은 아니지만 요즘 가수들은 자기들이 가수인지 백댄서인지 구분 못하는 것 같다. 빨리 립싱크가 없어져야 한다. 그래야 진짜 가수들만 남을 텐데… 록 가수는 립싱크하는 법이 없다. 록 가수 중에는 꾸준히 노력하는 실력 있는 사람들이 많다. 록은 연주자나 청중들에게 육체적으로 폭발적인 충동을 불러일으키는 음악이라 때로는 과격해지지만 그런 것도 나쁜 것만은 아니다. 가끔은 답답한 사회에서 벗어날 수 있게 해주기 때문이다.

그러나 록 음악을 하는 사람들은 여러 가지 면에서 고달프다. 특히 록 가수들에겐 경제적인 문제가 아주 크다. 연습할 수 있는 합주실도 한 시간에 만육천 원 정도이다. 그리고 개인 합주실을 만든다 해도 악기가 너무 비싸다. 어렵게 어렵게 연습을 해서 공연을 하려고 해도 우리 나라에는 록 음악 공연장이 별로 없다. 프로가 아닌 아마추어 그룹들은 서로 돈을 모아서 예술 공연장을 빌려서 공연을 하기도 한다. 그런데 그런 곳은 홍보가 별로 안되어서 음악으로 연결된 사람들이나 와서 관람을 할 뿐 일반 청중들은 별로 오지 않는다. 그나마도 돈이 없는 그룹들은 클럽이나 카페 같은 곳을 빌리고 억지로 표를 팔아서 공연한다. 밑지는 장사지만 공연을 하고, 사람들한테 알린다는 것만으로도 행복하다고 생각한다. 또 록 음악을 하는 사람들은 돈도 못 벌고 힘들고 하니까 견디다 못해 그만두거나 아주 나쁜 길로 빠지는 경우도 있다.

아직 합주도 제대로 해본 적도 없고 아는 것도 없지만 앞으로 열심히 노력할 자신이 있다. 어떨 땐 자신이 없어질 때도 있다. 노래 잘하는 가수가 많은데 이렇게 힘든 생활 속에서 내가 살아남을 수 있을까 하는 생각이 들기도 한다. 그래도 내가 사랑하는 음악을 아끼고 지금보다 더 노력을 할 것이다. 서태지는 우리 나라에서 댄스 혁명을 일으켰지만 나는 록 혁명을 일으킬 것이다. 지금 비록 힘들더라도 언제까지나 노력할 것이다.

■ 글쓴이 백보람은 1981년생이다. 아직도 음악에 대한 느낌은 변함이 없다. 지금은 나이도 어리고 돈도 없어서 집에서 유명한 록 가수의 음악을 듣는 것이 고작이다. 우리 나라에 나같은 사람이 한두 사람이 아닐 텐데… 돈이 많은 아이가 아니면 아마 모두 나같을 것이다. 내가 성공을 한다면

난 꼭 나같은 아이들을 위해 무료 합주실이나 돈을 조금 받고 운영하는 학원이나 싼 가격으로 악기를 빌릴 수 있는 곳을 만들어서 마음껏 음악을 할 수 있게 도와줄 것이다. 도중에 포기하는 일이 없도록.

이선영

나중에 우리들이 아무런
지식 없이 무엇이 잘되었고
무엇이 불편했는지 모르고
큰다면 어떻게 될까?

1996년 1월 31일, 자신들이 보여 줄 수 있는 것은 모두 보여 주었고, 또 팬들의 기억 속에 아름다운 모습으로 기억되고 싶다는 말을 남긴 채, 서태지와 아이들은 우리들 곁을 떠났다. 자신들의 또 다른 새로운 삶을 찾아서.

1년이 흐른 1997년 1월 31일 '서태지와 아이들 기념 사업회(이하 서기회)'에서 이날 오후 2시 그들의 마지막 공연 장소였던 한강 뚝도 나루터에서 작은 행사를 준비한다고 했다. 그래서 나도 가기로 마음을 먹고 행사장에 가기 전에 다른 곳 일을 보고 가려고 오전 9시 30분에 집을 나섰다. 의외로 그곳의 일이 일찍 끝나 행사장 근처의 '건대 입구 역'에 11시가 조금 넘어서 도착했다. '너무 일찍 왔네. 추운데 고생하겠다…' 그들이 떠나던 날과 같이 오늘도 눈이 펑펑 쏟아지고 있었다.

길을 잘 몰라 당황해 했던 내 눈앞에 수많은 아이들이 삼삼오오 짝을 지어 걸어가는 것이 보였다. '설마… 얘네들이 다 팬은 아니겠지…' 솔직히 그들이 은퇴한 지도 벌써 1년이 흘렀기 때문에 이런 이른 시간에 아이들이 많이 몰릴 것이라고는 생각 못했었다. 그러나 나의 그 '설마'는 여지없이 깨지고 말았다. 역에서 행사장까지 꽤 멀었는데 길 곳곳에 서기회에서 붙인 안내 종이들이 있었고, 또 내 앞의 애들만 따라가면 됐으니 어렵지 않게 행사장에 도착했다. 그리고 그곳이 서태지와 아이들의 행사장임을 보여주듯 그들의 노래가 나오고 있었다. 행사장으로 뛰어가 보니 아직 무대 정리도 다 안된 상황인데도 벌써 수십 명의 아이들이 각자 계단에 자리를 잡고 앉아 있었다. 하지만 난 그때까지도 그리 놀라지 않았었다. 어느 연예인에게라도 골수팬들이 있듯이 이들 또한 그들의 골수팬일 것이라는 생각 때문이었다.

하지만 시간이 흐를수록 아이들의 수는 불어나기 시작했고 나중에는 계단 뒤에 줄을 서서 보는 아이들도 많았다. "여러분 갑자기 아침에 눈이 오는 바람에 무대 정리가 안됐거든요. 그래서 공연이 1시간 정도 지연될 것 같아요. 죄송합니다." 강민경 회장의 사과 멘트에도 아이들은 "괜찮아요"를 연발하며 즐거워 하며 스피커에서 나오는 노래를 따라 불렀다. 다른 사람들은 우리들에게 이런 말을 할 것이다. "좋긴 뭐가 좋으냐? 태지들도 안 나오는데…" 하지만 난 즐거웠고 행복했다. 그들을 사랑해 주고 있는 팬들이 아직까지도 이렇게 많다는 사실이 또 그들이 우리의 기억 속에서 지워진 존재가 아니라는 사실이. 그리고 생판 얼굴도 모르는 우리들이 그들을 매개체로 이렇게 하나가 되었다는 사실이 말로 표현할 수 없을 정도로 즐거웠고 행복했다.

"눈으로 인해 아침에 리허설을 못했어요. 10분 정도 리허설을 하고 시작하겠습니다."

그리고는 **NEBIDO**라는 그룹이 올라왔다. 네비도? 뭘 내비두라는 걸까? 프로가 아닌 아마추어 밴드였는데 강민경 회장과 친분이 있어 그들의 말처럼 땡전한 푼 못받고 출연해 주었다. 전자 기타 소리와 드럼 소리가 스피커를 통해 나오자 "아, 이제 정말 시작이구나"라는 생각에 심장이 두근두근 뛰었다. 몇몇의 경찰들이 무대 옆에 서 있었지만 그리 신경 쓰진 않았다. 그런데 강민경 회장과 경찰이 몇 마디 나누더니 "여러분, 이번 공연 못하게 될지도 몰라요. 여러분들이 질서를 지켜 주셔야 해요"라고 말하더니 무대 아래로 내려갔다. 아니, 이게 무슨 소리야? 아이들은 금세 술렁거리기 시작했다. 그 사이에 한강 시민 공원

관리인들이 와서 무대 앞에 묶어 놓았던 현수막을 풀어 내리려 했다. 놀란 서기회 임원들이 달려와서 막으려 했지만 그들은 사고가 나면 너희들이 책임질 수 있느냐며 팔을 밀치면서 끝까지 공연을 못하게 했다. 정말 난 그 순간 황당하단 말을 실감했고, 왜 '마른 하늘에 날벼락'이라는 말이 생겼는지 이해할 수 있었다. 아이들은 금세 울기 시작했고, 왜 못하게 하느냐며 온갖 욕설과 악에 받친 고함을 질러댔다. 그 중에서 가장 나의 가슴을 파고 들어온 말이 있었다. "왜 태지 오빠만 가지고 그래요? 왜 못하게 하는 거예요!" 만일 이런 행사가 서기회가 아닌 다른 방송국에서 한 것이라면 그래도 이렇게 방해를 했을까? 그들이 공연을 하지 못하게 한 이유는 단순히 사고가 날지도 모른다는 이유에서였다. 언젠가부터 우리 사회에서는 '서태지와 아이들=그들의 팬=블랙 리스트'라는 공식이 성립되어 있는 듯했다. 왜 그럴까? 그들의 눈에는 아직도 우리가 철부지, 사고뭉치 어린애들로만 보여서 그럴까? 잠시 동안 임원진들과 실갱이를 벌이던 그들은 사라졌고, 우리들은 안도의 한숨을 쉬었다. "여러분, 악기 세팅이 아직 다 안 끝났거든요. 한 3분간만 하고 시작하겠습니다." 그 사이 목소리에서 힘이 쭉 빠진 듯한 회장의 목소리를 들은 우리는 마음을 진정시키기 시작했다. 그런데 갑자기 스피커에서 음악도 끊어지고 세팅중이던 밴드도 내려갔다. 10분이 지나도 공연은 시작되지 않았고, 우리는 다시 불안해지기 시작했다. 얼마간의 시간이 지난 후, 다시 밴드가 올라왔고, 리드보컬이 한 말은 정말 이 사회가 얼마나 비겁하고 치사한 곳인지 극명하게 드러내 주었다. "여러분, 아까 무대 옆에서 서성거리던 키 작은 아저씨 계셨죠? 그분이 전원을 끊어놓고 가셨어요. 그래서 그것 연결하느라고 늦었어요. 정말 나빴죠?" 그때의 그 황당함이란 정말 말로 다 표현할 수 없었고, 나중엔 허탈하기까지 했다.

어렵게 시작된 공연이니만큼 우리 모두는 열심히 했고, 아무런 사고도 없이 무사히 끝이 났다. 공연이 끝나고 나서도 상당히 씁쓸한 마음이 들었다. 단순히 사고가 날지도 모른다는 이유 하나만으로 전원까지 끊고 사라진 어른들. 꼭 그렇게까지 해야 했을까? 이해하려 해보지만… 청소년들이 자발적으로 모여 만든 행사에 대한 대접이 겨우 이 정도란 말인가. 우리 사회에서 생각하는 청소년들의 위치를 분명하게 보여준 일이었다. 그리고 우리 나라의 공연 문화 특히 청소년 공연 문화가 얼마나 빈약한지 그리고 '공연'이라는 것 자체에 얼마나 많은 부정적인 시선이 존재하는지 실감했다. 콘서트 혹은 공연을 단순히 시끄러운 소음과 광적인 아이들이 모여서 소리 지르는 것으로 간주해 버리는 어른들. 이번 행사도 스포츠(농구, 배구) 경기에 밀려 체육관을 대관하지 못해 이 추운 날에 야외에서 하게 되었다. 몇달 전에 한 방송국 공개 방송에서 사고가 나서 학생들이 다친 일이 있었다. 여론에서는(어쩌면 언론이라는 탈을 쓴 어른들이) 안전 장치 미비와 학생들의 무질서 때문이라고 했다. 하지만 그보다 더 큰 근본적인 원인은 그 학생들 스스로가 공연에 자주 갈 기회가 없었기 때문에 그런 공연장 시설에 익숙지 못했기 때문에 사고가 난 것이라고 생각한다. 우리들이 마음놓고 공연을 즐길 곳은 그다지 많지 않다. 때때로 외국이라든지 국내의 유명한 성악가, 연주단이 와서 공연을 하긴 하지만 2 - 3만원을 호가하는 입장료는 대다수의 학생들에겐 부담이 된다. 그렇다고 방송국이라든지 콘서트장 가기도 힘들다. 방송국에 가는 애들은 다 날라리고 불량 학생으로 보는 사회의 시선 때문이다. 사실 우리 나라에서 청소년들이 쉴 수 있는 문화 공간이 별로 없다. 구를 중심으로 ○○구 청소년 회관이 있긴 하지만 시설도 매우 취약하고 우리들이 흥미를 가지고 배우고, 즐길 과목은 없다. 그러다 보니 쌓이는 스트레스(우리들이 무슨 스트레스가 있냐고? 하 하 하)를 풀기 위해 노래방, 단란 주점, 당구장 등을 찾게 되고, 그 사이에 일부 청소년들은 나쁜 길로 빠지게 되는 것이다. '문화'라는 것은 그 사회 대다수 사람들이 즐기며 만들어진 현상이라고 본다. 하지만 언제부터인지 우리 나라에서는 '문화'라는 것은 부유층만이 누리는 특별한 일이 되어 버렸다. 나중에 우리들이 아무런 지식 없이 무엇이 잘되었고 무엇이 불편했는지 모르고 큰다면 어떻게 될까? 처음부터 잘되는 일은 없다. 많은 시행 착오와 비판을 받는 속에 발전하는 것이다. "우리 나라 애들은 안돼. 사고만 치고…, 차라리 하지 못하게 해." 이 방법이 지금의 우리 세대에겐 통할지 모르겠다. 하지만 우리 다음 세대에게도 통할까? 무슨 특별한 날 다큐멘터리를 만들어서 말로만 선진국 문화를 본받아야 한다고 하지 말고, 우리 나라 실제 상황에 맞는 작은 일부터 시작해 나가는 모습을 볼 수 있기를 기대해 본다. 이번 서기회 행사는 이런 대중 문화, 공연 문화 발전의 작은 시작이라는 점에서 작년의 '영상 콘서트'와 더불어 큰 의미가 있다고 본다. 이런 서기회의 활동들이 우리 대중 공연 문화 발전의 작은 불씨가 되어 청소년 문화를 꽃 피우길 바란다.

■ 글쓴이 이선영은 1981년에 태어나 아무 생각없이 살다가 1992년 서태지를 만나 생각이라는 것을 하게 됐다. 서기회(서태지 기념 사업회) 회원이며 대중 문화에 대한 관심이 아주 많다.

파란 유리 구슬을
가지고 다닌 아이

황보령

신념이 있다면 누구의 마음도
우주보다 넓다는 거다.
그리고 믿는 대로 된다는 거다.

나는 파란 유리 구슬을 늘 지니고 다녔다. 눈에 대고 가까이 불빛에 비추어 보
면 수많은 공기 방울이 보이고 세상이 온통 파란색인 우주 같아 보여서 좋았다.
하루에도 서너 번은 꼭 들여다 보았다. 친구들에게도 보여 주고 반응을 기다리
면 언제나 다들 좋다고 해주었다(친구들이 다 비슷해서인지도 모르지만). 나는 우
주 같은 파란 구슬이 좋았고 한국에서의 청소년 시절 내내 마음 속의 우주를
주머니 속에 넣어 다니면서 적응을 하고자 나름대로 노력했다.

　부모님들은 참으로 엄격하셨다. 다 큰애(만 14세)가 아직도 장난감이나 구슬
을 좋아한다고 걱정하셨다. 언제나 내 방은 깨끗해야만 했고, 벽에 아무것도 붙
이지 못하게 하셨다. 집에 일찍 들어가야만 했던 건 물론이고 음악도 크게 틀지
못했으며 옷은 단정하게 입는 걸 좋아하셨다. 문제는 내가 그렇지 못한 것을
넘어 오토바이를 좋아해서 타다가 사고가 나는 등 소위들 말하는 나쁜 짓이란
것은 다 했다는 거다. 더 나쁜 거는 착해야 한다는 일종의 강박관념 때문에 숨
어서 했다는 거다.

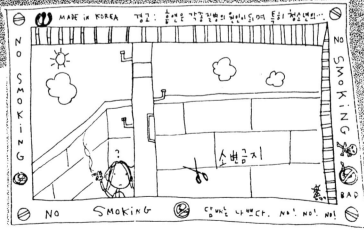

미국에서 오늘 오시는 줄로만 알았던 어머니가 어제 오셔서 공항에서 전화를 하셨다. 거의 일년 만에 뵙는 건데 날짜를 잘못 알고 있었던 거다. 그럴 줄 아셨다시며 담담하게 친구댁에 가신다는 얘기로 전화를 끊으셨다. 어제의 상황은 언제나처럼(?) 내 작업실은 친구들(음악하는 남자들)로 북적대고 바닥은 소주병 투성이에 빨래는 쌓여 있고… 그 상황으로는 마중은 고사하고 오시라는 말도 꺼내지 못했다. 죄송하기도 하고 해서 아침 일찍 어머니 친구댁으로 찾아 갔다. 보시자마자 어머니는 우신다. 여전히 나는 부모님이 원하시는 모습이 아니다. 의과 대학을 다니다 말고 미대를 가버렸으며 머리는 **빡빡**이고 귀걸이도 여러 개가 달린 채 기타줄이 끊어져라 노래를 부른다. 꿈을 꾸듯이 노래를 부른다.

부모님에 대해서 더이상의 반항심이 없어진 지 오래다. 부모님이 아닌 어떤 다른 이에게도 나 자신을 충분히 이해시키려 하지도 않았다. 하고 싶은 걸 하면서 산다. 그렇다고 편하게 바람 부는 대로 발길 가는 대로만 산 것은 아니다. 오히려 더 많이 부딪혀야 했고 힘들었다. 그래도 하고 싶은 것을 하면서 산다. 그래서 좋다. 신념이 있다면 누구의 마음도 우주보다 넓다는 거다. 그리고 믿는 대로 된다는 거다. 나는 노력한다. 어느 무엇도 아닌 나 자신을 위해서 노력한다. 후회하지 않기 위해서 말이다.

여전히 나는 장난감이 좋고 파란 구슬이 좋다. 자유롭기 위해서 나의 건전한(?) 상상력은 멈춰지지 않을 것이다.

■ 글쓴이 황보령은 1970년생이다. 청소년기를 미국에서 보냈으며, 한국, 미국, 일본을 오가며 그림 그리는 일과 노래 만들고 부르는 일을 하며 산다.

서태지와 '아이들'

김성태

서태지는 결코 계몽적인 가수가
아니었다. 교육운동가로서의
서태지는 더욱더 생각하기 어렵다.
그러나 그런 점에서
서태지는 더욱더 빛난다.

들어가며

난… 소위 말하는 서태지 세대다. 주위의 신기한 것들에 쉽게 혹하던 고등학교
2학년 시절 난 서태지와 아이들의 회오리춤을 처음 겪었고, 그들이 3인조 밴드
로 필승을 부르다 갑작스런 은퇴를 발표하던 때 난 대학교 3학년의 나이가 되
어 있었다. 나의 청소년기가 이렇게 그들의 등장, 그리고 사라짐과 맥을 같이
해서일까. 난 서태지와 아이들, 특히 그 중 가장 나이 어린 서태지의 열렬한 팬
이다.

난 이제 서태지가 우리네 아이들과 어떻게 호흡해 왔고 또 그들에게 어떻게 느
껴졌는지 말해 보려 한다. 나는 내가 뛰어난 시각을 가진 평론가가 아니란 것
을 알고 있다. 또 나는 그의 손길을 가까이 접한 여고생도 아니었다. 그렇지만
내가 이렇게 나의 느낌을, 그것도 아주 마구 끄적거릴 수 있는 것은 아마도 내
가 아직도 서태지의 열렬한 팬이기 때문일 것이고, 아직도 '아이'이기 때문일
거다.

'고등학교 중퇴… 정현철'

015B라는 그룹이 있었다. 서울대생과 연대생으로 이루어져 구성되었던 이 그룹은 사랑에 관한 직설적 표현과 현대 사회 비판의 참신한 가사와 철저한 언더 그라운드적 태도로 10대 - 20대의 열광적인 지지를 얻었다. 그들의 인기 유지 비결에 대해서 음악 평론가 강헌씨는 이렇게 이야기하고 있다.

> …그 감각을 매너리즘에 함몰시키지 않기 위해 전통적으로 한국에서 가장 중시되어 온 보컬 부분을 객원으로 고용하는 신선한 운영의 방법론… 마지막 남은 핵심 멤버인 정석원 - 장호일 형제… 모두가 서울대 출신이라서 발생하는 엘리트적 이미지…
> —'한겨레 21'에서

내가 개인적으로 그다지 좋아하지 않는 강헌씨의 글을 옮긴 것은 다름아닌 마지막 부분의 '엘리트적 이미지'에 깊게 공감하기 때문이다.

어느새인가 우리는 명문대 출신의, 고학력의 가수군을 접하고 있었다. 신해철이 그렇고, 지금은 보이지 않는 '색종이'라는 댄스 그룹, 또 '인공위성' 이라는 아카펠라 그룹이 그렇다. 최근에는 '달팽이'라는 록 발라드 장르의 노래로 큰 인기를 얻고 있는 '패닉'이라는 2인조 그룹이 있는데 멤버 중 한 명이 서울대 사회학과에 적을 두고 있으며, 가요계에 신선한 돌풍을 일으키고 있다. 호소력 있는 음성과 꽉 찬 음악성으로 94년에 인기를 모았던 '전람회'도 연대생들이었다. 대학으로의 입학이, 특히 명문대학의 입학이 연예계에 무관하다고 생각하던 시절, 이런 그룹들의 등장은 엄청난 센세이션을 일으켰고 본인들의 의사가 어떻든 그들은 그런 이유로 동경과 부러움의 대상이 되었다. 그들은 우리의 아이들이 유난히 좋아하는 말인 '프로'라는 이미지로 우리 사이를 뛰어다녔고, 그것은 마침내 '고학력 가수=프로'라는 고정 관념을 만들어 내기에 이르렀다.

그러면 서태지는? 서태지는 프로가 아니었나? 난 그를 프로라고 인정하지만 객관성을 높이기 위해서 잠깐 이영미씨의 말을 빌린다.

…서태지는 본격적인 매니지먼트와 탁월한 창작 능력으로 전세대, 전계층의 수용층을 휘어잡은 80년대 조용필의 뒤를 잇고 있다. ―『서태지와 꽃다지』, 한울 출판사

우선 서태지가 프로란 점을 인정하자. 싫으면 그렇다고 가정하자. 015B, 신해철은 강한 자기만의 냄새를 낸다. 이것은 프로라는 기준에서 가장 중요한 요소 중 하나다. 그런데 서태지도 그렇다. 그런데 왜 '그런데'가 붙는 걸까? 이것은 전적으로 서태지의 학력에서 기인한다. 서태지가 그들과 뚜렷이 구분되는 사회적 기준으로서 학력이 제기된다는 것이다. 서태지의 최종 학력은 중졸, 고등학교 중퇴. 대부분의 연예계 종사자들이 고졸 이상의 학력이라는 점을 감안할 때 이것은 절대적으로 낮은 학력이다. 여기서는 서태지의 집안 ,일가 친척에 관한 논의는 하지 않기로 한다. 서태지의 학력이 그것들 모두를 무시할 수 있을 정도로 기능하기 때문이다. 이런 학력의 서태지가 가요계 최고의 자리에 서 있을 때 대부분의 학업의 성취도가 열등하다고 인식되는 아이들은 윗글에서 언급한 동경과 부러움의 감정과는 다른 감정을 느끼게 된다. 015B 등이 준 동경과 부러움이 항상 대다수의 아이들에게 '공부 잘하는 아이들은 뭐든지 잘해 내는군' 류의 생각으로 귀결되었다면, 또 그 반대의 결과로 극소수의 우등생들에게는 우월감과 자신에 대한 신뢰가 '무한정' 주어졌다면, 서태지는 아이들에게 저학력의 가능성을 보여줌으로 희망을 안겨 주었다는 것이다. 서태지의 학력이 '난 알아요' 이후에 알려지기 시작해 4집까지 꾸준한 그리고 열광적인 지지를 얻는 데 전혀 걸림돌이 되지 못했다는 것은 당연하지만 다행스러운 결과가 아닐 수 없다.

나의 한 절친한 친구가 이렇게 말했다. "서태지는 공부 못하는 아이들의 우상일 뿐이야." 난 이 말에 주목한다. 줄곧 공부도 잘하고 노래도 잘하는 가수에 기죽었던 아이들에게 서태지는 스스로의 삶으로 힘을 불어넣어준 거의 유일한 가수인 것이다. 서태지가 공부에 열등한 아이들에게 희망이 되었다는 견해는 엄청난 비약일지도 모른다. 그런 희망이 되기에는 서태지는 너무나 특출난 재

능을 지닌 인간이라는 사실을 나 역시 공감한다. 그러나 공부라는, 특히 지독한 획일성의 대학이라는 기준을 무너뜨렸다는 점에서 우리들의 아이들에겐 그의 존재가 소중한 한줄기 빛임이 틀림없다. 서태지는 먼저 스스로의 삶으로 아이들에게 다가갔고 이것은 3집의 '교실 이데아'라는 역설적인 제목의 작품으로 멋지게 형상화되었다. 신해철의 철학적이며 회의적인 냄새를 풍기는 가사들과는 대조적인 서태지의 직설적 언어 구사는 신해철과는 다른 맛, 더 절실하고 처절한 맛을 느끼게 한다.

…각본대로 짜여 있는 뻔한 인생의 결론 앞에 생각없이 발걸음만 옮긴다… 몸부림치면 칠수록 언제나 그 자리일 뿐… 내게 주어진 시간이 다 가기 전에 내가 누구인지 말하게 하라… —'껍질의 파괴' N.EX.T. 2집 Part I 가운데

됐어 됐어 됐어 됐어 이제 그런 가르침은 됐어… 매일 아침 일곱 시 삼십 분까지… 이 시커먼 교실에서만 내 젊음을 보내기엔 너무 아까워… 좀더 비싼 너로 만들어 주겠어… 하나씩 머리를 밟고 올라서도록 해… 대학이란 포장지에 멋지게 싸버리지… 왜 바꾸지 않고 마음을 졸이며 젊은 날을 헤맬까. 왜 바꾸지 않고 남이 바꾸길 바라고만 있을까. 워… —'교실 이데아' 서태지 3집 가운데

아이들아, 사회를 보자!
많은 사람들, 특히 문화평론가들은 서태지의 3집 앨범에 경악을 금치 못했다. 랩과 힙합이라는 댄스음악에서 록이라는 범주로의 변화는 그 누구도 예상치 못할 정도로 파격적이었던 것이다. 그러나 이런 음악 장르 변화의 충격은 가사, 즉 메시지의 변화가 가져다 준 충격의 파장에 밀려날 수밖에 없었다.
'난 알아요'로 대중의 이목을 집중시킨 뒤, 팬들을 의식한 가사가 유독 강하게 느껴지는 '우리들만의 추억', '마지막 축제', '너에게'로 고정팬들을 휘어잡아 놓은 서태지는 어느 시사주간지의 기사 제목과 같이 팬들에게 내기를 건다. (『시사저널』 94.9.1, '반란자 서태지의 또 다른 내기') 그의 앨범의 이미지가 1집부터

4집에 이르기까지 내기를 거는 식으로 줄곧 기존 가요계의 관행에 저항하고 앞서 나갔다는 것은 부인할 수 없는 사실이다.

> 1·2집 음반에서도 서태지는 개척자라는 입장을 보였다. 한국 땅에서 생소했던 랩 장르의 대중화에 성공한 1집에 이어, 힙합과 메탈을 적절히 배합하고 국악기인 태평소 소리까지 가미한 2집도 93년 6월로써는 앞서가는 것이었다. ―『시사저널』94.9.1

차라리 음악으로서의 변신은 어느 정도 추측되었는지도 모른다. 이런 추측은 메탈 그룹 '시나위' 멤버라는 서태지의 전력으로 가능할 것이다. 그렇지만 3집에서의 가사 변화는 어떤 식으로도 예측되지 않았다. 2집 앨범 중의 '죽음의 늪'(마약 중독에 관한 메시지)이라는 노래 정도가 그나마 단서가 된다고 할까. 우리 민족에게 가장 민감한 '통일'이라는 문제를 담고 있는 '발해를 꿈꾸며', 그리고 가장 이기적으로 사고되고 있는 '교육'의 문제를 꼬집은 '교실 이데아'. 이 두 곡은 아이들에게 큰 반향을 불러일으킴과 동시에 대학생 이상의 지식인들의 눈을 돌리게 만들었다.

그럼 왜 이런 이유로 서태지를 주목할까? 우린 신해철이라는 걸출한 철학자 가수를 가지고 있다. 그는 현대인의 삶에 대해 고민하고 ('도시인', N.E.X.T. 1집 가운데) 삶이 만들어지는 방식, 아니 그 현실 자체에 비판을 가한다. ('껍질의 파괴', N.E.X.T. 2집 Part 1 가운데) 강산에는 또 어떤가. 그의 '…라구요' 의 메시지는 그 첫가사의 친숙성과 함께 많은 대학생들의 입에 불려질 수 있었다. 게다가 우리는 통일, 교육을 다룬 수많은 민중 가요와 언더그라운드 가요를 알고 있지 않은가. 그렇지만 그들의 땀이 담긴 가사는 수용 고객의 범위 면에서 대중성 확보에 의도적으로, 또는 어쩔 수 없이 실패하고 말았다.

'발해를 꿈꾸며'가 온통 흑백인 배경에 이주노의 빨간 손이 담긴 뮤직비디오로 한창 전파를 탈 무렵 한 여학생이 이렇게 말했다.

> 태지 오빠가 통일 이야기를 하니까 우리도 통일에 대해 생각해 봐야죠.

서태지 스스로의 말은 이렇다.

옛날에 우리는 만주까지 진출했어요. 그런데 지금은 반으로 갈라져 있어요. 발해를
꿈꾸면서 나라를 통일해 보자는 뜻에서 이 노래를 만들었어요. — 94. 8. 15. 신곡
발표회 콘서트장에서

언더그라운드적 가사와 대중매체의 결합, 이것은 많은 음악인들에게 불가능한
일로 여겨져 왔다. 대중가요의 주고객으로서의 10대에게 그런 가능성은 더 철
저히 봉쇄된 것으로 여겨졌고, 바로 그 지점에서 서태지가 도박을 한 것이다.
물론 그의 도박은 앞에서 언급된 든든한 팬들을 뒷배경으로 성공했고, 서태지
는 불가능을 가능케 한 첫번째 주자가 되었다. 물론 그 과정에서 일시적으로
떨어져 나간 팬들이 있었다.
　서태지의 '발해를 꿈꾸며'가 그 전의 '하여가', 또 그 후의 '필승'보다 인기
수명이 매우 짧았음은 인정해야 할 것이다. 그리고 보면 서태지 3집에는 타이
틀곡 또는 히트곡이라고 말할 수 있는 곡이 없다. 그러나 교과서라는 너무나
조그만 틀에서 아이들에게 밖을 내다볼 수 있는 조그만 창문을 내준 것은 서태
지 3집의 성과로서 기억될 것이다. 서태지의 그런 변화가 지식인층을 겨냥한
전략이었는지, 록이라는 형식을 차용하면서 가사 내용을 거기에 맞추는 과정
중 일어난 부수 효과였는지, 그것은 중요하지 않다. 어쨌든, 아이들은 "진정 나
에겐 단 한가지 내가 소망하는 게 있어…" 를 들으며 서태지 오빠의 소망이 무
엇인지 생각해 볼 것이고 "왜 바꾸지 않고 마음을 졸이며…" 를 들으며 저항할
상대를 찾은 게 틀림없으니까.

'난 알아요~'

KBS의 '빅쇼'라는 프로그램을 본 적이 있는가? 매주 인기스타를 1명 또는 2명
(1팀 또는 2팀)을 초청해 콘서트 형식으로 벌어지는 이 쇼 프로그램은 KBS 측의
성실한 준비가 엿보이는 작품이다. 그런데 이 프로그램은 방청 자격에 색다른

제한을 함으로써 성실한 준비에 나름대로의 특수성을 더했다. 그 색다른 제안이란 게 무엇일까? 그것은 바로 부모님과 동반한 아이만이 방청석에 앉을 수 있다는 것이다. 얼마나 곤혹스러운 조항인가? 차라리 선생님이 낫지, 세상에서 제일 마음이 안 맞는 아버지, 어머니를 모시고 오라니. 그러나 10대들에게 가장 큰 부담을 지울 수도 있었던 이 규칙은 건전하고 획기적인 시도로 평가받으며 부모님과 아이들 모두에게 서로를 이해할 수 있는 좋은 기회를 제공하고 있다.

일전에 바로 이 '빅쇼'에서 서태지와 아이들이 김종서와 조인트 콘서트를 가진 적이 있었다. 부모와 아이들로 꽉 들어찬 방청석에 서태지가 물었다. "부모님들, 오늘 공연 좋았어요?" 물론 아이들이 아주 크게 대답했다. "예~!!!" 서태지가 다시 묻는다. "부모님들만 대답해 보시라구요. 오늘 공연 좋았어요?" 역시 아이들의 아까보다는 조금 작아진 목소리만 들린다. "예~!" 아주 조금은 어른들의 목소리가 섞인 듯한 대답. 역시 수줍으신가 보다. 아니면 무관심하시든지.

서태지와 아이들 전에 아이들은 자랑스러워할 만한 가수가 없었다. 아이들이 벽에 붙이는 포스터는 번번이 부모님과의 마찰의 대상이 되었고, 꾸지람의 이유였다. 또한 부모님과 아이들의 음악에 대한 기호의 차는 좁힐 수 없는 것처럼 보였다. 랩이 노래냐며 무시하시는 부모님, 분위기 띄우는 데는 최고지만 아이들에게는 웬지 안 어울리는 듯한 트로트 사이의 골은 너무나 깊었던 것이다. 아이들은 더이상 자신들의 노래를 부모에게 이해시키려 하지 않았다. 아니, 이해시키려고 해도 이해시킬 수가 없었다.

그럼 서태지가 도대체 어쨌길래 이 두 세대를 이야기할 때 거론되는가? 서태지는 결코 둘 사이의 음악을 다 이야기한 가수가 아니었다. 그가 비록 4집 앨범 'Yo! Taiji'에서 트로트 리듬을 사용하긴 했지만 그 리듬은 우리 부모님 세대가 트로트로 듣기에는 너무나도 앙증맞다. 그럼 바로 앞 단락에서 언급했던 '자랑스러워할 만한 가수'라는 말에 초점을 맞춰보면 어떨까? 좋아해도 부끄럽지 않은 가수로서의 서태지… 아이들은 서태지가 보통이 아님을 안다. 서태지는 음악, 패션, 콘서트 구성, 팬 관리 등에서 항상 앞서왔고 이것들은 앞글에서 이야기됐던 프로라는 이미지를 구축해 냈다. 아이들은 생경한 3집 앨범에 잠시 멈칫했지만 곧다시 모여들었고 그전보다 더 서태지의 프로성을 신뢰하게 되었다.

여기서 우리가 주목할 것은 아이들 이외에 각종 언론, 출판, 특히 진보적 출판물 (『한겨레 21』, 『시사저널』, 『씨네21』, 『길』 등)에서 서태지에게 보이는 호의적 태도이다. 이것은 물론 실력에 대한 정당한 평가이다. 서태지의 문화적 영향에 관한 출판물이 쏟아지고, 서태지의 컴백과 잠적, 해체에 관한 소식은 어느 일간지를 막론하고 대서특필한다. 비록 그것이 연예면에 한정되어 있을지라도. 어른들은 급기야 4집 발표 후에 서태지를 분석하는 다큐멘터리 형식의 프로를 접하게 되었다. 또 서태지와 아이들은 데뷔 초기 '인간시대'라는 프로그램에 등장한 적도 있었다. 그래서 우후죽순처럼 생겨났다가 금세 사라져 버리는 그 숱한 댄스 그룹들과 '서태지와 아이들'이 무언가 다르다는 것을 느끼게 되었다. 이제 아이들이 서태지를 설명하지 않아도 우리의 부모님은 겸손한 어투로 예의 바르게 말하는 (서태지의 어투를 상상해 보라) 서태지를 눈여겨 보게 된 것이다. 2집 때는 이상한 그렇지만 익숙한 태평소, 꽹과리, 장구 등의 소리로 의아해 했던 부모님들은 4집 발표 후 '컴백홈(Come back home)' 이라는 이상한 제목의 노래가 많은 가출 청소년을 집으로 돌아오게 한다는 믿지 못할 소식까지 듣게 된다.

아직까지 대다수의 부모님들은 서태지를 이해하지 못한다. 이상한 스키복장을 하고 갑자기 색색의 머리로 나타나는가 하면 노래를 한답시고 괴성을 질러대는 모습들이 부모님 세대를 안심시키지 못하는 것은 너무나 당연하다. 하지만 적은 수의 부모님이라도 서태지를 이해하려 하고 서태지의 음악을 좋아하는 그들의 아이들과 함께하려는 모습은 그것이 비록 매우 서툴지라도 무관심과 배제로 가득찬 부모와 아이들간의 관계 변화에 매우 고무적인 현상임에 틀림없다.

서태지와 아이들의 '빅쇼' 후, 카메라를 향해 용기있게 "난 알아요~!" 를 외치고 수줍게 숨으시던 한 아버지의 모습이 가슴에 남는 것은 무슨 까닭일까?

맺으며

서태지는 무슨 생각을 하며 자신의 노래를 만들었을까? 난 끝까지 그 꿍꿍이 속은 알지 못하고 이 글을 맺게 될 것 같다. 우리의 아이들에게 그와 같은 영향력을 지닌 대중가수가 언제 다시 등장할지 아무도 기약할 수 없다는 것 정도가 내가 아는 전부가 아닐까? 댄스 그룹으로 얻은 인기를 그러안고 자신의 이야기를 하고 그것이 아이들의 가슴에 울리고… 서태지는 결코 계몽적인 가수가 아니었다. 교육운동가로서의 서태지는 더욱더 생각하기 어렵다. 그러나 그런 점에서 서태지는 더욱더 빛난다.

Did you enjoy that? — 서태지의 '하여가' 가운데

■ 글쓴이 김성태. 내가 이 글을 행복하게 써나갈 수 있었던 것은 아마도 아직 어른이 되지 못했기 때문인 것 같다. 어느새 '언제 철들래'라는 말을 들으면 부끄러울 나이가 되어버렸지만, 훗날 아이들과 함께 할 때 철들지 않음이 소중한 자산이 되지 않을까 생각해 본다.

세상에
그 정성으로
공부나 하라지?

박혜란

"적이 오빠 어머니세요? 저는 모모
고등학교 1학년 3반 아무개라고
하는데요. 적이 오빠한테 이 말 꼭
전해 주세요. 누가 뭐래도 전 꼭 적이
오빠한테 시집갈 거니까 기다리라고요."

**'적이 오빠'
엄마 눈에 비친
요즘 아이들**

전화 속의 목소리는 앳되었지만 도전적이고
당당했다. 하 참, 당돌한 것. 이래서 오늘도 결국 웃고 말았다.

"오빠를 안아 주듯이 안아 주세요"

옛말 그른 데 없다더니 정말 사람 팔자 시간 문제였다. 아니, 작년 이맘 때만
해도 내가 '오빠 엄마'로 불리울 줄 누가 알았겠는가?

얼마 전 패닉이 2집 출반과 동시에 가진 첫 콘서트에서였다. 대중가수의 콘
서트라면 지금으로부터 꼭 30년 전 당시 시민회관에서 있었던 패티 김 쇼밖에
간 적이 없었던 내가 아들이 가수가 된 바람에 올림픽 공원 역도 경기장에를
다 가봤다. (올해 초 패닉이 게스트로 출연한다고 해서 삐삐밴드의 공연장인 세실 극

장에도 간 적이 있지만.) 두 시간 내내 고막이 찢어질 것 같은 굉음과 그 썰렁하게 큰 경기장을 뜨겁게 달군 열기 때문에 난 시간과 공간 감각을 상실한 채 어리버리한 상태로 출구를 향해 걸었다.

워낙 어울리지 않는 나이의 관객이기 때문에 별 특징이 없어도 금방 눈에 띌 수밖에 없었을 테지, 갑자기 여나믄 명의 여학생들이 나를 빤히 올려다 보더니 괴성을 질러 대었다.

"어머나, 적이 오빠 엄마시죠? 그렇죠. 잡지에서 봤어요."

오빠가 너무 멋있다, 콘서트가 너무 감동적이라느니 하며 한바탕 소란을 떠는 와중에 어떤 여학생은 '정말 적이 오빠 엄마가 적이 오빠를 낳으셨어요?'라는 희한한 질문까지 했다. 겨우 중심을 잡고 바깥으로 나가려고 하자 몇 아이들이 응석처럼 하는 말, 자기들을 좀 안아 달란다. 적이 오빠를 안아 주듯이 그렇게 포근하게.

원 난생 처음 보는 아줌마한테 안아 달라니 황당하기 짝이 없었지만 그렇다고 저렇게 간절히 말하는데 나잇살이나 먹은 주제에 냉정하게 거절할 수도 없고 — 이 점 때문에 나는 늘 '적이 오빠'로 불리우는 아들로부터 비판의 대상이 되곤 한다. 어머닌 도대체 무슨 일에든지 딱 부러지게 거절하지 못해서 탈이라나. 그러나 어쩌랴, 그게 바로 나인 걸 — 또 안아 준다고 누가 세금 내랄 것도 아니고 해서 맨 앞에 있던 몇 아이를 안아 주니까 웬걸 이건 끝이 없다. 저두요, 저두요 하고 달려 드는데 몇십 명인지 셀 수가 없다. 아, 이래서 연예인들이 공연만 끝나면 쏜살같이 달아나는 거구나. 뒤늦게 사태의 심각성을 파악한 나는 갑자기 바빠서 죽겠다는 표정을 지으며 겨우 빠져 나오려는데 끈질긴 아이들 몇은 주차장까지 따라 오면서 향수 냄새가 지독한 손수건이니 자기 사진이니 쪽지 편지들을 내 손에 쥐어 주면서 당부한다. 버리지 말고 오빠한테 꼭 전해 주어야 한다나.

정말 대단하구나, 요즘 아이들은 확실히 다른 것 같다고 함께 간 친구가 탄식조로 말했다. 대학생 딸을 둔 그 친구는 곧이어 궁금증을 털어 놓았다. 그런데 왜 유독 여학생들만 그렇게 연예인에게 난리를 치는 걸까.

팬은 다양하다, 다만 드러나지 않을 뿐.

농구 경기장이나 쇼 녹화장이나 온통 여학생 팬들의 괴성으로 시끄러운 게 사실이다. 그러나 경기인이나 연예인을 좋아하는 집단이 여학생들만 있는 것은 아니다. 다만 여학생들은 쉽게 드러날 뿐이다.

패닉의 콘서트장에 처음 들어갔을 때 난 좀 의외다 싶었다. 관객의 대부분이 대학생으로 보이는 청년들이었기 때문이었다. 소위 '오빠 부대'라고 불리우는 소녀들은 따로 무리를 지어 앉아 있었는데 전체 관객에 비하면 숫자적으로 그리 많아 보이지 않았다.

내 앞자리에 앉은 청년들은 패닉과 같은 연배의 남성들이 주였는데 콘서트가 시작될 때부터 끝날 때까지 한결같이 팔을 흔들면서 노래를 따라 불렀다. 끝무렵부터는 아예 일어서서 몸을 흔들어댔는데 땀으로 범벅이 된 그 얼굴은 한마디로 진지함 그 자체였다. 이런 팬을 갖고 있다니, 아 저 노래하는 젊은 아이들은 얼마나 행복한가. 그리고 이 공감하는 젊은이들은 또 얼마나 행복한가. 나는 시샘과 감동을 동시에 느꼈다.

그런데 이런 팬들은 평소 좀처럼 드러나지 않는 존재들이다. 그들은 소리없이 음반을 사서 듣고 혼자 좋아할 뿐 정작 노래를 부른 가수에 대해서는 모른 척한다. TV 녹화장이나 라디오 공개 방송장에 결코 나타나지 않을 뿐더러 팬레터를 보내는 일도, 전화를 거는 일도, 집에 찾아 오는 일도 없다. 이렇게 콘서트가 열려야 그들의 존재는 증명된다.

거의 한 해 동안을 여학생 팬 때문에 조금 '시달렸던' 나는 그들 외에도 다른 팬들이 있다는 사실을 직접 확인한 것만으로도 웬일인지 마음이 흐뭇해 왔다. 아마도 아들의 음악성이 폭넓게 인정받는다는 증거를 발견한 듯한 기분이 들었기 때문인가 보았다.

이렇게 말한다고 해서 내가 여학생 팬들을 '정신 나간 오빠 부대'로 싸잡아

우습게 본다는 의미는 아니다. 여학생 팬이라면 무조건 음악성과는 상관없이 가수의 생김새나 분위기에 열광하는 집단으로 몰아붙이는 사람들이 있는데 나는 그들의 그 고상함과 편견이 아주 역겹다. 청소년에게 비상구를 마련해 주지 않는 사회에서 아이들 나름대로 열광하는 대상을 찾아내는 것 자체는 또 얼마나 눈물겹고 아름다운 노력인가.

아이고 속보인다 속보여, 그런 여학생들이 있기 때문에 자기 아들이 돈을 버니까 저렇게 눈물겹느니 아름답느니 어쩌구 한다고 비웃는 어른들이 있다면 나는 그들에게 저 산더미처럼 쌓인 팬레터 중에서 아무 거나 집히는 대로 몇 통 건네 주고 한번 읽어 보라고 권하고 싶다.

팬레터를 읽다 보면 아이들이 연예인에게 빠지는 게 정말 장난이 아니구나 실감할 수 있기 때문이다. 전화가 귀한 시절에 사춘기를 보낸 우리 세대는 같은 반 친구들에게도 편지라는 형식을 통해 서로의 마음을 전할 수밖에 없을 정도로 편지를 많이 쓰고 살았지만 그렇다고 해서 자기가 좋아하는 연예인에게 팬레터를 쓰는 일은 상상도 하지 못했었다. 그런데 요즘처럼 편지를 쓰지 않고도 얼마든지 통신이 가능한 시대에, 그리고 우리 세대의 기준으로 보면 도처에 재밌거리가 숨어 있을 것만 같은 때, 여학생들로 하여금 거의 매일이다시피 몇 장씩 편지를 쓰게 만드는 것은 연예인이 과연 그들에게 무엇이기 때문일까?

어느 날 느닷없이 연예인(본인은 이 말보다 음악인으로 불리우기를 원한다)이 된 아들이 읽고 팽개친 팬레터를 주워 읽은 건 순전히 호기심 때문이었고 솔직히 말해서 그 속에서 무언가를 건지리라는 기대는 아예 손톱만큼도 없었다. 뭐 그냥 오빠 노래가 좋아요, 오빠를 사랑해요라는 말이나 잔뜩 들어 있겠지, 연예인에게 편지를 쓰는 아이들이 오죽하겠느냐는 마음이었다. TV 화면에서 질리도록 들어 온 단말마의 비명을 문자화시킨 거겠지 하는 정도였다.

그러나 적이 오빠 눈에 띄기 위해 온갖 겉멋을 부린, 너무 화려해서 지저분하기까지 한 갖가지 봉투 속에 담긴 내용은 겉보기와는 달리 매우 진솔하고 또 무거웠다. 한마디로 표현하면 그 편지들 속에는 오빠에 대한 이야기보다 자신들에 대한 이야기가 훨씬 많았다. 조금 과장을 보탠다면 봉투 하나하나에는 그 것을 쓴 조그맣고 여린 한 인간의 꿈과 현실이 고대로 담겨져 있었다고나 할까.

심심풀이 땅콩처럼 팬들의 편지를 흘깃거리던 나는 아주 이기적으로 말하자 면 그 속에서 수많은 것들을 건져 올릴 수 있었다. 고상하게 말하면 나는 그 편지들을 통해 내가 좀처럼 접할 수 없었던 요즘 보통 아이들의 정서를 읽을 수 있었고, 그 보통 아이들의 가정과 학교를 들여다 볼 수 있었다. 그들의 부모 와 교사를 만날 수 있었다.

편지 내용으로 나누어 본 팬의 얼굴들

물론 편지들은 그 양만큼이나 내용도 다양하다. 내가 기대 아닌 기대를 했던 것처럼 무조건 처음부터 끝까지 '오빠! 사랑해요'의 비명으로 가득찬 편지들도 전혀 없는 건 아니다. 오빠는 얼굴도 잘생기고 말솜씨도 좋고 노래도 잘해서 너무너무 좋다는 이야기가 끝없이 반복되는 편지들도 많다. 그야말로 공연장의 열광을 활자로 바꾼 것인데 사실 이런 편지들은 몇 차례 쓰고 나면 쓰는 사람 스스로 싫증이 나지 않을 도리가 없다.

그 다음은 보통 부모들이 우려하는 것처럼 연예인을 이성으로 대하는 편지 들인데 예상보다 그 숫자는 매우 적다. 오빠하고 나하고 지금 여덟 살 차이지 만 그쯤의 나이차는 사랑으로 얼마든지 극복할 수 있으니 꼭 기다려 달라는 중 학생들의 당부가 많다. 또는 지금부터 열심히 공부해서 오빠네 대학을 들어가 기로 결심했으니 그때까지 계속 낙제를 해야 한다는 주문도 꽤 있다. 이런 편지 역시 몇 번쯤 쓰고 나면 시들해지게 마련이다.

세번째로는 오빠를 통해서 자신의 삶의 길을 정했다는 고백들이다. 세상이 너무 빨리 변하다 보니까 정말 자신에 어울리는 삶의 모델을 발견하기 어려운 세상에서 연예인은 아주 가깝게 동일시할 수 있는 인물로 부각되는 것 같다. 여기에는 오빠가 살아가는 방식을 따라야겠다는 내용과 또 오빠의 노래에서 힘을 얻어 인생을 계획했다는 내용 두 가지가 다 포함된다. 서태지가 아이들에게 대학에 안 가고도 얼마든지 성공할 수 있다는 꿈을 심어 주었다면, 적이 오빠는 공부를 잘하면서도 얼마든지 자기 꿈을 펼 수 있다는 가능성을 제시했다는 것이다.(그리고 좋은 일인지 나쁜 일인지 판단이 쉽지 않은 이야긴데, 많은 부모들이 적이 오빠를 좋아하는 데 대해서만은 다른 연예인에 대해서보다 훨씬 허용적이라고 한다. 서울대학의 위력이다.)

그리고 달팽이나 왼손잡이 같은 노래를 듣고 용기를 얻었다, 나도 그렇게 '바다를 향해 끝없이 기어가겠노라.', 또 '왼손잡이임을 부끄러워 하지 않겠노라'는 편지들은 수없이 많다. 이 부분은 음악인의 사회적 책임과 직결되는 지점이다.

네번째로는 평론가로서의 팬이다. 그들은 노래 하나하나에 대해서 시시콜콜이 짚어낸다. 나는 솔직히 대중음악 평론가라는 사람들의 글이 늘 음악 자체보다는 음악 외적 요소에 더 의미를 부여하는 경우가 많아서 마뜩찮아 하면서도 나 역시 어느새 그런 글투에 익숙해 왔는데, 이 숨어 있는 평론가들의 평을 읽으면서 음악 평론이 얼마나 깊은 수준까지 들어갈 수 있는가에 대해서 감이 잡혔다. 그들은 어디 숨어 있다가 이제야 모습을 드러내는 걸까? 이런 팬들에게 글거리를 제공하기 위해서라도 가수는 음악인으로서 계속 성장해야 할 것이다.

다음으로는 모니터를 자임하고 나선 팬들이 있다. 그들은 정말 열심히 자기가 좋아하는 연예인이 출연하는 모든 방송 프로그램들, 그들에 관한 기사가 게재된 잡지들을 찾아 내서 읽고 세심하게 조언을 해준다. 의상에서부터 헤어스타일, 그리고 인터뷰할 때의 태도에 이르기까지. 오빠는 선글라스를 끼는 게 더 멋있다, 아니다. 걸음걸이가 이상하다. 춤은 될 수 있으면 추지 말아라. 말을 너무 잘하기 때문에 이미지가 나빠질 수 있으니까 되도록 침묵을 지켜라. 등등…

바로 이 모니터 팬들이 자신의 인생을 송두리째 편지에 담는 아이들이다. 모니터를 하다 보니까 매일 쓸 수밖에 없고 매일 쓰다 보니까 오빠 이야기보다 자신의 이야기가 더 많아지는 모양이다. 그렇게 얼마 동안 계속하다 보면 모니터할 내용도 자꾸 반복되는 바람에 생략하게 되고, 편지 쓰기는 어느새 일상으

로 굳어져 버렸기 때문에 결국 내용이 달라지게 되는 것 같다. '적이 오빠에게'
로 시작된 편지는 이제 일기로 변한다. 일기로 변한 편지에는 그들의 하루하루
가 실물 크기로 담겨 있고, 그들의 느낌과 생각 역시 싱싱한 상태로 펼쳐진다.

일기 대신 쓰는 편지에 담긴 청소년 세계

공부 공부, 시험 시험, 성적 성적…

'연예인에게 열광할 시간과 에너지가 있으면 공부로 돌려라!'는 게 모든 열
성팬 부모들의 한결같은 주문일 것이다. 아니 열성팬의 부모들 뿐만 아니라
이 땅에서 부모라는 위치에 있는 어른들은 누구나 쉽게 그렇게 생각하고 또
말한다.

그러나 연예인을 좋아하는 아이는 자신의 현실로부터 붕 떠버린 아이이기
때문에 공부 따위에는 관심이 없을 거라는 예측은, 슬프게도, 천만의 말씀이다.
그 수많은 글에 가장 자주 등장하는 낱말을 세 가지만 골라보시오라는 질문을
받는다면 아무리 둔한 사람이라도 주저없이 '공부, 시험, 성적'이란 단어를 꼽
을 것이다.

정말 읽기에도 지겨울 정도로 청소년들은 공부와 시험과 성적으로 짜여진
울타리 속을 맴돈다. 그들에게 비상구는 없다. 중학교 1학년부터 고등학교 3학
년까지 아무 차이가 없다.

오빠, 오늘도 엄마한테 공부 열심히 안한다고 야단 맞았어요… 오빠, 오늘은
중간고사가 꼭 1주일 남은 날이예요… 오빠, 이번에 또 성적이 떨어졌어요…
오빠, 오빠는 공부 하기 싫을 때 어떻게 시간을 보냈나요… 오빠, 제발 공부에
집중할 수 있는 비결이 있다면 가르쳐 주세요. 오빠, 왜 저는 독서실에만 가면
잠이 쏟아지는지 모르겠어요….

그들은 이미 "왜 공부를 해야 하느냐?"와 같은 질문을 던지지 않는다. 한국
사회는 공부를 못하는 사람은 사람 취급을 하지 않는다는 걸 너무나 잘알고 있
다. 타인들이 아니라 부모님들까지 자식이 공부를 못하면 일단 무시한다고 생

각한다. 그래서 그들은 진심으로 공부를 잘하는 사람이 되고 싶어 한다. 그러나 아무리 해도 공부는 따분한 노릇이고 게다가 아무리 밤을 새워도 성적은 좀처럼 오르지 않아서 고민이다. 놀랍게도 우리 청소년들은 시험 때는 거의 밤을 새우는 것 같다. 시험인데도 새벽 세 시 이전에 잠을 잤다고 자책하는 아이들이 그렇게 많다는 사실에 오히려 내가 화가 날 지경이다. 3당 4락이니 4당 5락이니 하는 터무니없는 소문이 얼마나 위력적이었으면 어렸을 때부터 이런 버릇이 들었을까?

어쩌면 공부 이야기가 이처럼 압도적인 것은 그들이 좋아하는 적이 오빠가 소위 명문대학생이기 때문일지도 모르겠다. 다른 연예인에게 오는 팬레터를 읽어 보지 못했으니 내 생각이 틀리는지 맞는지 아리송하다. 하지만 적어도 아이들이 연예인에게 열광한다고 해서 더 공부에 무관심해질 거라는 어른들의 예상은 사실에서 너무나 거리가 멀다.

불쌍하고 답답한 우리 엄마

팬레터를 읽노라면 우리 청소년들이 정말 부모를 끔찍이도 생각하는구나 싶어 가슴이 아릿해진다. 그들이 공부를 잘(열심히가 아니라)하고 싶어하는 가장 큰 이유는 부모님 그 중에서도 엄마를 기쁘게 해드리고 싶다는 열망 때문이다. 아이들은 엄마에게 사랑을 느끼기보다는 연민을 느끼는 쪽이 훨씬 많다.

이런 사실에 난 좀 고개가 갸웃거려진다. 이 아이들의 엄마라면 기껏해야 30대 후반에서 40대 초반일 텐데 왜 그들은 자식들에게 연민을 느끼게 만들까? 교육도 받을 만큼 받았을 뿐더러 경제 성장의 혜택을 본격적으로 누리기 시작한 세대가 아닌가?

적어도 팬레터에 쓰여진 글 속에서만큼은 이 중년기의 초입에 들어선 부부들은 별로 바람직하게 보이지 않는다. 대부분의 아이들은 부모의 사이가 별로 좋지 않다고 보고 있으며 아버지가 너무 구식이고 위압적이라 엄마가 마음 고생이 심하다고 생각하고 있다.

때문에 엄마의 희망은 아버지가 아닌 자신에 있을 수밖에 없는데 자신이 능력이 없어서 엄마를 속상하게 만든다는 데 심한 죄책감을 느끼고 있다. 물론 그와 동시에 엄마한테 이루 말할 수 없는 분노를 느끼기도 한다. 그래서 때로는 엄마를 속인다. 독서실에 간다고 하고 방송국 공개홀에 가는 경우가 그런 예이다. 엄마한테 미안하기는 하지만, 그렇다고 사실을 털어 놓으면 엄마가 더 속상해 할 게 뻔하니까 할 수 없다.

엄마는 불쌍하고 답답한 존재다. 엄마는 우리 세대에게 희망은 걸지만 우리 세대를 결코 이해하려 들지 않는다.

그럼 아빠는? 아빠는 더하다. 아빠 역시 공부 열심히 하라는 이야기 이외에는 할 이야기가 없는 사람이다.

그리고 가끔 어떤 편지는 오빠한테만 고백하는 집안 이야기라며 아빠의 폭력에 대해서 자세히 털어놓기도 한다. '집안'의 치부를 꼭꼭 숨겨 놓으려는 이 아이들을 어떻게 '부모 생각은 눈꼽만치고 안하고 자기만 아는 못된 아이들' 이라고 몰아붙일 수 있는 건지.

오히려 엄마를 위해서, 집안을 위해서 공부를 잘해야 한다는 의무감에 짓눌려 공부의 재미를 빼앗긴 아이들, 그들은 그 중압감의 정체를 잘 모르는 채로 오빠를 부르며 편지를 쓰듯이 일기를 쓰는 것이다.

엄마가 멋있게 보일 때는 언제일까?

"오빠, 있잖아요, 글쎄. 내가 어제 시험 땜에 가요 톱텐에서 오빠가 1등 하는 것 못봤는데 우리 엄마가 그 프로를 녹화해 놓으셨다는 거예요. 우리 엄마 정말 너무 멋있죠?"

그러나 이런 엄마는 가물에 콩나기. 대부분은

"아니, 저것도 노래라고. 큰일났어. 온갖 어중이떠중이가 가수랍네 하고 나서니…"

이럴 때는 그토록 불쌍하게 생각했던 엄마가 너무 싫다, 싫어.

못말리는 우리 담텡이

누가 우리 청소년들이 학교를 싫어한다고 말했는가?

"오빠, 드디어 내일이면 개학이에요. 차라리 속이 편해요. 그 긴 방학을 공부도 제대로 못하고 놀지도 제대로 못해서 방학 내내 속이 거북했는데…"

공부는 싫지만 아이들이 가서 마음 편한 곳은 학교밖에 없다. 학교에만 가면 일단 부모로부터 공부하라는 소리 안들어서 좋고, 또 아무튼 하루 종일 책상에 앉아 있으니까, 공부 안해서 어떡허나 하는 걱정을 안해도 되니 좋다.

팬레터를 쓰는 시간은 거의 정해져 있다. 새벽 1시에서 2시 사이거나 아니면 수업시간이다. 수업시간에 쓰는 편지에는 아무래도 선생님의 일거수 일투족이 세세하게 그려 있기 마련이다. 하기 싫은 공부 시간에 편지를 쓰니까 선생님을 곱게 그릴 리가 없다.

패닉의 2집에 실린 '벌레'라는 곡이 교사의 명예를 실추시켰다고 교총에서까지 분기탱천하고 있다는데, 대중가요의 위력을 너무 과대평가한 것은 아닌지 다시 생각해 보시라고 권하고 싶다. 아이들이 선생님을 어떻게 평가하고 있는지 선생님들은 정말 모르고 있는 걸까?

적어도 팬레터에 그려 있는 교사상에는 인격자가 없다. 아이들은 교사들이 성의 없이 가르친다고 생각하고, 그들은 틈만 나면 짜증을 낼 준비가 되어 있다고 본다. 그들은 담임을 못말리는 담텡이라고 부르며 자기들이 봐주어야 할 대상이라고 믿는다.

나는 그들이 단 한 사람이라도 존경하는 교사들 이야기를 해주기를 간절히 바라면서 편지를 읽곤 했다.

내 꿈이 무언지 몰라요

청소년들은 앞날이 불안하다.

"오빠, 오빠는 항상 '자신이 해야 할 일보다 하고 싶은 일을 하라.' '꿈을 찾아서 키워 나가라'고 하시는데 저의 정말 고민은 제가 하고 싶은 일이 무언지

저 자신이 모른다는 거예요. 꿈이 없는 사람도 있나요. 저는 꿈이 없나 봐요."

공부는 적성에도 맞지 않고 능력도 없는 것 같지만 그렇다고 해서 뾰족하게 하고 싶은 일도 없다. 그러니 앞으로 무엇을 할지 또 무엇이 될지 전혀 감을 잡을 수 없다. 바로 그렇기 때문에 부모님이 시키는 대로 할 수밖에 없다.

21세기는 개성을 발휘하면서 그것으로 밥을 먹을 수 있다면 가장 행복한 사람이라는데 지금 우리 아이들은 자신의 개성을 발견하는 일에조차 겁을 먹고 있다. 도대체 세계에서 두번째라는 우리의 교육열은 무엇을 위한 열기인가.

지금 청소년의 부모들은 대부분 꿈과 현실을 늘 구분하면서 살아야 했던 세대들이다. 그들은 청소년기에 꿈을 꾸다간 밥을 굶는다고 배웠다. 그렇게 자라서 배불리 먹게 된 그들은 어찌된 셈인지 자식들에게까지 꿈꾸기를 금지했다. 이제 아이들은 꿈꾸기가 무언지도 모르게 되었다. 이건 정말 모든 어른들의 실수이다.

연예인은 그들에게 누구일까?

연예인은 그들의 꿈을 대신 꾸어준 사람들이다. 물론 아무리 척박한 상황에서도 꿈과 밥을 일치시킨 사람들이 사회 곳곳에 있어 왔지만 그들은 잘 드러나지 않는다. 따라서 청소년들에게는 좀 어렵고 낯선 대상들이다. 반면 연예인은 문자 그대로 혜성과 같이 나타나는 존재들이며, 그들의 모든 것은 대중매체에 의해 낱낱이 해부되어 진열된다. 게다가 다른 분야의 사람들은 나이가 한참 들어야 모습이 드러나지만, 연예인들은 아무리 늦어도 20대에 나타난다. 이제 10대의 가수들도 대거 등장하고 있다.

손에 잡힐 것 같은 꿈. 그 꿈을 한발 앞서 실현시킨 연예인은 청소년들의 우상이며 미래의 자기자신이다. 연예인 중에서도 가수는 늘 옆에 둘 수 있으므로 한층 더 친근감을 느끼게 된다. 이어폰을 꽂기만 하면 항상 목소리를 들을 수 있다. 이렇게 가까운 사람에게 '형'이나 '오빠'보다 더 잘 어울리는 호칭이 어디 있을까.

그렇지만 남자아이들은 어렸을 때부터 자신의 감정을 표출하기보다 꾹꾹 누르는 게 멋있다고 배운다. 그래서 남학생 팬의 편지는 매우 '이성적'이다. 그들은 음악 이야기는 하되 가수 이야기는 하지 않는다. 자신이 편지를 쓰는 행위는 매우 이례적이라는 것을 누누이 강조한다.

여자아이들은 좋아하는 것을 표현하는 데 부끄러움을 느끼지 않는다. 오히려 그들은 자신이 누구를 좋아한다는 사실에 기쁨과 자부심을 느낀다. 오빠가 지나치게 열광적으로 쫓아다니는 팬은 싫다고 말했지만 좋은 걸 어떡해. 오빠, 너무 편지 많이 써서 미안해요 하면서 또 편지를 보낸다.

만약 우리 청소년들이 지금보다 좀더 자유스러운 세상에서 살게 된다면, 구체적으로 말해서 만약 입시 위주의 교육 풍토와 집안 분위기가 달라진다면 '오빠 부대'란 말도 동시에 사라질까? 그렇지는 않을 것이다. 어떤 종류의 억압이든 억압이 있는 곳에는 꿈꾸기도 함께 있을 것이므로.

■ 글쓴이 박혜란은 초등학교 4학년까지 농촌 아이였다가, 서울의 세칭 일류 중고등학교를 6년 다니면서, 권위주의와 엘리트주의에 질렸다. 중학교 때는 배구반, 고등학교 때는 신문반 활동에 온몸을 바쳤다. '신문 만든다'며 곧잘 수업을 빼먹고 극장을 드나들었으며(신영균, 폴 뉴먼, 말론 브란도의 팬이었음), 편집실 골방에서 두꺼비를 땄던 삐딱한 아이. 그러나 오십 평생을 뒤돌아보면 무지무지 모범생으로 산 것 같다.

He was their inspiration. He made their lives extraordinary.

DEAD POETS SOCIETY

A PETER WEIR FILM

OUCHSTONE PICTURES Presents In Association With SILVER SCREEN PARTNERS IV A STEVEN HAFT Production
TT-THOMAS PRODUCTIONS A PETER WEIR Film ROBBIN WILLIAMS "DEAD POETS SO
Music by MAURICE JARRE Director of Photography JOHN SEALE, A.C.S. Written by TOM SCHULMAN
Produced STEVEN HAFT PAUL JUNGER WITT TONY THOMAS Directed by PETER WEIR

영화 지상
절대주의

김현진

영화를 처음 보는 일고여덟 살의
나와 같은 모습일 아이들에게,
꿈을 보여 주고 싶다.
영화가 어떤 마법을 부려서 인생을
변화시킬 수 있는지…

문득 '자서전'이란 걸 써보고 싶었다. 15년. 사람의 인생을 60으로 치면 어느새 4분의 1을 살았다. 지금까지의 내 인생을 정리해 보고 싶었다. 4분의 1의 인생. 별로 평범하지는 않았다. 4분의 1 인생을 깨끗이 정리해 본 후, 또 다음 4분의 1 인생을 정말 후회 없이 살아보고 싶었다. 지금까지 내 인생에서 가장 많은 부분을 차지한 것, 그건 내 삶의 반 이상을 함께 해온 영화였다. 영화에 대해서 이야기하는 것은 내 인생에 관해 이야기하는 것과 같다.

누군가가 영화를 왜 그렇게 좋아하느냐고 물으면 그건 내겐 답변할 수 없는 질문이다. 그래서 나는 대답 대신 묻는다. 미치도록 사랑하는 사람이 있냐고. 없다고 대답하는 사람에게는 설명하지 않는다. 하지만 눈을 빛내며 있다고 대답하는 사람에게는 다시 묻는다. 그 사람을 왜 그렇게 사랑하느냐고. 십중 팔구는 이상하다는 듯이 고개를 갸우뚱거리며 그걸 어떻게 말로 설명하느냐고 되묻는다. 나도 마찬가지이다. 사랑한다는 마음. 그걸, 그 이유를 어떻게 사람의 언어로 표현할 수 있을까.

내가 영화를 처음으로 본 것은 일곱 살 나던 해였다. 광고가 끝나고 불이 하나둘씩 꺼지던 때의 그 설렘. 손님이 별로 없었던 탓에 돈 안낸 나도 자리 하나를 당당히 차지하고 편하게 볼 수 있었다. 그 신비롭던 어둠… 그때 내가 본 영화는 「레인 맨」이었다. 아직까지도 몇 장면과 대사가 생생히 기억난다. 엘리베이터 안에서 춤추던 더스틴 호프만의 모습, 선글라스를 끼고 멋진 모습으로 앳된 나를 매혹시켜 버린 톰 크루즈… 하지만 궁극적으로 내 혼을 빼버린 것은 바로 그때 이후 9년간을 함께 하고 있는 영화였다. 이 영화 외에도 내 인생의 커다란 부분을 차지하고 있던 것은 누군가에게 주목받고 싶은 마음, 그 간절한 소망이었다. 외동딸로 자라면, 오냐 오냐 귀엽게 꽃처럼 곱게 자랄 것이라고 대부분은 생각하지만 내 경우는 그렇지 않았다. 부모님은 내가 버릇 없는 외동아이가 되는 것을 원하지 않으셨다. 그래서 상당히 엄격한 가정 교육을 시키셨고, 나는 겉으로는 착한 아이였지만 늘 반항하고 싶었다. 그 철저한 교육의 결과일까? 나는 내가 아주아주 나쁜 아이라고는 생각하지 않는다. 그러나 어떤 좋은 조제 처방도 부작용을 감수해야 하는 것처럼 내게도 부작용이 있었다. 의존하고 싶은 욕망. 의지하고 기대고 싶은 마음… 그 마음은 마치 『어린 왕자』의 바오밥 나무처럼 처음에는 조그맣게 싹을 틔우지만 나중에는 별 전체가 파괴되어 버릴 정도로 거대해진다. 내 마음의 그 칭얼대고 싶고, 투정이라도 부리고 싶은 마음은 자꾸만 커졌다.

내가 영화를 사랑했던 것은 행운이었다. 내게 아무것도 없었다면 난 아마 견디지 못했을 테니까… 나는 영화에 기댈 수 있었다. 영화를 볼 때 나는 어린애처럼 편안했다. 요즘은 초등학생도 한다는 미팅 같은 것도 안해 봤다. 그런 식의 만남이 별로 마음에 들지 않았을 뿐더러 내겐 이미 '영화'라는 아름다운 연인이 있었기 때문이다.

「청춘 스케치」의 에산 호크를 보면서 느낀 미묘한 감정의 교차와 「볼륨을 높여라」의 마크 헌터에게 느꼈던 마음, 「아이다호」를 보면서 느낀 신비하고 애달픈, 떠나 버린 이에게 느꼈던 사랑, 이런 마음들은 에산 호크라든가 크리스챤 슬레이터, 리버 피닉스 같은 매력적인 배우들에게 느낀 소녀다운 사모의 감정이 아니라 나의 연인, '영화'라는 커다란 존재를 향한 커다란 연모의 감정에의 일부였다. 영화 속에서 녹여 버린 '고독'. 늘 강한 모습이어야만 한다는 압박…영화 속에선 잠시나마 쉴 수가 있었다. 난 현실이 싫었다. 현실의 나는 화려하지 못했고 그다지 근사하지 못했다. 나는 아무래도 그런 내 모습을 받아들이질 못했다. 현실 도피, 영화는 내게 그 장소를 제공했다. 난 영화를 보고 나면 늘 웃을 수 있었다. 난 평범하고 근사하지 못한 김현진이 아니라 아름다운 금발의 엘비라 마디간이었고, 쉴새없이 재잘대고 귀여운 미소를 짓는 샐리였고, 나를 위해 노래해 주는 트로이가 있는 릴레이나였으니까. 하지만, 영화는 현실과 달랐다. 현실을 토대로 만든 영화가 이렇게 현실과 다르다는 것. 내가 영화에 대해 느낀 최초의 배신감이었다. 아무리 슬프고, 가슴 아픈 일이 있더라도 영화는 그것을 직접적으로 위로해 줄 수는 없다. 내게 울지 말라고 말해 줄 수도 없고… 내가 기대어 울 수 있는 어깨를 빌려줄 수도 없다. 영화는 단지 지켜봐줄 뿐이다. 그리고 느끼게 해줄 뿐이다. 내게 외로워하지 않아도 될 이유를 보내 줄 따름이다. 「일급 살인」의 고립된, 그러나 용감히 맞서 싸운 제임스 스탬필, 「헤더스」의 사랑 받지 못해 아파했던 아웃 사이더 JD, 「허공에의 질주」의 섬세한 눈물 대니….

이들과 함께 있어도 나는 점점 더 외로워졌다. 가끔씩 가슴으로 스며드는 공백, 그 공백 틈으로 스며드는 외로움, 나는 점점 자라갈수록 더 실제적인 위로를 갈망하게 되었다. 하루 24시간 영화를 볼 수는 없었다. 역시 사람은 사람인지라, 영화만 보고 살 수는 없었다. 사라져 버리는, 크레디트 타이틀만 올라가면 헤어져야 하는 스크린이 아닌… 따뜻한 심장 박동 소리와 따스한 어깨를 갈망했다. 그건 영화가 채워 줄 수 없는 거였다. 아무리 할리우드 키드라고 불러도, 영화의 연인임을 자부해도 영화는 단지 보이지 않는 손을 가졌을 뿐, 그 체온을 느낄 수는 없었다. 그러기에 그 손이 나를 위로의 마음으로 어루만져도 나는 점점 느낄 수가 없었다. 그래도 나는 약한 모습을 보일 순 없었다. 젠장할. 이를 악물었다.

그렇게 내 자신을 향한 갈등이 심화되고 있을 무렵, 영화 아닌 '무엇'을 사랑하게 된 것은 필연이었는지도 모른다. 맥라이언이 등장하는 로맨스 영화에서처럼 산뜻하고 튀는 사랑을 하지는 못했다. '무엇'이 아니고 '누군'가를 사랑했었다. 정말로 '영화' 속에서나 있는 일인 줄 알았는데… 시네마 보드와 내 인생을 동일시한 결과인지도 몰랐다. 그게 대가이든 형벌이든 간에 어쨌든 난 행복했다. 그렇게 사랑했던 '영화'에 대한 배신 행위라는 생각이 가끔 머리 속을 스쳐 지나가긴 했지만 '첫사랑'에 넋이 나가는 건 인류의 공통된 습성이 아닐까. 영화와 현실과의 거리감을 느끼며 방황할 그때 정말 '미친 듯이' 사랑에 빠졌다. 내가 사랑했던 그의 곁에서 난, 스크린 안에서의 숨막히는 황홀감과는 다른 편안함과 따스한 휴식을 할 수 있었다. 그것은… 내 인생의 앞으로의 파란을 예고하는 것인지도 모른다. 그래서, 내 최초의 4분의 1 삶의 막바지에 폭풍을 예고하는 것인지도 모른다. 오스카 와일드의 '순간의 기쁨'처럼. 철로를 향한 고통스런 질주를 앞두고 잠깐 들국화 향기 맡으며 쉴 수 있는 간이역…

정말 그랬다. 스크린의 연인과 현실의 연인은 달랐다. 스크린의 연인은 커다란 포옹과 피상적이고 한없는 사랑. 그리고 현실의 연인은… 내가 영화 때문에 잊고 살았던 것을 주었다. 생활 속에서의 작은 즐거움. 영화 속에서는 커다란 모티브를 다루어야 한다는 중압감 때문에 생활 속의 사소한 아름다움은 배제될 수밖에 없다. 작은 눈짓 하나, 따스한 미소 하나가 사랑이란 이름이 덧입혀지면 얼마나 아름답고 사랑스러워지던가. 내가 간과했던 것은 그것이었다. 영화가 간과했던, 생활 속에서의 소박한 행복. 9년 동안 잊고 있었던 것을 다시 찾았다. 토닥거리면서 틱틱대며 말다툼하고 괜스레 토라지고 눈을 흘기고 입술을 삐죽대면서도 저절로 나오던 미소… 그 평범한 행복… 난 '강하지 않아도 된다'는 그 전제가 얼마나 기뻤는지도 모른다. 근사해 보이려 애를 쓰지 않아도 되고, 그냥 있는 그대로 보이면 되고… 난 그 앞에서는 엘비라 마디간도 콩스탕스도 스칼렛 오하라도 아니었다. 그렇게 근사해질 필요가 없었다(사실 그렇게 되고 싶어도 될 재주가 없었지만). 난 단지 김현진이란 사람 자체, 있는 그대로면 충분했다. 정말 지독하게 사랑했다. 그 앞에서는 칭얼거리고, 떼를 쓰고, 투정 부리고… 마음대로 어리광을 부릴 수도 있었다. 단지 그가 나에게 주었던 사랑에 비해 그가 원했던 단 하나, 늘 웃기만 하면 되었던 거다. 긴장을 푼 편안함. 그건 영화를 볼 때의 긴장감 넘치는 황홀함과는 근본적으로 다른 것이었다. 누군가가 자신을 있는 그대로 받아들여 준다는 것. 그건 얼마나 행복하고도 아름다운 일인가. 영화가 줄 수 없었던 따스한 체온… 그걸 얻었던 것은 정말 값으로 따질 수 없는 귀중한 일이었다. 하지만….

우리는 모두 세상의 불행에서 '나'만은 예외이기를 바라지만, 사랑의 불행인 '헤어짐'이 나라고 해서 비껴가지는 않았다. 그게 무엇인지는 설명할 수 없지만, 우리의 차이는 컸다. 그리고 그는 이미 이 모든 것을 뛰어넘을 수 있다는 무모한 꿈을 꿀 수 있는 능력이 남아 있는 20대가 아니었다. 그는 현실에 안주해야 했다. 그는 그렇게 떠났다. 그의 빛나던 젊음과 사랑, 소년의 미소만을 남겨 둔 채. 떠나는 그에게 모질게 퍼부었다. 그의 눈은 경악을 나타내고 있었다. 평소의 나와는 많이 다른, 거의 표독스러운 모습. 그때 그는 몰랐을 것이다. 내 가슴으로 피눈물을 흘리고 있었다는 것을… 이를 악물고, 증오의 단어들을 쏟아 내면서 되뇌였다. 당신을 진정으로 사랑하기에 지금 독해지고 있는 거라고 … 당신에게 피맺힌 한, 평생 가슴에 묻고 두고두고 당신을 미워하기엔 너무 사랑한다고… 그리고 그렇게 독하게 나도 떠나 버렸다.

처음엔 받아들일 수가 없었다. 늘 뒤에 있어 주겠다던 그가, 다른 사람도 아닌 그가 가 버리다니. 거짓말이겠지. 뒤를 돌아봤다… 아무도 없었다. 자리에 누워 버렸다. 안 먹었다. 안 잤다… 또 낮이야? 눈물도 말라 버릴 때가 있다는 걸 알았다. 나는 스크린의 연인도, 현실의 연인도 아니었고, 단지 상처받은 마음을 가진 어린 학생에 불과했다.

그는 내게 인생과 사랑을 가르쳤다. 영화가 가르칠 수 없던 인생과 그리고 마냥 추상적으로만 느끼던, 영화의 주된 모티브인 '사랑'을… 난 그로 인해서 영화 속의 사랑을 절실히 이해했지만, 그까짓 남의 사랑, 이해해서 뭣한단 말인가! 내 사랑이 떠나고 없는데…

설상가상으로 난 지독한 죄책감에 시달렸다. '영화를 배신했다'는 생각… 골치가 아팠다. 젠장. 눈 딱 감고 다시 영화를 봤다. 「바람둥이 길들이기」라는 웃기는 번역 제목이 붙은 「아이 러브 유 데스」(I love you Death), 케빈 클라인이 뭣하든 상관이 없었다. 리버. 아름다운 영혼의 그가 스크린 안에 있었다. 예쁘지도 매력적이지도 않은 피자집의 평퍼짐한 주인 아줌마를 사랑하는 점원으로 나왔던 리버. 코미디물이었지만 내겐 코미디가 아니었다. 그냥 사랑하고, 그저 지켜볼 뿐이었다. 사랑하는 이에게 사랑한다고 말할 수 있는 기쁨… 그것만 해도 커다란 행복임을 나는 왜 몰랐을까? 말라 버린 줄 알았던 눈물이 뺨을 타고 흘렀다. 이제야 알았다. 난 누구에게 기대어 살 수는 없는 사람임을. 안식처가 되어 있던 그의 어깨를 떠날 때가 된 것을 알았다. 용기가 필요했다. 「헤더스」를 돌렸다. '아무도 날 사랑하지 않아!'(Nobody loves me!) JD가 시한 폭탄을 안고 미소짓는다. 상처로 너덜거리는 내 모습 같은 JD의 걸레쪽 같은 모습. JD가 자신을 날려 버렸다. 나도… 날려 버려야지. 늘 내 자신이 경멸스러울 때마다 해온 행사였다. 지금은… 나를 경멸하진 않았다. 처음으로 나에게 관대해졌다. 넌 단지 조금 불행한 사랑을 했을 뿐이야… 시한 폭탄의 스위치를 누르는 JD에게 나를 투영시킨다. JD가 날려 버렸다. 자신을, 그리고 나를… 새로운 내가 되자. 돌이킬 수 없는 것들은 미련 없이 보내 버리자. 돌아올 수 없는 사람들은 잊어버리자… 연기 속에 JD는 없지만… 난 새로운 나를 본다. 거기에 서 있는 열다섯 살의 작은 아이는, 이젠 홀로 설 준비가 되어 있었다. 난 속삭였다. 다시 '스크린의 연인'으로 돌아왔다고….

여기까지가 내 4분의 1 인생의 끝이다. 영화에 대한 자각, 외로움, 사랑, 이별, 성숙. 나는 앞으로도 아마 영원히 스크린의 연인일 것이다. 내가 사랑했던 사람에게, 십년 뒤에 보자고 말했다. 분명히 후회하게 될 거라고. 십년 뒤, 난 영화와 더불어 살고 있을 테니까. 당신이 정말로 후회할 정도로 화려하게, 진정한 '영화의 연인'이 되어 있을 거라고… 물론 나는 내가 어리다는 사실을 인정한다. 그래서 아직은 칭얼대고 싶고, 기대고 싶은 본능이 있다. 하지만 난, 지금까지 가장 힘겨웠던 시간을 영화의 힘으로 견뎌 냈다. 내가 달라진 건, 그런 마음을 창피하게 여기지 않는다는 것이다. 의존하고 싶고 의지하고 싶은 본능은 바꾸어 말하면 사랑 받고 싶은 마음이다. 누군가에게 무엇과도 바꿀 수 없는 소중한 존재가 되고 싶은 소망. 이건 비단 나뿐만이 아니라 모든 사람이 다 가진 마음이기 때문이다.

이제는 운명처럼 다가오는 백마 탄 기사를 기다리는 핑크빛 꿈을 가진 소녀가 아니다. 그런 꿈은 옛날에 잊었다. 아직은 어린 나이. 그리고 그 나이에 걸맞지 않는 눈빛… 이런 것들을 지니고 살기에는 아직은 버겁지만, '사랑 받고 싶은 마음'과 '유아기적인 의존심'은 구분하기로 했다. 사랑은 무조건적으로 의존하고 기대는 것이 아니다. 홀로 선 독립적인 두 인간이 성숙한 영혼의 교류를 나누는 것. 단지 그것이니까….

이제 영화를 진정으로 이해함을 기뻐한다. 한 차례의 폭풍 같던 마음의 혼란을 겪은 후, 난 「시네마 천국」의 토토와 엘레나의 아픔을 이해했고, 영화를 따스한 마음으로 바라볼 수 있었다. 영화의 연인, 내가 선택한 이름. 이 이름에 얼마나 큰 희생을 지불해야 한다 하더라도 감수할 것이다.

4분의 1의 매듭을 지었다. 나머지 4분의 1를 또 힘껏 살아야 한다. 절대 흔들리지 않고, 절대 쓰러지지 않고, 내가 배리 레빈슨과 토니 스코트, 마틴 스콜세지에게 받았던 것들을 돌려주고 싶다. 그건 그들에게 돌리는 걸로 지불할 수가 없다. 분명히 영화를 처음 보는 일고여덟 살의 나와 같은 모습일 아이들에게, 꿈을 보여 주고 싶다. 영화가 어떤 마법을 부려서 인생을 변화시킬 수 있는지… 「레인 맨」이 나에게 요술 가루를 뿌리듯 마법을 걸어 놓아 오늘의 내가 있는 것처럼 내 영화로 마법을 걸고 싶다. 영화 안에서, 영원히 살고 싶다.

■ 글쓴이 김현진은 1981년에 태어났다. 얽매이는 것을 지독히 싫어한다. 영화, 걸어다니기, 파리 잡기가 취미다. 일곱살 때, 어른들만의 이상한 나라에 던져진 멍청한 앨리스 같은 기분을 아직 지니고 있다. 방황을 거의 업으로 삼았으며 아웃 사이더임을 즐겼던 때도 있었지만 이제는 소속되고픈 마음도 조금은 갖고 있다. 이 글을 쓰고 오랜 방황이 있었지만 그 헤매임의 마침표가 되어준 한 친구와 간이역이 되어 주었던 많은 사람들, 하나님 그리고 나의 연인, 영화에게 감사를 표한다.

명작 만화 ─ 섹스, 주먹, 그리고 만화 나부랭이

글 · 나호원
컴퓨터 그래픽 · 안재욱

누구나 자기만의 창이 있다. 그 너머로 세상을 넘겨본다. 내게도 나만의 창이 있다. 만화라는 창을 통해 세상을 바라본다.

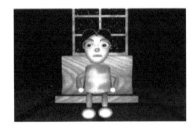

엄마가 나를 잉태하고 있었을 때 그도 영구 집권을 잉태하고 있었다. 1972년, 유신과 함께 나도 영생을 누리고자 이 땅에 태어났다.

난 6살 때까지 우유병을 들고 다녔다. 비너스, 그녀의 가슴 미사일을 보며 나는 이유기를 맞았다. 우유병이 더이상 내게 의미가 없듯, 그녀의 미사일도 나쁜 로봇 무리들에게 먹혀들지 않았다. 가슴 미사일을 다 써버린 채 지쳐 쓰러지는 비너스. 그녀를 덮치는 나쁜 로봇들. 난 내게도 가슴이 없다는 걸 알게 됐다. 이미 다 써버린 걸까. 그렇담 나도 비너스처럼 힘이 없겠지.

마징가 헬박사를 물리치기도 전에 우리의 피박무왕은 갔다. 영생하리라던 믿음이 깨졌다. 하지만 그의 죽음은 어느 때보다도 더 큰 권력의 위용을 보여 주었다. 그는 여러 날 동안 TV 채널을 꽉 잡고 있었다. 독수리 5형제는커녕 뉴스도 안했다. 과연 그가 힘이 세긴 셌나 보다.

Game Over와 함께 마징가도 사라지게 되었다. 무림 지존을 꿈꾸는 대갈마두는 마징가 제트가 무쇠팔 무쇠다리 로켓트 주먹으로 엉깔까봐 마징가를 구금하였다. 마징가 제트는 광자력 연구소의 보호막 속에 가택 연금되었다. 나의 비너스와 함께 말이다.

그리곤 대갈마두는 폭도 로봇들이 국가 전복을 기도하는 TBC, 7번을 폐쇄하는 언론 정화를 감행했다. 얼마 후 칼라 테레비가 나왔다. 그의 대머리가 그로테스크한 색으로 빛났다.

비너스가 잊혀질 무렵, 대갈마두는 내게 화해의 제스처를 보였다. 빗자루를 타고 다니던 세리 공주를 단숨에 업그레이드시켰다. 꿈과 희망의 요술 공주 밍키! 피피르마 피피르마 마르피피 마르피피 홀러덩. 충격이었다. 밍키는 내 관음의 대상이 되어 주었다. 그러나 머지않아 배신감으로 다가왔다. 일본 원판에서는 밍키의 앞부분까지 다 볼 수 있다고 아이들이 웅성댔다. 난 분노했다. 대갈마두가 밍키를 농락하는 게 틀림없었다. 나의 밍키는 그의 가위질에 난도질 당했다. 서슬퍼런 가위는 내 머리 속에서 지워지지 않았다. 언젠가 나도 모르는 새에 내 가슴을 잘라 버렸을지도 모르기 때문이다.

우울한 사춘기로 들어설 무렵, 아이들은 지하 불온 서적을 학습하기 시작했다.
빨/간/책
호환, 마마, 전쟁보다도 더 무서운 그 빨간 만화책을 볼 순번이 돌아왔다. 그러나, 대항 매체에 대한 기대는 이내 사그라들었다. 거친 펜선, 평면적인 인물 묘사, 엉성한 스토리 전개 등등. 만화에 대한 모독이었다. 비분강개한 나는 분기탱천하여 아이들의 올바른 성교육을 위해, 그리고 올바른 만화 문화의 정착을 위해 인체 도감을 찾아가며 사실적 묘사를 하려 애썼다. 드디어 화룡점정의 순간! 어! 으… 학주의 가위가 나를 덮쳤다. 분서 갱유 : 대갈마두의 가위가 부활하였다. 내 작품은 불태워졌고, 나는 교무실로 압송되었다. 학주는 말할 때마다 빨강에 힘을 주었다. '멍'— 빨강, '멍'— 빨강, '멍'— 빨강

고등학교에 들어가서야 비로소 그 학주에게 Red Complex가 있다는 것을 알게 되었다. 그의 가위는 작두가 되어 전교조 빨갱이의 목을 성둥성둥 쳐내고 있다고 했다. 학주다운 행동이라고 생각했다. 대학생 과외 선생 왈, 빨갱이를 성공적으로 진압한 공로로 학주는 무공 훈장을 달고 조만간 교감 선생님이 될 것이라고 시니컬하게 내뱉었다. 투덜이 과외 선생은 늘 무엇이든 툴툴댔다. 내가 아이큐 점프를 볼라치면 고걸 갖고 걸고 넘어갔다. '컹컹컹' '난 드레곤 볼이 젤 재밌어요.' '컹컹컹' '기계전사 109요? 그건 재미없는 것 같아서 그냥 넹기는데.' '컹컹컹' '예? 드레곤 볼 속에 일본 제국주의 힘의 논리가 있다고요? 하지만 재밌기만 한 걸요.' '컹컹컹' '자본주의의 상업화 전략이 깃든 폭력과 섹스의 난무요? 그런데 웃기잖아요.' '컹컹컹' '기계전사 109에는 피지배 계급의 단결된 저항과 혁명의 의지가 우회적으로 그려져 있다고요? 그게 사실주의라고요? 근데 재미 별로 없는데… 그리고 어쨌거나 난 대학에 가야 한다고요. 그럴래면 내공을 쌓고 무공을 연마하는 손오공처럼 나도 열심히 공부해야 하는데요. 베지터나 피콜로한테 깨질 때마다 다시 도전하는 손오공이 내겐 더 현실적인데요. 그리고 때론 무천도사처럼 코피 쏟으며 공부도 해야 하고…' 얼마 안 있어 투덜이 과외 선생도 짤렸다. 나의 현실 논리가 그의 현실 논리를 이긴 것일까?

무사히 대학 문턱을 넘었다. 최루탄의 매운내가 끗발을 내던 때다. 모두가 '나는 노가리가 싫어요'를 외쳤다. 나도 그 보통 노가리가 싫었다. 하지만 친구들처럼 결연하진 못했다. 전경의 투구와 방패, 곤봉, 최루탄… 그것은 언제나 나를 노리고 있는 학주의 가위 같았다. 친구와 선배들에게는 항상 빚진 것 같은 때다. 단지, 치국평천하를 도모하기 위해선 수신 제가가 우선해야 된다고 씁쓰름하게 자위할 뿐이었다. 그리곤 최루탄 포연 사이로 그녀를 보았다. 따라다녔다. 열심히, 부지런히, 끈질기게, 무던히도… 화두 하나만을 남긴 채 그녀는 떠났다.

숏다리! 제행 무상이요 천상 천하 유아 독존의 자존심은 속세의 아집일 뿐이었다. 그날 밤 꿈을 꿨다. 내 전생을 보았다. 난 왕자였다. 인어 왕자. 롱 지느너미를 뽐내며 맘껏 물줄기를 가르던 나. 우연히 인간 세계의 그녀를 보았고, 인간이 되고 싶었다. 마녀에게 갔다. 롱 지느러미와 목소리를 주었다. 꿈에 그리던 다리를 얻었다. 숏다리였다. 그녀 앞에 설 수 있었다. 고백을 해야 했다. 그녀 왈 '전 노가리 잘 푸는 사람이 좋아요' '띵~. 전 당신 앞에 서기 위해서 목소리를 바쳤어요' 그녀는 떠났다. 노가리, 노가리, 노가리. '난 노가리가 싫다!' 아무리 내지르려 해도 들리지 않았다.

거세된 가슴, 지느러미, 그리고 목소리. 내겐 그 무엇도 남아 있지 않은 듯싶었다. 원형 회복의 가능성을 발견한 것은 란마를 통해서이다. 뜨거운 물, 찬 물이라는 침례 의식을 통해 자신의 성을 스위치할 수 있다니. 복음이었다. 그것은 억눌린 자에게 보내는 메시지였다. 그/러/나… 미치광이 가위손들은 낙인을 찍어댔다. '저질'이란 주홍글씨를 란마의 가슴에, 그리고 '신체등급 4급'을 거세당한 내 몸뚱이에.

신한국 창조의 역사적 사명을 띠고 문민 정부의 빵빠레를 뒤로 하며 방위가 되었다. '방위'에게 손가락질하며 민과 군을 이간질시키는 불순분자들의 적화 야욕에 굴하지 않고, 나는 씩씩하고 늠름한 국군 방위 아저씨로 생활을 강요당했다. 그러다 그만 군기 사고를 저질렀다. 자랑스런 문민 군대의 행정병으로서 신성한 가라 공문서에 그만 비천한 볼펜똥을 한 움큼 묻혔다. 하지만 위대한 문민 군바리들은 총살시키지 않았다. 그분들은 나를 바른 길로 일깨워 주셨다. 내게 신토불이를 몸소 실천케 했다. 신토불이와 함께 난 허리가 동강난 조국의 아픔을 체험했다.

수통에서 나는 유일한 방위였다. 내게 주어지는 끝없는 혐오의 시선을 흐트리기 위해 베르사이유의 장미를 읽었다. 하루 일과 마감을 알리는 나팔 소리에 맞추어 오스카는 날마다 병문안을 왔다. 하지만 바스티유의 문이 열리는 날, 오스카는 흉탄에 맞았고, 내 침대도 그들에게 함락되었다. 나의 오스카는 그렇게 떠났고, 나의 장미는 그렇게 져버렸다.

다시 민간인으로 환생한 나는 만화방을 전전한다. 겉도는 말과 헛도는 삶을 내던지기 위해 만화를 다시 본다. 나를 옥죄던 심의와 검열의 가위는 점차 허구와 추악함으로 실체를 드러내며 임종을 기다리고 있다. 만화를 무시해 버리기엔 내가 너무도 만화답다. 이젠 정말 명작 만화를 만들고 싶다. 방송 시간을 땜빵하게 위해 '명작 만화'라고 위장한, 같잖은 작품들에 상처받은 나같은 사람들을 위해 정말 명작 만화를 만들고 싶다. 그 속에서 밍키와 세리 공주, 비너스와 영심이, 그리고 오스카를 함께 만나고 싶다. 스스로 거세한 붉은 돼지가 되어서 말이다.

■ 이 글·그림·짓거리는 95년 2학기 '성과 사회' 시간에 제작한 애니메이션에 뿌리를 두고 있다. 콘티를 짠 나호원은 연대 사회학과 대학원에서 공부를 하고 있고, 컴퓨터 그래픽 제작과 음악, 편집을 도맡은 안재욱은 최근의 인기 탤런트와 이름이 같아서 많은 어려움을 겪고 있는데, 올해 연세대학교 사회학과를 졸업하고 지금은 문헌정보학 석사과정을 밟고 있다. 컴퓨터 그래픽에 대해서는 잘 모르지만, 컴퓨터를 가지고 노는 것을 좋아한 탓에 친한 친구인 나호원군과 없는 실력을 짜내어 95년 겨울에 '명작 만화'를 작업했다.

삐삐 속에
내가 있나요~
나는 그대의
진실한…

이지연

그것은 아이들이 현재 놓여 있는
사회적인 현실을 반영하고,
아이들이 그 현실 속에서
스스로의 생활에 부여하는
의미들과 언어, 즐거움, 기쁨,
고통의 방식들로 이루어져 있다.

됐어 이젠 됐어 이제 그런 가르침은 됐어 그걸로 족해 이젠 족해
매일 아침 일곱 시 삼십 분까지 우릴 조그만 교실로 몰아넣고
전국 구백만 아이들의 머리 속에 모두 똑같은 것만 집어넣고 있어
막힌 꽉 막힌 모두가 막힌 널 그리곤 덥썩 우릴 먹어 삼킨
이 시커먼 교실에서만 내 젊음을 보내기는 너무 아까워
　—'서태지와 아이들' 3집에 실린 '교실 이데아' 중에서

'교실 이데아'는 서태지와 아이들 3집 중에서도 메틀 사운드를 가미한 상당히
하드하고 거친 느낌이 드는 노래다. 거기다 가사의 내용도 평범한 유행가 가사
들과 달리 우리 사회의 교육 문제를 정면에서 다루고 있다. 그런데도 '교실 이
데아'는 서태지와 아이들의 열성 팬들뿐만 아니라 대다수의 평범한 아이들에
게서도 많은 사랑을 받았다. 아이들은 노래방에서 이 메틀 곡을 목이 쉬어가며
불러댄다. 아이들에게 이 노래는 자신들의 생각을 대변한, 바로 자신들의 노래
다. 물론 서태지와 아이들 3집의 다른 노래들 역시 꽤 비중 있는 내용들을 담고
있지만, 이 노래의 분위기가 유독 강하고 어두웠기 때문인지 서태지와 아이들
은 이후, 이 노래로 말도 안되는 비방들에 시달리게 된다(그후에 생겨났던 더 힘

들고 슬픈 일들에 대해서는 이야기하지 말자).

지금 이 글을 읽고 계신 분은 이 노래를 듣고 어떤 느낌을 받았었는지 알고 싶다. 혹은 전혀 들어볼 기회가 없었거나 행여 들어볼 생각조차 없었을까? 어쨌거나, 지금은 이 노래가 그려내는 이미지와 느낌을 마음 속에 잠시나마 떠올려 보았으면 좋겠다. 이 노래로 얘기의 서두를 시작한 것은, 이 노래의 가사가 그려 내고 있는(사운드는 그만두더라도), 아이들이 놓여 있는 사회적 현실에 대해, 먼저 이야기하고 싶어서다.

아주 기본적으로, 아이들이 놓여 있는 시간적인 축과 공간적인 축에서부터 이야기해 보자. "매일 아침 7시 30분"부터 저녁 5시 전후까지 혹은, 야간 자율학습을 하고 있다면, 밤 9시에서 10시까지, 잠자는 시간을 빼고 나면 거의 하루의 3분의 2에 해당하는 시간을 아이들은 학교에 "몰아 넣어"져 있다. 그럼, 아이들은 그 긴 시간 동안 학교에서 무얼 하는가… 공부? 나름대로 공부를 따라가는 소수의 아이들, 나름대로 공부를 포기한 아이들 소수… 그리고 공부도 제대로 못하고 놀지도 제대로 못하면서 눈치만 보며 참을성 있게 앉아 있는 아이들 다수가 그 "조그만 교실"에 앉아 있다. 수업 시간에는 열심히 졸고 자고, 쉬는 시간에는 열심히 먹고 수다 떨고 하면서 "꽉 막힌" '학교'라는 그 공간과 시간을 견딘다. 학교 밖에는… 학원, 독서실 아니면, 과외가 있다.

이렇듯, '공부', '성적', '시험'만이 전부인 듯 여겨지는 입시문화와 이 입시문화의 실현체인 학교라는 억압적이고 통제적인 세계가 아이들의 생활을 지배하고 있다. 여기에… 마치 감옥처럼 아이들을 가두어 두고 모두 똑같아질 것만을 요구하는 학교와 '공부, 또 공부'의 외롭고 힘겨운 나날 속에 '삐삐'가 들어왔다.

띠리리리~ 띠리리리~ 야! 삐삐 왔다!
삐삐가 아이들 세계에 편입된 것은 최근 2 - 3년 사이의 일이다. 물론 이 시기에 삐삐는 아이들에게뿐만 아니라, 우리 사회 전반에 급속하고 광범위하게 보급되었고, 이제는 '현대인의 필수품'이란 광고가 촌스럽게 느껴질 만큼, 그저 평범한 물건으로 자리잡았다. 다음에서는 아이들이 자신들 나름대로 삐삐를 이용하는 방식, 삐삐에 부여하는 의미, 삐삐에 가해지는 학교와 어른들의 통제라는 문제에 관심을 쏟으면서 아이들 자신의 얘기를 들어보기를 권하고 싶다.

친구들과 만나서 놀기

(음성 메시지) "민지야, 우리 지금 '토토'에 있어… 쫌 있다가, 정연이 남자 친구 오면 같이 노래방 갈 꺼야… 그러니까, 너 '토토'로 와 보고 우리 없으면, 내 삐삐에 메시지 남겨… 그럼, 내가 다시 니 삐삐에다 우리 어느 노래방에 있는지 가르쳐 주께… 어쨌든, 근까 빨리 와…."

음, 메시지를 확인하긴 했는데, 과외 선생님은 빨리 끝내줄 기미조차 보이지 않았다. 선생님이 잠깐 쉬고 하자는 걸, 쪼끔이라도 빨리 끝내고 싶어서, 됐다고 그냥 하자고 졸라서 간신히 한 십분은 단축을 시켰지만… 선생님, 다음에 열심히 할께요… 다음엔 숙제 다 해올께요… 이렇게 저렇게 졸랐는데도 선생님이 넘어가질 않았다… 너무 성실파야!

정연이 남자친구, 걔는 너무 웃긴다. 그래서 노래방에서 너무 재미있게 놀았다. 물론, 나는 오래 같이 놀지 못했지만… 이주 전에 애들이랑 노느라고 집에 한 번 안 들어가서 직싸게 혼난 다음에는 늦게 들어갈 수가 없고, 집에서 한 번 나가는 데도 얼마나 눈치가 보이는지 모른다. 삐삐도 아빠한테 뺏겼다가 일주일 전에야 다시 찾았다. 삐삐를 찾으면서는 각서까지 썼다. 이제는 안 놀고 공부만 열심히 하겠다고… 덕분에 팔자에도 없는 과외까지 하게 됐다….

지난 주에는 삐삐가 없어서 답답해서 미치는 줄 알았다. 삐삐가 없어도 전화로 음성이랑 번호 온 거 있나 확인해 보면 되지만… 어디 답답해서… 쉬는 시간마다 내려가서 확인을 하느라고 죽는 줄 알았다… 으~ 게다가 지난 주에는 내 숱한 남자친구들이 다 하루에 한번씩은 삐삐를 친 거 같다. 이쁜 것들… 바지런하기도 하여라… 그 시간에 공부를 한 자 더 하지… 쯔쯧….

'청춘사업'

(음성 메시지) "I'll be always… standing by your side… Uhm… happy day…" 노래를 녹음 했다. 그애가. 내 삐삐에. 그애 이미지에 꼭 맞는 이쁜 목소리… 너무 행복하고 기뻐서 삐삐 받자마자 한 다섯번도 더 들었다… 어제도 오늘도 매일 듣고 있다. 오늘만 해도 벌써 세 번은 들었다… 나도 그애 삐삐에 노래를 녹음해 주고 싶다… 어떤 노래가 좋을 까? 아주 잘 불러서, 그애가 잠자기 전에 자장가로 한번씩 들으라고 하고 싶다….

그애도 그렇고 나도, 학교에서 모범생 소리 들을 정도로 공부도 잘하고 진짜 착한(?) 애들이다. 그렇지만, 걔네 집은 좀 엄해서 남자애가 전화하기 껄끄럽고 불편하고… 그 래서 이참에 같이 삐삐를 샀다… 난, 다른 애들에 비해 좀 고지식한 편이다. 그래서 딴 애들이 삐삐 갖고 있는 걸 봤을 땐 저런 거 갖고 있어 봤자 뭐에 쓰나… 지네가 무슨 사업하는 것도 아니고… 괜히 공부에 방해되면서 폼으로만 갖고 다닌다고 생각했었다 ….

근데, 걱정이다… 걔네 집에선 애들이 삐삐 갖고 다니는 것도 부모님들이 안 좋게 생각한다는데, 그애가 안 들키고 잘 갖고 다닐 수 있을지….

정서적인 교감의 통로

(음성 메시지) "나야, 지예… 그냥 기분이 좀 썰렁해서 했어… 독서실에 있다가 지금 집에 가는 길이야… 오늘 학원에서 그 남자애 봤어… 전에 우리 맥도날드 있을 때, 혼 자 창가에 앉아서 창밖만 멍하니 내다보고 있던 애… 여자친구한테 바람맞아서 저러고 있는 거라구, 우리가 그랬었잖아… (삐이, 삐이… 띡, 띡) 걔, 괜찮았었지? 그치? 오늘 또 봤는데, 걔 볼수록 괜찮은 거 같애… 아휴, 내가 이렇게 바람 피면 안 되는데, 그치? 우리 혁준1)씨는 어떡하고… 그래, 고만 끊으께… 또 졸지 말고 공부 열심히 해… 낼 모래면 또 시험이잖어… 잘 때 좋은 꿈꾸고… 안녕…."

학원에 있는 동안 메시지가 두 개나 왔다… 하나는 지예… 하나는 엄마한테서 온 거다.

---

1) 최혁준은 작년 초 '바우와우', 올해 '환상 체험' 등으로 크게 인기를 모으고 있는 하이틴 그룹 아이 돌(idol)의 한 멤버. 아이돌은 최혁준, 이세성, 이 두 명의 남자 고등학생으로 이루어져 있으며, 특히 같 은 또래의 여고생들에게서 많은 사랑을 받고 있다.

지난 번 시험에서 성적 쫌 떨어졌다고 엄마는 수시로 나한테 삐삐를 쳐댄다. 딴짓 하지 말고 빨리 집에 들어와서 공부하라고… 지난 주말에 학원 끝나고 애들이랑 스트 레스 풀려고 노래방에 갔었는데, 그때도 엄마한테서 삐삐가 와서 제대로 놀지도 못하 고 집에 오고 말았다… 으, 이건 완전 감옥이야, 감옥…

지예는… 애가 이번에 우리 혁준 오빠를 배신할래나… 그 남자애한테 마음이 끌리 는 모양이다.

지 말대로 시험이 낼 모렌데, 어디다 한눈을 파는지… 그래도, 나한테는 공부 열심히 하라고….

그래, 공부 열심히 하자… 이번 시험만 끝나면, 겨울방학이고… 방학되면, 아이돌 나 오는 공개방송 보러 다녀야지….

집에 와서 삐삐 인삿말을 다시 녹음했다… 아이돌 노래는 이제 밑천이 떨어졌고, H.O.T.[2] 노래를 녹음했다. "절대적인 힘, 절대 지배함… 꽉꽉해~ 모두 꽉꽉해~, 내 인생 은 정말로 꽉꽉해~."

표절 시비가 붙긴 했지만, 가사만큼은 맘에 든다… 시험에 찌든 내 인생은 정말로 꽉꽉해~….

이 노래를 녹음하면, 정은이가 넘 좋아할 꺼다. 걔는 요새 H.O.T.라면 정신 못 차리니 까….

학교

띠리리리~, 띠리리리~, 악! 진동으로 해놓는 걸 잊고 있었다. "누구 삐삐야?" 침묵… "당 장 삐삐 갖고 못 나와!" 다른 시간이었으면 웃고 넘어갔을 껄… 하필이면 학주[3] 시간에 … 공포에 떨면서 나를 째려보는 아이들 시선 때문에 어쩔 수 없이 삐삐를 들고 비질비

---

2) H.O.T.는 highfive of teenagers의 약자로, 5명의 남자 고등학생들로 이루어진 그룹. '전사의 후예'라 는 노래에서 파워풀한 춤과 무대 매너, 강한 메시지를 담은 가사로 '서태지와 아이들'의 뒤를 잇지 않을 까 하는 가능성이 점쳐지기도 했다. '전사의 후예'는 이후, 표절 시비로 그들 자신조차 부르지 않고 있지 만, 십대들의 폭발적인 인기와 관심을 모았다.

3) 아이들은 '학생 주임'이란 말을 줄여서 보통 '학주'라고 부른다.

질 앞으로 나갔다… "야, 이 자식아! 누가 너보러 이 따위 꺼 갖고 다니래!" 철썩! 윽, 눈에 불이 번쩍 했다… "너, 이 자식, 너 하나 때문에 너희 반 애들이 다 수업에 방해받아야 돼?" 철썩! 악! 다시 불이 번쩍하면서 몸이 휘청거렸다. "그리고, 너희 학생놈들이 이깐 게 뭐가 필요해? 이깐 거 갖고 다니니까 어디 나돌아다니다가 사고나 치지!" 다시 한 번 불이 번쩍하고, 눈을 뜰 수가 없게 양 볼이 화끈거렸다. "우우~" 누군가 야유 소리를 내보냈다… 말도 안된다는 얘기지… 그래, 말도 안된다… "어떤 자식이야! 누가 선생님이 얘기하는데 그딴 소리 내렸어? 이 자식들이 그동안 못 맞아서 정신 못 차리고 있어!" 학주가 교실을 한바퀴 빙 둘러 쩌려본다… 순간 교실 안이 썰렁해지면서 숨막히는 긴장감… 이 흐른다. "일루 내봐! 이건 내가 가지고 가서 박살을 내버리든지 할 테니까 … 니들 딴 놈들도 마찬가지야… 이딴 거 갖고 다니지 마! 나한테 또 걸렸다간 끝장인 줄 알아!" 후유~ 대충 그 정도에서 끝이 났다…

도대체 이해할 수가 없다. 요새 삐삐 안 갖고 다니는 사람이 어딨다고… 우리 형 보니까 우리 형 친구들도 다 갖고 있는데, 대학생은 삐삐 갖고 다녀도 되고, 고등학생은 왜 안된다는 거야? 엄마도 그렇고 선생들도 그렇고, 내가 내 돈 내고 삐삐 좀 갖고 다니겠다는데 왜 그렇게 잔소리를 하고 참견을 해대는지… 아니, 잔소리하는 것까진 좋아 … 말로 하면 될 얘기를 왜 굳이 폭력을 써 가면서 하냔 말이야!

"야! 인간성 좋은 니가 이해해야지… 학주 그러는 게 어디 하루 이틀이냐… 그 사람 원래 말 안되는 거만 갖고 트집 잡잖아… 전에 송주, 걔, 교복에 가죽 벨트 했다고, 그거 뺏어갔잖아… 가죽 벨트는 학생 신분에 안 맞는데나 어쩐데나… 그리고 내일쯤 학생부 가서 잘못했다고 다시는 안 갖고 다니겠다고 싹싹 빌면 아마 다시 줄 꺼야, 니 삐삐… 그 사람이 그거 갖다가 뭐에 쓰겠냐? 애들 말로는, 전에 모 선생은 애 삐삐 뺏어다가 자기가 쓴데지만… 그 사람이 어디 삐삐 올 데나 있냐!"

옆에서 재성이가 나를 다독여 주지만… 내 부어오른 두 볼… 집에 가서 엄마한테 뭐라고 말을 하나… 집에 갈 때까지 좀 가라앉아야 할 텐데… 송주가 여자애 소개시켜 준다면서, 내 삐삐 번호 걔한테 가르쳐 주겠다고 했었는데, 혹시 오늘 삐삐가 오면 어떡하지… 아! 전화로 확인해 보면 되지… 어쨌든, 내일 학주한테 가서 빌면 돌려주겠지 … 삐삐는… 내 껀데….

삐삐라는 날개

아이들에게서라고 삐삐가 무슨 마술 램프나 되는 것처럼 "뿅" 하고 아이들을 완전히 딴 세계로 데리고 간다거나, 아이들이 원하는 것이면 무엇이나 척척 쏟아내는, 그런 신기한 물건으로 둔갑하는 것은 아니다. 삐삐를 사용하는 구체적인 방식을 놓고 보면, 아이들이나 어른들에게서나 삐삐가 할 수 있는 기능적인 내용들은 비슷하다. 하지만, 아이들에게 있어 삐삐는 지극히 사적인 도구로 이용되며, 자신들을 구속하고 통제하려는 욕구로 가득찬 이 세계에 흠집을 내고, 일시적이나마 다른 세계로 넘나들 수 있는 일종의 탈출구라는 의미를 얻게 된다.

삐삐는 집이나 학교에서 손댈 수 없는 '안전한' 아이들만의 커뮤니케이션 연결망을 구축함으로써, 아이들 사이의 커뮤니케이션을 증대시키고, 또 이들의 '활동성'을 증대시킨다. 이것은 아이들이 자신들을 둘러싸고 있는 통제적인 공간이 규정하는, 공부 외에는 아무것도 없는 생활에서 벗어나, '딴 짓'들을 할 수 있는 가능성과 공간을 열어 준다는 것을 의미한다. 아이들이 삐삐를 통해 하게 되는 딴 짓들에는 위에서 본 것처럼, '친구들과 돌아다니기', '청춘사업(남자친구/여자친구 사귀기)', '친구들간에 정서적이고 친밀한 감정 나누기' 등을 찾아 볼 수 있다. 이것들은 그 자체로는 별 의미가 없어 보이지만, 그들을 "집어삼킨" 그 "시커먼 교실"에서 그들이 살아남고, 또 살아가기 위해, 끊임없이 만들어 내고 있는 그들의 탈출구 중의 하나이며, 그들이 할 수 있는 '작은' 저항이다. 즉, 삐삐는, '이 답답한 공간에서 어떻게 하면 조금이라도 빠져나가 볼 수 있을까?'하는 그들의 욕구와 맞아떨어졌기 때문에, 그들에게 급속히 하나의 유행으로 채택된 것이다.

아이들에게는 '음성(음성 메시지)'을 안하면 삐삐하는 의미가 없을 정도로, 삐삐의 호출 기능보다는 '음성'이 훨씬 중요하다. 아이들이 '음성'에 남기는 말들은 "나 여기 어디 있는데 너는 어디에서 뭐하고 있는지 궁금해서 해봤어" "그냥 심심해서 했어. 너는 공부 잘되니?" "지금 너무 재미없고 짜증난다" "밤에 잘 자구 좋은 꿈 꿔라" 같은 말들이다. 이런 말들은 삐삐를 통해 신속히 전해져야 할 긴급한 말들은 아니지만, 공부, 시험, 경쟁에서 오는 스트레스와 긴장감으로 찌든 생활 속에서 삐삐를 통해 짧은 단 몇 분간의 '음성'을 남기고, 또 친구의 '음성'을 듣는 것으로 서로간에 통할 수 있고 정서적으로 위로받을 수 있는 커뮤니케이션 공간을 갖게 된다. 아이들 사이에서 삐삐는 공적인 업무를 위한 도구라기보다는, 순수한 '놀이 도구'로 그리고 '정서적인 커뮤니케이션 도구'로 새로운 의미를 부여받는다.

이렇게 아이들은 삐삐가 달아주는 '날개'로 자신들만의 작은 공간을 열어 간다. 그러나, 학교와 집에서는 아이들이 만들어 내는 이 작은 자신들만의 공간이 '의심스럽고' '불안하고' '불쾌하다'. 이 작은 공간은 학교와 집에서 규정지어 놓은, 공부만 하면 되는 아이들의 모습에서 벗어나 있다. 아이들은 집으로부터의 구속을 받지 않고 자신들끼리만 연락해서 '어딜 맨날 싸돌아다니고', 남자/여자 친구를 사귀는 것 같고, 집에선 통 아무 얘기도 하지 않으면서 전화통을 붙잡고 친구들 삐삐에다가는 '맨날 뭘 그렇게 쑥덕거리고' 있다. 또, '유행'이라면 무조건 못하게 해야 직성이 풀리는 학교에서는, 아이들이 학생 신분에 안 맞는 삐삐를 갖고 다니고, 수업 시간에 울려 대고, 삐삐로 컨닝까지 하는 것을 가만두려 하지 않는다. 그래서 집과 학교에서는 아이들의 삐삐에 대한 통제와 감시의 손길을 뻗쳐오고, 한편으로는 삐삐가 가진 구속력을 이용해서 삐삐를 통해 아이들을 통제하려고 한다. 이런 통제 압력에 대해서 정면으로 문제 제기하는 것은 불가능하기 때문에, 아이들은 이리저리 눈치보고 머리를 굴려서 약삭빠르게 통제의 망을 빠져 나가는 기술(skill)들만을 개발해 나간다.

청소년 문화의 의미와 가능성

현실적으로, 아이들은 '공부'라는 압력과 '학교'라는 제도적 공간에 갇혀서 자신들의 색깔을 분명하게 나타내고 '일관된 자신들의 언어'를 만들어낼 수 있는 문화적 여력을 갖고 있지 못하다. 그 대신 아이들은 자신들이 어른들과는 다르고, 지금 자신을 둘러싸고 있는 것들이 분명 잘못되어 있으며 말도 안되는 모순적인 것임을 표현하기 위해 대중문화 혹은 소비문화에서 건너 온 '유행' 혹은 '스타', '스타일'들을 자신들의 다른 정체성과 저항의 표지로 사용한다. 아이들은 거기에 자신들의 생각과 감정들을 투여함으로써 그것을 '자신들의 것'으로 만들고 그 안에서 기쁨과 즐거움을 느낀다.

아이들은 이렇게 자신들에게 주어진 최소한의 문화적 자원들 속에서 입시문화라는 지배적인 공간에서는 얻을 수 없는 것들을 얻고자 하며, 끊임없이 딴 짓들을 하고 또래집단 안에서 새로운 즐거움들을 만들어 나감으로써 입시문화가 부과하는 자신들에 대한 통제에 대해 '소극적인' 의미에서 '저항'을 하게 된다. 그것은 그들이 그 안에서 살아남기 위해 개발해 놓은 삶의 방식 혹은, 살아나가는 방식이다. 그리고 이 '소극적'인 저항은, 그것이 이 학교라는 체제를 뚫고 나가거나, 완전히 거부하는 정면 대응식의 '적극적'인 저항이 아니라는 의미일 뿐, 그것이 '더 못한 것'임을 의미하지는 않는다. 그것은 아이들이 놓여진 현재의 공간 속에서 가능한, 아이들의 즐겁고 의미 있는 저항 방식이다.

아이들이 살아가는 방식, 있는 그대로의 그것이 바로 아이들의 '문화'이고 소위 '청소년 문화'라고 불려질 수 있는 것이다. 그것은 아이들이 현재 놓여 있는 사회적인 현실을 반영하고, 아이들이 그 현실 속에서 스스로의 생활에 부여하는 의미들과 언어, 즐거움, 기쁨, 고통의 방식들로 이루어져 있다. 그리고 무엇보다도 거기에는 그들의 자유롭고자 하는 열망과 자신의 삶을 열어가고자 하는 의지가 투영되어 있으며 우리가 '청소년 문화'의 가능성을 생각할 수 있는 부분 역시 바로 이 부분에서이다. 그 소중한 가능성은 "갈 수 없는 곳이란 우리에게 없어 / 보이는 길 밖에도 세상은 있어4)"라는 아이들의 믿음과 보이는 길 밖에서의 세상을 만들려는 그들의 욕구와 노력 속에서 찾아질 수 있다.

---

4) 서태지와 아이들 4집의 'TAIJI BOYS'란 노래의 가사 중 일부.

■ 글쓴이 이지연은 연대 사회학과에 7년 동안 짱박혀 있었다. DEUX의 음악을 좋아한다. 서태지도 존경하지만, 역시 좋아하는 건 듀스다. 그들의 음악은 강하고 아름답다. 강하고 아름답게, 그리고 무엇보다도 자유롭게 살고 싶다.

사랑밖에
난 몰라

엄연수

나는 남녀간에 능력차가 있다고는 생각하지 않는다. 그러나 현상적으로 왜 차이가 생길까? 나는 그것을 많은 여성들이 로맨스에 집착하는 동안 자신의 자율성을 확보할 수 있는 기회와 시간을 날려 버리기 때문이라고 생각한다.

1.

따르르릉, 따르르릉!

또 하루가 시작되었다. 무거운 눈꺼풀을 간신히 떠 요란하게 울어대는 알람 시계를 멈추었다. 눈꼽을 띠고 정신을 차릴 때 시야 가득히 들어오는 심은하의 브로마이드. 그 순간 정신이 번쩍 나 이내 잠이 다 달아나 버렸다. "내미, 너도 살만 좀 빼면 심은하같이 예쁠텐데…" 친구의 지나가는 한마디가 드디어 나의 경쟁 상대를 찾아준 것이다. 그래, 이제부턴 심은하를 목표로 살을 빼서 나의 미모를 다듬어야지. 그 길로 나는 당장 심은하의 브로마이드를 사서 침대 맞은 편 벽에 갖다 붙였다. 아침을 이렇게 불타는 경쟁심으로 시작하니 뭔가 의욕이 넘치는 것만 같다. 나는 누운 그 자리에서 열심히 윗몸 일으키기 30번을 땀에 흠뻑 젖을 때까지 이를 악물고 했다. "이렇게 일년만 하면 나도 심은하가 될 수 있겠지. 얼굴은 이 정도면 됐으니까 몸매만 좀 신경 쓰면…" 엄마가 차려준 아침상도 다이어트를 위해 쳐다보지도 않고 학교로 향한다.

2.

교문을 향하면서 손목 시계를 들여다 본다. 정확히 7시 30분. 이 시간이 되면 가슴이 두근댄다. 바로 강선생님이 학교에 도착하시는 시간이기 때문이다. 우연히 마주친 것처럼 보여야 할텐데. 매일 아침 정성껏 인사를 드려도 내미라는 애가 있는지, 도통 관심이 없는 강선생님의 무심함이 언제가는 돌아서리라는 희망으로 7시 30분이란 시간을 놓치지 않으려 노력, 또 노력한다. 열번 찍어 안 넘어가는 나무가 어디 있으며 지성이면 감천이라는데. 저기 강선생님이 걸어오고 있다. 교복의 매무시를 다듬고는 그 앞으로 다가가 "선생님, 안녕하세요?" 인사를 건네고선 강선생님의 표정을 살핀다. 오늘도 역시 아무런 대답도 듣지 못하고 가볍게 고개만 끄덕이는 선생님을 보고 말았다. 제기랄. 또 꽝이군.

수학 시간이다. 수학 선생님은 자신이 수업을 재미없게 한다는 생각은 전혀 하지 않고 무조건 조는 아이들을 그 두꺼운 몽둥이로 내리친다. 그래서 딴 시간은 몰라도 이 시간만큼은 모두들 졸지 않으려고 애를 쓴다. 샤프 꼭지로 장딴지를 찌르는 자학적인 방법에서 졸지 않으려고 끊임없이 낙서를 하고 커피를 싸와 수학 시간 전에 마시는 방법에 이르기까지 다양하지만 난 나만의 방식이 있다. 시선을 분필의 움직임에 맞추면서 머리로는 강선생님을 생각하는 거다. 지금은 몇 반에서 수업을 하실 텐데, 엊그제 수업 중엔 나와 한 번도 시선이 마주치지 않았지, 혹시라도 선생님이 이혼하시면 동이, 민이는 내가 잘 키울 수 있는데, 이제 일년만 견디면 언제든 난 선생님과 결혼할 수 있구나 등등. 강선생님 생각을 하다 보면 그 지겨운 수학 한 시간 보내는 것은 식은 죽 먹기다. 고마워요, 강선생님.

드디어 강선생님의 지리 시간! 내가 유일하게 정신 차리고 듣는 수업이라고 감히 말하고 싶다. 강선생님의 음성, 몸동작 하나하나를 감상하는 것만으로도 난 눈물이 날 정도로 행복하다. 수업이 시작되기 전에 집에서 준비해 온 음료수와 과자를 교탁 위에 예쁘게 펴 놓고 아이들에게 너희들의 도움을 바란다는 간절한 시선을 건넨다. 역시 아이들은 내 마음을 안다. 강선생님이 "자, 이 질문에 대답할 사람?" 물었을 때, 아이들은 이구동성으로 "내미요!" 외쳐 주었다. 그런데… 그런데… 난 그 질문에 대한 답을 몰라 당황하고 말았다. 강선생님은 내가 돌텡이라는 것을 아시고 말았을 거다. 흑흑… 그래도 3학년 5반에 내미가 있다는 사실을 아셨겠지. 그것으로 만족하련다.

3.

점심 시간이면 여기저기서 삐삐가 진저리를 친다. 빨리 서두르지 않으면 음성도 확인할 수 없겠지. 도시락은 이미 3교시 끝나고 먹었으니 부지런히 전화통으로 달려가야겠다. 벌써 10명이나 서 있다. 나보다 더 부지런한 애들이 있군. 아니! 근데 이게 누구야, 우리반 반장, 소라잖아! 저 애도 설마 남자친구 음성을 확인하려는 것은 아니겠지. 집에서 온 메시지일 거야. 그런데 소라는 그 큰 목소리로 "나, 소라야. 우리 이따 독서실에서 만나기로 한 거 잊지 않았지? 굳이 부담 주려는 것은 아니지만 내일 모레 우리 100일째인 거 잊지 마!" 애교를 섞어가며 떠들어댄다. 세상이 말세군. 저런 범생도 연애를 하다니. 저년은 지 잘하는 공부나 할 것이지 왜 이것도 하고 저것도 하고 그러지? 남 속상하게. 정말 이놈의 세상은 불공평해. 아니지. 소라의 남자친구도 보나마나 소라처럼 범생이겠지. 독서실에서 만난다는 것만 봐도 알 수 있어. 쟤네들은 만나면 무슨 얘기 할까? 어떤 문제집이 좋네, 수학 공부는 이렇게 하니 쉽네 이렇게 지낼까? 아무튼 소라가 다시 보인다.

드디어 내 차례가 되어서 음성을 확인을 해보니 아니나 달라, 진우다. 야자(야간 자율학습의 준말)를 땡땡이치고 만나잔다. 오늘이 금요일, 감독은 담임이 아니니까 반장에게 잘만 말하면 빠질 수 있겠지. 좋아! 까짓것, 날 보고 싶어 애가 타는 사람 하나 구제 못할까? 진우에게 그래 만날 수 있겠다는 메시지를 남겼다.

4.

반장한테는 오늘 과외가 있어서 집에 일찍 가야겠다고 말하고는 집으로 달려
왔다. 그래도 남자를 만나는 건데 교복을 입은 우중충한 모습으로 나갈 수 있겠
는가? 다행히 엄마도 외출중이시다. 선아에게 빌려 둔 분홍색 코트를 입어봤다.
분홍색은 살찐 사람들이 피해야 하는 색이라지만 입어 보니 그리 팽창되어 보
이지 않아 안심이다. 분홍색 코트에 분홍색 스카프를 목에 살짝 묶고 보니 이
인물도 쓸 만하단 생각이 든다. 엄마가 집에 없으니 지하철 화장실에서 화장하
지 않아도 되겠군. 틈틈이 갈고 닦은 실력으로 속눈썹을 붙이고 아이섀도를 칠
한다. 그리고 어깨를 덮는 굵은 웨이브가 있는 가발을 쓴다. 세상에, 이게 나란
말이야? 거울을 보니 내가 봐도 예쁘다. 진우, 넌 나한테 홀딱 반하고 말걸!

진우와 만나기로 한 카페로 가니 그 짜식은 벌써 와 있다. 내 이상형과는 조
금 거리가 있지만 나를 저리도 좋아하니 어쩌겠어? 오는 남자 안 막고 가는 남
자 붙잡자는 게 내 신조인 걸. 아무리 많아도 부족하지 않는 것은 남자라고 난
생각해. 근데 이 카페는 물좋기로 소문이 나긴 났지만 서빙하는 총각에서 손님
들에 이르기까지 모두 잘났는데. 주말에 친구들과 와서 저 서빙하는 총각에게
접근해야겠다. 찜!

진우를 만날 때면 언제나 드는 생각은 내가 너무 아깝다는 거다. 저 짜리몽땅
한 키에, 패션 감각도 떨어지고, 게다가 성적도 바닥이라지? 그냥 화이트데이
때까지 만나서 선물을 챙기고서는 끝내? 아니면 조금 더 써서 내 생일까지 만
나? 음… 이 짜식이 내 옆으로 와서 앉는군. 또 내 손을 잡으려는 거겠지. 그래
도 이 뚱뚱한 나를 예쁘다고 생각하는 짜식이니까 뿌리쳐선 안돼. 재미도 없는
대화를 나누다 보니 야자 끝날 시간이다. 엄마가 오시기 전에 들어가려면 지금
일어나야 하는데… 진우가 집까지 데려다 주겠단다. 짜식, 보고 들은 것은 있어
서. 매너 좋다는 것과 돈 잘 쓴다는 것 빼고는 너에게 무슨 매력이 있겠니. 집
앞 골목에서 갑자기 키스를 한다. 어, 어, 이러면 안되는데… 이러다 널 정말
좋아하게 되면 어떡해….

5.

엄마는 다행히 내가 야자 땡땡이친 걸 눈치 못 채셨다. 독서실로 가서 병구와 놀까 하다 그냥 집에 눌러앉기로 했다. 강선생님께 드릴 러브레터와 신해철에 게 보낼 팬레터를 쓰려면 시간이 모자랄 테니까. 우선 강선생님 생일이 다가오니 부지런히 물밑 작업을 해야지. 어디 생일 선물을 갖다주는 애들이 한둘이겠어? 그 중에서 이 '엄내미'를 기억하게 만들려면 사전에 치밀한 작업이 있어야해. 이번 달 주니어 잡지를 보니 이성에게 기억에 남는 선물을 하려면 향기로 기억하게 하라는데 그렇지. 오늘부터 강선생님께 드릴 러브레터에는 향수를 두세 방울 떨어뜨려서 '으음, 이 향기는? 그래, 엄내미군' 본능적으로 인식하도록 만들 거야. 하하, 난 남들이 미처 눈치채지 못한 천재라니까. 엄마 방으로 가서 몰래 향수 한 병을 들고 나왔다. 언제나 강선생님께 보내는 연보라색 편지지에 향수를 떨군다. 아뿔사, 이게 웬일람. 한 방울 떨어뜨린다는 것이 쏟아부은 꼴이 되었네. 온 방안은 향수 냄새로 진동을 하고 머리가 띵하니 골이 지끈거린 다. 참아야 해. 내 사랑을 전하려면 이 정도 괴로움은 감수해야. 아, 정말 사랑이란 고통없이 이루어질 수 없는 거구나. 이젠 속까지 울렁거린다. 으윽~

강선생님께 보낼 러브레터를 쓰고 나서는 향수 냄새가 좀 날아가도록 부엌에 가서 가스렌지에 살짝 올려놓고는 팬을 틀었다. 그런데 엄마는 팬을 청소 안하셨는지, 팬을 틀자마자 생선 굽는 냄새가 진동을 하기 시작하는 거다. 찐한 향수 냄새에 생선 굽는 냄새라. 도저히 참을 수 없었다. 에이, 이 밤은 기니 다시 시작해야지. 방에 들어가서 다른 편지지에 다시 옮겨 적었다. "선생님, 오늘 수업에서 왜 저를 애써 외면하셨나요?"로 시작되는 이 편지는 내가 읽어도 너무 애절하다. 이 능력을 키워서 작가로 나서 봐? 그놈의 생선 냄새 때문에 귀중한 한 시간을 까먹고 말았다.

슬슬 졸립기 시작하는데 해철오빠에게 편지를 쓰려면 더 버텨야지. 커피를 한잔 끓여 왔다. 이를 본 순진한 우리 엄마는 "애, 공부도 자가면서 하는 거다, 그렇게 커피 마시면서까지 애를 쓰다니, 엄마가 과일 깎아다 주련?" 하신다. 순간 내 양심은 찔끔거렸다. 사실 지난 번 모의고사 성적표도 보여드리지 않았는데. 담임은 지금 이대로라면 서울과 그 인접지역 대학은 아예 꿈도 꾸지 말라고 한다. 내 참, 공부를 하라는 건지, 니 주제가 그거니 헛된 꿈은 꾸지 말라는 건지. 내가 조금만 살 빼면 공부는 잘하지만 박텡이인 소라보다 더 매력적이겠지. 그때 연애를 기차게 해서 괜찮은 남자를 건지면 아하, 내 인생은 피는 거야. 그래도 4년제 대학엔 들어가야 하는데. 해철오빠에게 줄 팬레터를 쓰고 나서 공부를 할지 그냥 미용을 위해서 잘지 결정하지 뭐. 아직 11시니까 해철오빠의 라디오 방송을 들으려면 한 시간은 더 버텨야겠군.

해철오빠의 테입을 들으면서 눈을 감고 나와 해철오빠가 대학로에서 한 손엔 풍선, 다른 한 손에 솜사탕을 쥐고 뛰어노는 장면을 상상한다. 오빠의 웨이브진 머리가 바람에 휘날리면서 그 넓은 이마가 시원하게 제 모습을 드러낼 때, 난 그 이마에 살짝 뽀뽀를 한다. 아흐, 죽인다. 음. 이 정도의 감정이면 글이 저절로 써지겠는걸. 지난 주에 내 편지를 읽어 주었으니 이번 주까진 방송을 타긴 힘들겠고 다음 주를 노려봐? 강선생님께 보내는 러브레터에 얽힌 오늘의 헤프닝을 적으면 어떨까? 역시 작가에게 생생한 경험은 창작의 원천이라니까. 어느새 자정이 넘고 해철오빠의 기름진 음성이 들려온다. 이때 방문을 두드리는 우리 엄마. 아직도 향수 냄새가 안 빠졌는데 엄마에게 뭐라고 변명한담. 3초라는 짧은 순간 동안 매우 빠른 회전을 하는 내 두뇌. 답 나왔음. 엄마는 방문을 열자마자 얼굴을 찡그리신다. "아니, 이게 무슨 냄새야. 공부를 하라고 했더니 향수나 뿌리고. 애가 애가 애가." 난 담담하게 "엄마, 같은 자리에서 진득하니 공부를 하려면 기분전환도 필요한 거야, 요즘 나온 새로운 학습법은 이렇게 향수로 새 기분을 갖게 하는 거라구요." 대답했다. 잔소리꾼, 우리 엄마 "터진 입으로 말은 잘한다. 그저 공부 핑계 갖다 대면 다 통할 줄 아나? 너 한 번만 더 엄마 향수에 손 대기만 해!" 도끼눈을 하고는 얼른 향수병을 쥐고 나가신다. 쓸쓸히 남겨진 사과 한 접시를 뒤로 하고. 어, 저 향수를 뺏기면 내 계획에 차질이 생기는데… 역시 우리 엄마는 나보다 언제나 한 수 위라니까. 늘 내 수를 읽으셔.

아마 우리 엄마도 나 같은 십대를 보냈으니 저리도 잘 아시는 거겠지?

6.

오늘 하루도 무진장 길었다. 하루는 긴데 일주일은 짧고 일년은 더 짧은 거 같다. 이렇게 나의 십대도 가는 거겠지. "별님, 제발 강선생님이 내 마음을 아시게 해주시고 해철오빠가 '엄내미'라는 열성 팬이 있다는 것을 기억하게 해주세요. 그리고 진우, 그 짜식이 한눈 팔지 않고 나만을 사랑하게 해주사 와요. 아 참! 오늘 보지 못한 병구에게도 제 사랑을 전해 주시고요. 끝으로 이번 주말에 제가 찜한 그 총각과 제가 꼭 연결되도록 힘써 주세요. 그럼 별님도 안녕!" 기도를 마치고는 심은하를 찐하게 한 번 째려보고는 눈을 감는다. 아, 난 왜 이리도 사랑이 많은 걸까.

덧붙이는 말

내가 내미를 안 것은 일 년이 조금 넘는다. 고 3인 내미에게 가장 큰 고민거리는 대입시험이라기보다는 언제나 연애와 이성 문제였다. 내미를 만나면서 그 애 입에서 수많은 남성의 이름이 쏟아졌고 처음에 도표로 정리해 보려던 나의 시도는 이내 포기할 수밖에 없었다. "언니, 난 사랑이란 감정을 품지 않고서는 하루도 견딜 수 없어"라고 말하면서 나를 바라보던 그 아이의 초롱한 눈빛이 지금도 로맨스를 꿈꾸는 십대들의 모습과 오버랩되어 내 머리를 떠나지 않는다. 우리의 십대 소녀들이 얼마나 로맨스에 중독되어 있고, 그들의 일상을 로맨스로 구성하는지, 그리고 한 사람이라고 생각하기 힘들 정도로 다원적인 연애 방식을 동시에 구사하는지, 딴에는 '로맨스 엄'이라 불리우는 나도 내미를 만나게 되면서 새록새록 놀라와할 뿐이었다.

내미가 대학에 들어가면, 강의 끝나기가 무섭게 남자친구 만나러 달려 나가고, 연애하느라 다른 많은 기회들을 날려 버리고, 결혼 때문에 기꺼이 포기 못할 게 없게 되지는 않을까? 고용과 승진상의 불평등이 어떻고 간에 스스로 싸울 투쟁심을 쉽게 접어버릴 수 있는 준비를 사랑의 이름으로 하는 것은 아닐까?

아니, 오히려 다행인지도 모르겠다. 장시간 의자에 엉덩이를 붙일 수 있는 인내심만을 강요당하는 입시지옥의 틈바구니에서 적어도 그들의 감성이 굳어 있지 않다는 증거이니까. 누군가를 그리워하고 서로 교감할 수 있기를 꿈꾼다는 점에 희망을 걸어야 되지는 않을까? 이들의 로맨스 문화에 관해서는 어떠한 판단도 쉽게 내릴 수가 없다. 그러나 다시 한 번 머리를 흔들어 보고 생각해 보련다.

먼저, 로맨스는 입시라는 중압감 속에서 통제 당하고 어느 누구에게도 이해 받지 못한다는 소외감과 외로움에 젖어 있는 십대 소녀들에게 불행한 현실에서 벗어날 수 있는 탈출구이자 위로이며 분홍빛 미래이다. 더구나 이들은 남자, 연애, 사랑에 대해 끊임없이 수다를 떨고, 로맨스 소설을 돌려 읽고, 연애 사건을 공모하면서 또래들과 관계를 이어나가기 때문에 로맨스의 영향권에서 벗어나기란 쉽지 않을 것이다.

두번째로 청소년의 성을 금기시하고, 경험을 했다면 비행으로 낙인 찍는 한국의 상황에서 십대 소녀들에게 로맨스 문화는 섹스를 둘러싼 맥락을 형성하기보다는 결혼에 대한 준비를 하게 한다. 즉 결혼은 여성의 정해진 운명이라는 로맨스의 이데올로기는 십대 소녀들의 미래에 대한 불안감을 결혼으로 해결하도록, 결혼에 대한 욕망을 부추기며 지금부터 모든 연애를 예비 결혼으로 생각하게끔 만든다. 바로 이와 같은 형태로 로맨스 문화가 존재하는 한, 많은 십대 소녀들은 연애에 빠져서 경제적, 심리적 자율성을 확보할 수 있는 기회들을 놓쳐 버리게 되며 결혼을 전략적으로 선택하게 될 것이다. 내가 만난 내미와 그 친구들은 자신의 남자친구가 신랑감으로 적당한지, 그리고 얼마만큼의 능력을 가지고 있고 어떤 미래를 보장해 줄 수 있는지 신속하고도 정확하게 판단하고 있었다. 한 친구는 "나를 생각한다면 너 공부 열심히 해서 좋은 대학 가야 되고, 그래서 좋은 직장 얻어야 해, 약속! 약속! 약속!"의 내용을 매일 남자친구의 호출기에 남겼다. 또 다른 친구는 괜찮은 남성과 결혼할 수 있는 괜찮은 여성이 되기 위해 지금은 공부에만 몰두하기로 했다. 현재 연애를 하건 하지 않건간에 이들이 궁극적으로 남성과 사랑에 빠져 행복한 결혼으로 골인하는 일에 큰 가치를 둔다는 점에서는 공통적이다.

셋째, 결혼이 생존 전략이 되는 맥락에서 이성을 끌어당길 수 있는 자원으로서 '외모'는 십대 소녀들에게 중요한 가치를 지닌다. 여기에 소비 대중문화는 외모를 그 사람의 인격과 동일시하게끔 사람들의 의식을 몰아가고 있으며 아름다움에 대한 불안과 욕망을 끊임없이 생산함으로써 십대 소녀들을 소비 주체로 부각시킨다. 결국 십대 소녀들은 외모에 집착하게 되고 외모를 꾸미는 데 몰두하게 된다. 내미만 해도 남자친구를 만날 때는 절대로 화장하지 않는 모습으로 나가지 않는다. 필요 이상으로 자기가 뚱뚱하다고 생각하기 때문에(내가 보기엔 뚱뚱과는 전혀 거리가 멀다) 화장으로 꾸미지 않는다면 다른 여자애들과 경쟁력이 떨어진다는 것이다.

마지막으로 십대 소녀들이 로맨스에 중독되는 것은 결과적으로 이성 관계를 오직 연애의 틀로서만 기대하고 이해하게 만들며 이들이 가진 많은 잠재력과 능력을 연애 관계로 집중하게끔 한다. 남자애들이 좋아할 만한 여자애가 되기 위해, 남자애들의 사랑을 받기 위해 자신을 가꾸는 가운데, 십대 소녀들에게 이성을 끌어당길 수 있는 '매력'은 자신을 평가하는 중요한 기준이 된다. 즉 여성으로서 어떤 매력을 가졌는지 이성이란 반사체를 통해서 바라보는 데 민감해지고 익숙해지는 것이다.

나는 남녀간에 능력차가 있다고는 생각하지 않는다. 그러나 현상적으로 왜 차이가 생길까? 나는 그것을 많은 여성들이 로맨스에 집착하는 동안 자신의 자율성을 확보할 수 있는 기회와 시간을 날려 버리기 때문이라고 생각한다. 로맨스를 꿈꾸며 연애를 하기 위해 수많은 준비(다이어트, 화장, 온갖 상상들)를 하는 그 시간에 감성을 계발하고, 타인을 배려할 수 있는 훈련을 할 수 있는 긍정성도 있지만, 그렇다고 미래에 대한 준비를 못한다면 결국 로맨스에 빠진 여성들은 결국 로맨스 소비자로만 남을 수밖에 없다고 생각한다.

내미를 만나면서, 난 그애에게 여자친구들과의 관계에서 우리가 얼마나 많은 것을 얻고 있는데 미처 그것을 깨닫고 있지 못한지, 남자친구들과도 긴장감 없는 편안한 관계가 얼마든지 가능함을 알게 해주고 싶었다. 로맨스의 세계에서 벗어난 다른 즐거움, 다른 경험을 주고 싶었던 것이다. 그런 나의 바람이 얼마나 그애의 마음에 다가갔는지는 모르겠지만 앞으로 더욱더 노력할 생각이다. 내미와 같은 여성들이 소중한 시간을 낭비하는 일 없이 충분히 그 능력을 발휘할 수 있고, 진정한 자매애를 느낄 때까지….

■ 글쓴이 엄연수는 책상 앞에 앉아 머리 속으로 온갖 연애를 상상하면서 칙칙한 청소년기를 보냈다. 지금도 그 버릇이 조금 남아 있기는 하지만 더이상 로맨스를 꿈꾸지는 않는다. 로맨스 말고도 더 아름다운, 더 소중한 사랑이 있다는 것을 알았기 때문이다.

아이들이 없다
그들이 가버린 곳

사이버 공간

(주)지엔시 (02)508-1007
한마을을 찾아주셔서 감사...

1. 서비스 안내
[서비스이용]

11. 한마을	21. 공개자료실	*31. 사용법! 인터넷
12. 쥬라기공원	22. 동호회	*32. 웹설지 정보
13. 마이네트	23. 요리박사	*33. ISP가 되려면
14. KoreaEXPO	24. 전자우편	*34. 소개팅
15. 오륙도	25. 게시판	*35. 빛의전사
16. 관광안내	26. 세계맵아티스트	
17. 운세	*27. 최신! 인터넷게임	
18. 컴퓨터조립정보	*28. 최신! 인터넷사진	
19. 대학정보	*29. 최신! 인터넷뉴스	
20. 대화방	*30. 최신! Utility	

♣ 빛의전사는 12. 쥬라기공원에 가시면 이용할 수 있습니다.

...BOX.AMEX 공급원
(02)508-1007
...hc.co.kr

World Installation

(C) Copyright 1996... Photo Collection Institute All Rights Reserved

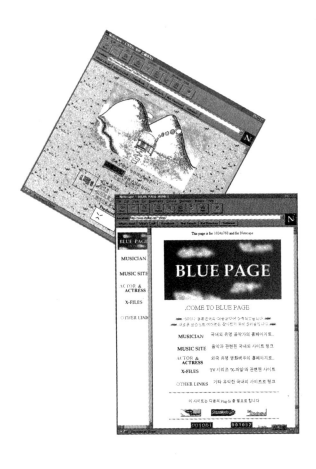

사이버 키즈의 생애

김지호

언젠가 유령이 되어 네트웍을
돌아다니는 꿈을 꿔본다.
그땐 어른들은
무슨 말을 하고 있을까?

편집의 글

머드(MUD: Multi-User Dungeon)는 네트워크에 연결된 컴퓨터 사용자들이 온라인 상에서 하게 되는 게임이다. 머드 게임은, 일반적인 컴퓨터 게임과는 달리, 화려한 그림이나 소리 등을 지원하지 않으며, 오로지 문자로만 의사 소통이 이루어진다. 또한 여러 사람이 동시에 게임에 참여하여 서로 경쟁하거나 협동하면서 주어진 시나리오에 따라 게임을 진행하므로, 인간적인 교류를 맛볼 수 있다는 점도 특징이다.

머드 게임은 방(room) 또는 구역(zone)이라고 부르는 공간 단위로 구성되어 있는데, 게임 참가자들은 각 방을 돌아다니면서 괴물을 만나서 싸우기도 하고, 또 다른 참가자를 만나 대화를 나눌 수도 있다.

사실 이러한 머드가 게임으로만 이용되는 것은 아니다. 머드의 종류에는 크게 전투 지향 머드와 사회 지향 머드가 있는데, 정해진 규칙에 따라 수련과 대결을 통해서 신분을 높이는 것을 주목적으로 하는, 게임 성격이 강한 전투 지향 머드와는 달리, 사회 지향 머드에서는 참가자들의 협동과 효율적인 상호작용을 중시해 가상 학교, 가상 연구실로 응용되기도 한다.

어떠한 용도로 머드를 이용하든 인간적인 교류를 바탕으로 독특한 사회적 규범과 질서가 존재하는 가상의 세계에 참여한다는 점 때문에, 현실 세계보다 머드 내부의 가상 세계에 더 애착을 갖거나, 현실 세계에서의 욕구를 가상 세계에서 해소하려는 경우도 생길 수 있다.

다음은, 이런 가상 세계 속에 기거하던 한 젊은이가, 스스로 하나의 가상 세계(머드 게임)를 만들고 이것을 사업화해 가는 모험을 동료들과 현실 속에서 겪어 내면서, 서서히 현실 속에서 성장해 가는 과정을 담은 그 자신의 이야기다. 그가 참여해 만든 머드 게임 '단군의 땅'은 우리의 민족적인 정서, 문화, 사상 등을 바탕으로 만들어진 가상 세계이며, 현재 천리안 등 PC통신에서 이용할 수 있다.

배경

내 아버지는 교육 공무원(교사)이고, 어머니는 전업주부다. 어머니는 독실한 크리스천이지만 난 하느님 일당을 별로 신용하지 않는다. — 이 점에 대해서 어머니는 대단히 유감스럽게 생각하며 기회가 있을 때마다 날 설득하려 드신다 — 중학교까지는 그냥 공립학교를 나왔고, 고등학교는 대전 과학 고등학교, 대학은 한국 과학기술 대학 — 현 한국과학기술원 학사 과정 — 에 입학했다. 과학고의 가장 좋은 점은 고만고만한 놈이 모여서 내가 머리 좋다는 것을 의식할 필요가 없다는 것이다. 배부른 소리 같지만, 어른들의 기대와 희망을 합리적이고 쉽게 무너뜨릴 수 있는 매우 편리한 방법들도 제공된다. 과학고에 들어가 성적이 조금만 널뛰면 그제서야 어른들은 우리가 천재가 아니며 조금 머리 좋은 아이들이란 사실을 깨닫는다. 이건 과기대 가서도 계속되는데… 불행한 점은 졸업할 때쯤에는 스스로도 자신이 머리 좋은 인간이란 사실을 잊어버린다는 점이다.

시작

머드란 것을 처음 접한 건 1학년 기숙사 컴퓨터실에서였다. 난 당시 별 흥미 없이 지나쳤던 것으로 기억된다. 그 시기에 난 '삼국지'에 푹 빠져서 삼국지 소설과 게임 사이를 오가며 신나는 5년간의 대학 시절을 시작했다.

실제로 머드를 하기 시작한 건 2학년 초였는데, 초기엔 국내에서 만들어진 머드만 이용했다. 머드를 만들어 다른 사람이 이용하게 하려면 용량이 큰 컴퓨터가 필요한데, 컴퓨터 불법 이용(해킹) 쪽에 조예가 있던 녀석들이 학교 중앙 컴퓨터에 침입, 불법 영역을 만들어 띄우는 방법을 썼다. 2학년 여름방학까지만 해도 해외에서 머드를 만들기 위한 원본 프로그램을 받아 꽤 많은 머드들이 난립했지만, 학교 중앙 컴퓨터에 몰래 만든 영역이 발각되면서 이 머드들은 자연스레 사라져 갔다.

머드에 대해 이야기를 하자면, 글로 만들어진 가상 현실이다. 지도가 방 단위로 구성되어서 플레이어는 방 사이를 옮겨다닌다. 각 방에는 괴물도 있고, 물건(아이템)도 있어서, 사용자는 이 세계를 모험한다. 이 세계는 유기적으로 이어진 수많은 시나리오로 구성되어 있다.

머드에서 제일 환상적이었던 것은 내가 혼자가 아니라는 점이다. 머드 안에는 나같은 놈들이 바글바글해서 언제든지 함께 모험할 동료가 될 수 있었다. 특히, 나같이 현실에서 비사교적이고 말이 없는 — 머드 안에서도 말이 많은 건 아니다 — 사람에게 머드는 일종의 탈출구 내지는 현실을 보는 창이 되어 주었다. 나는 주로 미국애들하고 많이 놀았던 편인데, 그 덕에 미국애들의 문화에 친숙한 편이다. 가끔씩 머드 게임을 하다 보면 전세계적인 모임이 구성되는 수도 있다. 내가 참가했던 모임에선 모두 5개국 — 한국/미국/프랑스/영국/오스트레일리아 — 인간들이 모여 있었던 적도 있다.

외국 머드를 본격적으로 시작한 건 2학년 가을 학기부터였다. 인터넷을 통해 외국 머드들의 존재를 알게 되고, 머드 리스트가 입수되면서 우리 패거리는 다양한 외국 머드들을 시도해 봤다. 난 그 중에서도 특히 디쿠머드(dikumud) 계열의, 플레이가 비교적 간단하고 전투 지향적인 머드들을 좋아했다. 그때 하던 머드들을 들자면 Duke of Sequent가 운영하던 시퀀트 머드(sequent mud), 운영자가 누군지 모르지만 그럭저럭 괜찮았던 칼테크 머드(caltech mud) 등이 있다. 그때 이미 난 별을(학사 경고) 두 개 달고 있었는데, 자퇴를 결심하고 부지런히 놀았다. 별로 현실에 대한 자신감도 없었고, 계속 학교를 다니기도 싫었고, 그래서 남들 다 택하는 군대에나 갈까 했던 것이다. 가기 전에 뒤에 구질구질하게 뭔가를 남기기도 싫었다. 자퇴 바로 앞까지 가서, 친구들의 설득으로 휴학으로 돌아섰다. 결국 휴학원 제출 마지막날 휴학원을 제출하고 기숙사에 남아 꽁짜밥 얻어먹으며 머드에 열중했다. 그렇게 그렇게 91년이 흘러갔다.

머드에서는 인생의 모든 요소가 축소되어 들어가 있다. 삶/죽음/사랑/우정 등등. 머드에 그렇게 매료되었던 것은 내게 흐릿했던 현실보다 머드의 축소된 단순함이 더 강력하게 현실로 느껴졌기 때문이다. 가상이 진짜보다 더 사실적이었던 것이다.

3학년이 되어서는 좀 공부하는 흉내를 냈다. 수업도 잘 들어가고, 숙제도 잘하고 학생같이 굴려고 노력했다. 하지만, 여전히 언더그라운드 백성이고 어둠의 자식이어서 남들 2학년 때 다 하는 과등록도 하지 않았고, 교수님들의 눈에 절대로 띄는 일이 없도록 알아서 잘 처신했다. 머드? 물론 끊고 있었다. 이유는 여러 가지가 있지만, 지난 학기에 그토록 말썽 피웠는데 집에 공부하는 척이라도 해야겠다는 마음과, 예전에 열심히 하던 머드 사이트가 다운되었기 때문이라 생각한다.

모험 1 : 본격적인 시작과 쿠데타의 기억

이렇게 모범적인 삶을 살고 있는 내게, 같이 머드하던 친구녀석이 유혹의 손길을 뻗쳐 왔다. "좋은 머드 사이트 있는데 하자." 난 좀 무료했으므로 '이번엔 적당히 자제하며 해야지'란 마음을 먹고 한동안 자제하며 즐겼다. 정작 일이 커진 것은 참가하던 머드가 얼마 후 문을 닫게 되면서 친구들이 원본 프로그램을 얻어오게 되고나서다. 이 소스가 후일의 키트머드(KIT-MUD)이다.

당시 난 '프로세스'라는 컴퓨터 동아리에 속해 있었는데, 이 동아리에 허름하지만 중형 컴퓨터가 한 대 전자 계산소에서 배정되어 있었다. 친구들이 구해온 원본 프로그램을 이 중형 컴퓨터에서 돌리면서 나랑 '썬타이오닉'(머드 안에서 쓰는 별명 — 아래 나오는 이름도 모두 그러함)이라는 녀석이 원본 프로그램을 만지고, '세라핌'이 운영하고, '피코'가 머드 내부의 공간(zone)을 맡아 관리하는 체제가 구축되었다. 그 외에도, 중앙 컴퓨터 문제로 '자하랑' ― 당시 '킹퀘스트' ― 이란 녀석도 관련되어 있었고, 프로세스도 동아리 내부의 세력 다툼이 상당했다. 관리자 둘이 서로 쫓아내겠다고 으르렁거리고 있었으니….

그것은 일종의 개념 충돌이었다. 난 머드에 대한 사명감에 불타고 있었고, 자하랑은 프로그램 관리자(root)가 되서 뭐든 자기 좋을 대로 하고 싶어했다. 세라핌은 운영자의 특권을 이용한 플레이에 빠져 있었고 썬타이오닉은 앞뒤 가리지 않고 자신의 아이디어를 머드에 넣고 싶어했다. 이 와중에 '피코'만 자기 자리를 잡고 중심을 지키고 있었다. 언제나 그렇듯이, 대세를 잡는 건 발빠르고 신념에 찬 자다. 머드에 대한 신념이 다른 사람들보다 월등한 내가 쿠데타를 일으킨 것이다.

이건 분명히 유쾌한 기억은 아니다. 난 쿠데타를 통해 그들을 '숙청'했고, 그들도 별로 좋게 생각하고 있지는 않을 것이다. 특히 이 일 때문에 자하랑과는 사이가 많이 벌어졌다. 나는 현실보다 더 사실적인 머드에 원칙이 통하고 내가 받아들여지는 사회를 만들고 싶어 했던 것 같다. 나의 이런 사명감 덕분에, 난 92년 봄학기를 밤을 새가며 머드를 만지며 보냈고, 키트머드는 꽤 외국에도 알려지고 잘나가는 머드가 되었다. 이것은 내 머드 인생의 본격적인 출발점이 되었다.

난 그 당시 나라(Nara of Baram)란 이름을 사용했다. 내가 피코와 키트머드를 운영하면서 잡은 원칙은 간단했다.

1) 지방화(localize)하지 않는다.
2) 신(GOD ― 머드 안에서 절대적인 능력을 가진 인물)은 절대적으로 공정하다.
3) 화목한 가족적인 분위기를 만든다.

절대적으로 공정한 신이 되기 위해, 주변의 많은 사람들을 물리쳐야 했다. 외국 참가자들을 끌어들이려고 한글 사용이 불가능하도록 유지했다. '화목한 분위기'만이 키트머드에서 한국적인 부분이었고, 한국인들만이 만들어 낼 수 있는 속성이라고 생각한다. 이 세상 어느 머드에서도 볼 수 없는 '화목함'이란 것이 있었기 때문에 많은 외국 참가자들이 '화목함' 하나만을 보고 왔었다. 요즘에야 이 '화목함'이란 것이 내가 그토록 싫어하던 한국인의 응석문화의 뒷면이란 것을 알게 되었지만, 그 당시는 그런 것까지 알진 못했다. 공정에 대한 개념 없이 행동하는 주변 사람들이 좀 원망스러웠다.

당시 내가 좀더 컸다면, 대화와 타협에 대해 조금이라도 기초가 있었다면, 쿠데타 같은 방법은 사용 안해도 됐을 것이다. 대화와 타협으로 대부분의 주변 사람들(모두는 아니다)을 설득하여 이 일에 동참시킬 수 있었겠지만, 지금도 그렇듯이 난 대화와 타협을 잘 못하고, 당시에는 특히 논리의 폭력을 주로 사용했다. 폭력은 어디서나 반발받는다. 어떤 껍데기를 뒤집어쓰고 있든. 나 또한 마찬가지여서, 머드 운영을 위해 도와줄 수 있는 사람이 극히 제한적이었고, 초기에 신으로 뽑은 사람들은 모두 외국인이었다. 결국 막판까지 피코와 함께 고군분투하다가, 후배들에게 급박하게 넘겨줄 수밖에 없었던 원인은 내 성격이었던 것이다.

모험 2 : 시련기

그해 여름, 아브락사스 형이 학교를 떠났다. 아브락사스 형은 바이러스 패밀리라 부르던 그룹의 총 보스였는데, 아브락사스 형이 떠나간 여파는 다음 학기를 뒤집어 놓는다. 내 주변의 많은 사람들이, 아브락사스 형처럼 경고 퇴학 형식은 아니었지만, 휴학을 하고 군대를 가는 식으로 사라져 버렸다. 중심 인물 한 사람이 사라지면서 그동안 성장해온 사람들이 모두 무너져 버렸다. 내 주변에서 같이 먹고 놀고 자던 친구들이 그렇게 하나둘 사라져 가면서, 내 생활도 함께 무너져 갔다.

가을 학기가 끝나갈 무렵, 나는 다시 그 전해처럼 학교를 떠날 결심을 했다. 그때 생각한 것이, 머드를 언더그라운드에서 꺼내어 양성화시키자는 것이었다. 나 혼자 결정해서 주변 어른들에게 몇번 물어보고 나 혼자 움직였다. 전반적인 여론은 회의적이었지만, 그래도 몇몇 친구나 후배가 곁에 있어서 같이 움직여

췄다. 전산과 석사/박사 과정 선배들은 거의 나서지 못했다. 교수님들에게 워낙 심하게 얽매인 몸이라 어쩔 수 없었을 것이다. 그들에겐 이런 일로 이름 오르내리는 것만으로도 큰 부담이었을 테니까. 오히려 그런 점에서 전산과 교수님들과 별로 상관없는 전자과 형들이 많이 도와주셨다.

난 이미 학교에서 나가기로 결심한 몸이라서 별로 두려울 게 없었다. 학과장님을 찾아가서 이야기를 했고, 교수님과 아이들과 몇 번의 미팅도 가졌다. 난 배짱좋게 교수님께 아이들과 만나는 방법에 대해 충고도 드렸고, 교수님은 그런 걸 너그러이 받아주셨다. 내가 원한 것은 주변 사람들을 어둠에서 빛으로 끌어내는 것이었는데, 난 모든 걸 너무 쉽게 생각했다. 이 일이 시작이 되긴 했지만, 실제로 내가 원했던 일이 이루어지기까지 2 - 3년의 세월이 걸렸다. 지금은 전산과 교수님들의 후원으로 여러 동아리들이 설치되어 학생들의 활동을 지원해 주고 있다. 게임에 대한 인식도 많이 바뀌었고, 전산과에서 안 쓰는 중앙 컴퓨터에 머드를 돌릴 수 있도록 지원도 해주고 있다.

난 그때 나 자신을 희생할 결심이었던 것 같다. 난 그렇게 사라지고 남은 후배들이랑 친구들이 더이상 그런 어둠에 사로잡히지 않길 바랐다고 생각된다. 주변이 하나하나 파괴되어 가고 애들이 허공으로 붕붕 떠가는 경험은 사람을 처참하게 만들었다. 나의 의식은 느끼지 못했지만, 내 무의식은 분명히 그것을 포착하여 날 몰아갔다. 내가 마지막으로 파괴되는 사람이 되겠다는 것이 내 생각이었지만, 어른들의 생각은 약간 달랐던 것 같다.

난 소심하고 겁이 많은 편이라 등뒤에 배수진 — 자퇴 — 을 쳐놓고서야 움직일 수 있었다. 그런데, 어른들의 눈엔 약간 달리 비춰서 날 꼭 건져야 할 학생 정도로 보게 만든 것 같다. 난 기말고사를 거부하고 기세좋게 '쫓겨나겠지' 하고 생각하고 있었는데, 어른들의 끈질긴 설득에 결국 넘어가고 말았다. 학과장님의 권한으로 교무과에 보낼 성적을 늦추고, 내 성적을 모두 I 처리 — 다음 학기까지 학점을 받을 것 — 해버린 것이다. 결국 나는 머드를 그만두겠다는 약속을 하고, 학교에 남게 되었다.

그렇게 키트머드를 떠나면서 난 썬듀에게 키트머드를 부탁했다. 나중에 난 잊었지만, 썬듀가 웃으면서 내가 넘길 때의 광경을 이야기해 주었다. 당시 난 진단서가 필요해 집에 가는 길이었다고 기억된다. 나와 썬듀는 청주에 살았는데, 난 가는 길에, 썬듀는 오는 길에 터미널에서 마주쳤다. 차시간이 얼마 안 남아 난 간단하게 "더이상 머드를 관리할 수 없으니 썬듀가 맡아달라"고 이야기했다. — 사실 길고 자세히 이야기할 말주변이 내겐 없었다. — 썬듀도 내 사정을 옆에서 많이 지켜봐서 알고 있었고 간단히 "알겠다"고만 대답했다.

사람이란 이상한 것이다. 간단한 말 몇 마디가 훗날 너무나 많은 것을 좌우하게 되었다. 썬듀는 덕분에 키트머드를 지키느라 고군분투하였다. 대전 본원에서 서비스할 중앙 컴퓨터를 찾지 못한 키트머드는 서울 홍릉 분원까지 올라갔다. 이건 발 넓고 인기 좋은 썬듀니까 할 수 있었던 일이다. 그때 내 말을 받아주고 지켜준 썬듀에겐 아직도 감사한다. 그가 후에 중간에서 대충 때려쳤어도 난 뭐라 할 수 있는 입장도 아니었고, 뭐라 할 수 있는 일도 못됐다. 그래도, 그는 끝까지 의리를 지키고, 자리를 지켜서 후배들에게 넘겨줬다.

당시 '도둑' 형이 키트머드 원본 프로그램을 컴퓨터용 테입에 복사해서 내게 넘겨줬다. 잘 간직하라고. 그 테입은 아직도 내 사물함 속에 있다. 평생 간직할 물건이다. 그 안 내용이 제대로 남아있는지는 솔직히 잘 모르겠지만, 그때 그 사람들의 마음이 소중한 것이다. 힘들었지만 행복했던 시절의 이야기다.

언제나 느끼는 거지만 일 저지르는 사람 따로, 마무리하는 사람 따로, 챙기는 사람 따로다. 아브락사스 형이 그렇게 나가지만 않았다면 내 주변은 파괴되지 않고, 난 그럭저럭 그 학기를 무사히 넘겼을지도 모른다. 그랬으면, 감히 교수님을 찾아갈 용기를 낼 수도 없었을 것이고 머드와 게임은 블랙리스트에 오른 채 교수님에 의해 피동적으로 베일이 벗겨져야 했을 것이다. 그리고, 난 단군의 땅을 시작하지 못했을 테고.

그렇게 떠났던 친구들도 내가 단군의 땅을 할 때 즈음에 모두 복학했다. 옛날처럼 눈이 반짝대진 않았지만 — 이 일 거치면서 우리 패거리 모두의 눈에서

빛이 사라졌던 것 같다 — 그래도 다들 재밌게 잘살고 있다. 누가 그랬던가? 인생은 새옹지마라고….

다음해는 그냥 얌전히 죽어지낼 수밖에 없었다. 뒤에서 도와주신 교수님들의 입장도 있고, 그라시아 님 체면도 걸려 있고, 그 외 우리 그룹에 대한 평가가 날 통해 이루어지리라 생각했다. 키트머드는 완전히 후배(썬듀 & 아이린)에게 넘겨 버려서, 후배들이 고생한다는 것은 잘 알고 있었지만, 제대로 도와주지도 못했다. 후배들은 머드를 띄우기 위해, 난 살아남기 위해 서로 고군분투하던 시절이다.

한편으로 이 시절은 한가하고 평화로운 시절이었다. 난생 처음으로 하이텔이란 곳도 들어가 보고, 새로 나온 게임 '사무라이 쇼다운'에 정신을 쏟았다. 난 내면적으로 많은 변화를 겪었고, 그렇게 시간이 흐르면서, 생존에 집착하면서, 내가 왜 이런 길을 가게 됐는지에 대해 많은 것을 잊어버렸다. 그렇게 한해를 무사히 넘겼을 때, 새로운 기회가 왔다.

모험 3 : '별무리'와 '단군의 땅'

이제부터가 단군의 땅 이야기이다. 단군의 땅은 어느날 갑자기 세상에 나오지는 않았다. 단군의 땅을 시작하기까지 많은 우여곡절이 있었고, 많은 사람들이 파괴되어 뒷편으로 사라졌다. 단군의 땅을 시작한 후에도 하루 아침에 상황이 달라진 것이 아니어서, 역시 새로운 많은 사람들이 단군의 땅에 희망과 절망을 느끼고 부상과 침몰을 반복했다. 내 성격이 조금만 온유하고 포용적이고 남들과 대화하고 설득할 수 있었다면 상황은 달라졌겠지만, 나는 20대 초반의 청년인 나일 뿐이다. 당시의 나는 내가 이해하는 한도에선 최선을 다했고 결과에 대해 후회하지 않는다.

93년이 끝나갈 무렵, 그라시아 님이 새로운 기회를 들고 찾아오셨다. 그 동안 근신하면서 잘 지냈으니, 한번 나 자신의 머드를 만들어 보지 않겠냐는 제안이었다. 교수님하고의 약속이 걸렸지만, 교수님께 말씀드렸을 때 교수님께서도 흔쾌히 허락해 주셨다. 그렇게 해서, '별무리'가 결성되었다.

'별무리'란 이름은 팀 결성 한참 후에, 94년 2월 말 '단군의 땅' 발표회를 앞두고 급조한 이름이다. '별무리'란 이름을 지은 뒤에는 고약한 사연이 숨어 있는데, 당시 팀원들이 달고 있는 별 — 학사 경고 — 수가 공식적으론 8개, 비공식적으론 10개가 넘었다. '별무리' 창단 멤버는 나라 — 본인 —, 피코, 썬타이오닉, 자하랑, 하뉴의 다섯 명이었고, 후에 썬듀가 후기 멤버로 붙었다. 사무실은, 아니 작업장은 과학원 부설 인공위성연구센터 창고방을 사용했고, 장비도 인공위성연구센터에서 받았다. 재정은 그라시아 님이 메디슨에서 지원을 받아 해결했다.

우리가 제일 처음 목표했던 것은 우리끼리 국산 머드를 제작해 보자는 것이었다. 그라시아 님의 주문은 언젠가 우리들이 우리 역사를 배경으로 하는 머드를 만들어 주는 것이었지만, 우리는 처음 목표부터 우리 역사, 우리 나라를 배경으로 한 머드로 잡았다. 당시 우리들은 이 목표가 얼마나 무거운 전제로 이어질지에 대해선 아무도 알지 못했다.

나와 자하랑이 싸우고 서로 으르렁거리기도 하면서 우리의 머드는 완성되어 갔다. 마침내 발표회를 앞두고 '단군의 땅'이란 이름이 붙여졌다. 발표회 경험이 전무한 우리들은 발표회 연습을 하면서 온갖 해프닝을 다 벌였다. 발표회 당일엔 비교적 '잘' 했다고 생각한다. 하지만, 난 발표회 뒤풀이를 깽판쳐서 엎어버리고 돌아왔다.

난 당시 이유도 모르고 이해할 수도 없었지만 다른 아이들에게 신뢰(?) 또는 심정적인 인정(?)을 받지 못한다는 것을 알고 있었다. 결국 절이 싫으면 중이 떠난다고, 난 아이들에게 결별 선언을 해버리고 말았다. 난 당시 그들이 나와 일할 의사가 없다고 생각했지만, 지금은 그렇지 않다는 것을 안다. 그들이 날 버린 게 아니라, 내가 그들을 버린 것이다.

나는 그렇게 별무리를 떠났다. 그 후, 많은 것이 달라지지는 않았다. 그라시아 님은 내가 게임에서 졌다고 말했지만 난 별로 그렇게 생각하지 않았다. 내가 빠진 팀은 폭주할 것이라는 것, '단군의 땅' 정도는 언제라도 만들 수 있다는 것. 하지만, 내가 계산하지 못한 것도, 아니 그 당시 내가 알지 못한 것도 있다. '별무리'란 팀은 다시 만들어질 수 없다는 것. 난 모든 것을 너무 쉽게 생각했고 너무 쉽게 움직였다. 그때 내가 했던 일은… 뭐랄까… 장난감을 부수는 어린아이와 비슷한 것이다. 하지만, 단군의 땅도 별무리도 장난감은 아니었고, 그 일의 파편은 지금까지 남아 있다.

이때의 일은 정확한 기억이 없다. 너무나 혼란스럽게 모든 게 급변하는 시기여서 기억의 선후가 분명치 않다. 우리 주변에 많은 사람들이 새로 나타나고 사라져갔다. 결국 별무리는 해체되었다. 난 그 소용돌이의 중심에서 계속 변화를 촉발시켰다. 내가 원하든 원하지 않든 나는 사고뭉치 그 자체였다. 한 걸음 움직일 때마다 일이 터졌으니까. 이 일을 정리하려면 누군가 같이 그때를 겪은 사람의 도움이 필요할 것 같다. 하지만 솔직히 마음에 내키지 않는 일이다. 고통스러웠던 시기였고, 복잡했던 시기였고, 부끄러운 시기였다.

별무리가 별똥이 된 후, 그라시아 님은 큰 충격을 받으셨지만 결국 단군의 땅 상용화를 위한 작업에 들어가신다. 비서를 채용하고 안티와 경영과 박사과정 형들의 도움을 받아 사업계획서도 작성한다. 이때, 썬듀가 듣던 기술 창업론도 나랑 청강하셨다. 메디슨 텔레콤이란 이름으로 4월 1일에 개인사업자 등록증이 나왔다. — 메디슨의 지원을 받고 있었기 때문에 메디슨 텔레콤이란 이름을 사용했다. 후에, 메디슨 기획실의 항의 아닌 항의(언제 정보통신사업에 진출했냐는 문의 전화가 숱하게 왔다고 한다)에 법인화하면서 이름을 마니 텔레콤으로 바꾼다. — 5월 경에 우리는 인공위성연구센터 창고방에서 KAIST TBI에 입주한다. — 창고방은 여름방학이 지나고 나서 돌려드렸다. — 창고방과 같은 건물 같은 층이지만 창고방과 TBI 사무실을 비교할 순 없는 노릇이다.

KAIST TBI 입주에는 많은 분들의 도움이 있었다. TBI 심사위원이셨던 여러 교수님들, 사업계획서 작성을 도와준 분들, 그라시아 님 말만 믿고 미리 가구와 기기를 설치해 주신 가구회사와 전자회사. 당시 사업 밑천을 다 쓴 우리 수중엔 돈이 거의 없었는데, 이분들은 단군의 땅이 상용화되면 돈을 벌어 갚겠다는 우리말만 믿고 설비를 제공해 주셨다.

이렇게 사무실 설비가 갖춰지자 사람들이 모여든다. 아니, 이 이야기를 하기 전에 두 사람 이야기를 먼저 하는 게 좋겠다. 지금은 군대에 가 있는 두 사람 이야기다.

두 친구 이야기 : '달언이'와 '원보'

달언이 — 빅 — 은 우리나라 최초로 머드 안에 한글로 된 공간(zone)을 만든 친구다. 별무리가 깨지고 회사가 만들어지는 과정에서 우리와 함께 지내고 있었다. 당시, 군대 가기 위해 휴학중이었던 걸로 기억된다. 달언이가 치악 머드에 새로 만들어 넣은 구역은 로봇시티, 삼국지(위/촉/오), 머드스쿨 등이 있다. 모두 한글로 된 공간이고 아직까지 인기 있는 공간들이다. 우리는 달언이와의 친분 관계 — 어떻게 달언이를 만났는지는 아직도 잘 기억나지 않는다 — 도 있고, 달언이의 머드에 대한 재능이 단군의 땅에 발휘되길 원했기 때문에 우리와 함께 갈 것을 요청했다. 달언이도 기꺼이 우리 요청에 응했지만 정작 문제는 집, 특히 어머니셨다.

게임 제작자가 되길 원하는 사람의 최대의 적은 집이다. 어른들의 눈에 게임 제작자란 같잖아 보이는 직업이다. 자기 자식이 그런 직업을 택한다면 더더욱 그렇다. 만일, 학교마저 때려치우고 게임을 만들겠다고 나선다면??? 상상은 읽는 이에게 맡기겠다.

달언이의 부모님은 보통 부모님이셨고, 상식적으로 행동하셨다. 덕분에, 달언이는 부모님의 뜻을 따라 K2 소총 클럽에 가입 — 군입대 — 해버리고 말았다. 이 녀석은 군대 전산실에서 편히 놀고 있다고 말한다. 한편으론 샘나고, 다른 한편으론 아깝다. 한국에서 몇 안됐던 좋은 시나리오 작가가 때를 못 만났다고 생각한다.

복학은 내년 봄학기 정도를 생각하는데 학교 다니기 싫단다. 이 녀석 군대갈

때 어머님께서 거신 조건이 '군대만 갔다오면 성인 취급하고 맘대로 하도록 놔두겠다'였는데, 아마 이 조건에 '학교만 졸업하면…'이 더해지지 않을까 싶다.

원보는 주변 환경의 강력한 영향 — 문인 집안 — 을 받아 예술가 특유의 괴팍함과 고집, 근성이 있다. 가끔 보이는 날카로운 통찰력은 사람을 섬뜩하게 만든다. 무엇이든지 핵심을 파악하여 꿰뚫어보는 능력이 있었다고 할까? 그냥 신기가 있었다고 해두자. 사람 가슴 속을 바닥까지 훑어보는 것 같아서 뜨끔했던 적이 종종 있었다.

원보는 자기 생각이나 관찰 결과를 만화로, 대단히 난해한 만화로 표현하곤 했다. 이 만화를 이해하기 위해선 원보가 제시하는 그림의 암호를 해독해야 했다. 본인은 당연히 알겠지라고 생각하며 그렸다고 추측하지만, 읽는 사람에겐 여간 골아픈 게 아니었다. 재미는 있었다. 원보는 AD&D 같은 롤 플레잉 게임 — 각자 역할을 맡아 주어진 임무를 수행하는 PC게임의 일종 — 에서 형태를 많이 따왔는데, 그라시아 님은 호박을 가르는 축복의 여신, — 왜 호박을 가르는지는 나도 잘 모른다. 원보는 결코 설명해 주지 않았다 — 난 바드 허탈씨, 콜드 형은 독실한 성직자, 썬듀는 파인애플 도깨비 또는 전사로 나왔다.

단군의 땅 시나리오는 대단히 난잡하고 방향성이 부족한데, 이건 주 시나리오 작가가 몇 차례 바뀌고, 그 후 시나리오 작가 없이 기능적으로 공간을 배치했기 때문이다. 원보는 — 본인은 인정하기 싫어하지만, 아니 이름이 오르내리는 것조차 싫어하지만 — 단군의 땅 2대 주 시나리오 작가였다. 직업의 기초를 잡은 것도 그고, 한때 최고 인기 가상인물(mob)이었던 가엽/가연을 디자인한 것도 그다. 단군의 땅 전체 지도를 그리고, 사용되진 않았지만 배경 신화도 만들어냈다.

원보는 상당한 공력을 가지고 있었고, 적절히 활용할 줄 알았다. 그도 후에 군대에 들어간다. 군대에서 잘살고 있나 보다. 가끔씩 휴가 나와 사무실에 들리는데 멀쩡한(?) 얼굴이다. 여전히 난해하지만….

모험의 끝 : 성공!

다시 본론으로 돌아오자. 그때 우리 주변에 많은 사람이 모여들었다. 썬듀랑 같이 머드를 띄우던 아이린, 플레이에 열심이었던 블루스카이, 서울에서 만나자마자 30분만에 내려오기로 한 노크룩, 전시회 준비 과정에서 우리랑 일하게 된 필우 형, 어떻게 엮였는지 모르지만 하여튼 엮인 문기봉 선배, 자기 팀이 있지만 경영 수업을 위해 인턴 사원 비슷하게 뛰고 있었던, 기현이와… 이름이 생각안 난다. 등등.

이 인원이 여름방학이 시작되기 전에 모였다. 당시 난 학사 경고를 면하기 위해서 바둥대고 있었다. 그다지 단군의 땅 소스를 많이 손댈 수 있는 형편이 아니었다. 당시 우리는 계약에 시간을 끄는 천리안을 포기하고 신생 나우누리와 계약을 체결했다.

머드 서비스를 중앙 컴퓨터에 심는 작업, 원본 프로그램 기능 개선과 오류 수정, 8월 시범 서비스 기간부터 서비스를 운영할 운영 신선 포섭에 열을 올리며 7월 한달을 보냈다. 단군의 땅을 중앙 컴퓨터에 심고, 기능을 개선하는 작업이 어느 정도 마무리지어져 갔다. 오류 검사는 여전히 부족했다. 여러 사용자가 동시에 하는 게임을 검사하기 위해선 많은 사람들이 접속할 필요가 있는데, 그럴 만한 인력을 동원하기 힘들었다.

그 달 말에 단군의 땅 제품 발표회가 있었다. 사람들도 그럭저럭 모였고 데모도 성공적이었다.

성장…

드디어, 단군의 땅 시범 서비스가 시작되는 대망의 8월 1일. 하지만, 난 여기서 이야기를 끝내야 한다. 8월달 이야기가 나오기 시작하면 사연이 길어지고, 이야기를 제대로 끝낼 자신이 없다.

이 이야기를 쓰면서, 나 자신이 많은 정리가 된 걸 느낀다. 특히, 그 동안 가슴 한구석에 묻혀 있던 사연들을 다시 떠올리게 된 것이 큰 수확이다. 그때, 약간 처절했던 시절이 참 그리워진다. 다시는 그때처럼 행동할 수 없을 것이다.

요즘은 나도 많이 얍삽해지고 세련되어서(순진하지 않아져서) 적당히 보통 사람처럼 처신할 줄도 알고, 예기를 감출 줄도 안다. 얼굴에 어둠이 가득 찬, 눈만 반짝이는 소년이었는데.

보통 사람들 속에서 그런 척하고 살지만 난 여전히 '개찐따 사이코'다. 요즘은 날 이해해 주는 여자 친구도 생기고, 나름대로 충실하게 — 나 자신에게 — 살아보려 노력중이다. 친구들과도 가끔 만나고, 하고 싶어했던 일들도 해가며 나름대로 재밌게 산다. 손발이 묶여 사이코 기질을 발휘할 수 없을 때는 너무 답답하지만.

이 글은 — 후편까지 다 쓴다면 — 가상 현실 중독자(network-addicter)가 현실로 돌아오기까지의 이야기다. 지금 이 이야기를 마무리할 시점은 반쯤 와 있는 시점이다. 남들이 보면 여전히 꿈나라 백성이라고 하겠지만, 옛날엔 정말 꿈나라 백성이었다.

현실로 돌아와서 꼭 좋기만 한 것도 아니고, 나쁘기만 한 것도 아니다. 현실과 가상은 가치 체계가 완전히 다르다. 가상의 거주자가 현실에 의존하지만 않는다면 가상에 좀더 비중을 두는 것도 나쁘진 않은 일이련만, 불행히도 현실은 그렇지 못하다.

언젠가 유령이 되어 네트웍을 돌아 다니는 꿈을 꿔본다. 그땐 어른들은 무슨 말을 하고 있을까?

그때, 그 사람들이 다시 보고 싶다.

■ 글쓴이 김지호. 나는 이제 한국 나이로 스물여섯이 된 젊은이다. 내가 지금까지 해온 일들이 상식에서 벗어난 덕에 탈상식적인 세상에서 상식에 대해 이야기를 하게 되었다고 생각한다. 내가 지금까지

어른들을 관찰한 바에 의하면, 나의 시계는 그들의 시계에서 몇 년 정도 앞서 있지만, 그렇다고 어른들의 시계가 멈춰 있는 것은 아닌 것처럼 보인다. 오히려, 그들도 가속도를 타고 내 시계 뒤를 맹렬히 쫓아오고 있다. 아마도 그들이 내게서 원하는 것은, 그들의 시계에 대한 이정표가 아닐까 싶다만… 난 솔직히 그들의 시계에 대해서 별로 아는 바가 없기에 그런 일을 해줄 수 없는 입장이다.

이건 보통 어른들과의 관계고, 또문의 어른들이라면 약간 다를 것이다. 그들의 관심은 아이들과 아이들의 미래에 대해 집중되어 있다고 보인다. 이쪽이라면 난 할 말도 많고, 도움이 되어 줄 수 있을지도 모르겠다. 난 아직도 뭐가 진실이고 뭐가 옳은 것인지 잘 모른다. 그래도, 나 나름대로는 지금까지 괜찮은 삶을 살아왔다고 생각한다. 어쩌면, 이 다원화된 아니 되어 가는 사회에서는 객관적인 가치라는 것이 존재하지 않을 거란 생각을 한다. 존재하는 것은 주관적인 가치와 그 충돌뿐.

사이버
스페이스로
탈출한
아이들

김한울

청소년은 그들이 직면한
교육 문제로부터 기성세대를
내팽개쳐 버리고 싶다.
그들은 그들 스스로만을
믿을 뿐이다.

내가 봐도 신기한 우리들

50여 개의 책상이 칠판을 향해 나란히 늘어서 있는 어느 교실, 아침 일찍부터 등교해서 수업을 받는 아이들 중에는 벌써부터 꾸벅꾸벅 조는 아이가 생기기 시작한다. 어젯밤에 뭘했길래 아침부터 졸음이냐며 나무라는 선생님의 야단에 흠칫 놀라 깨어나기도 하지만 쏟아지는 졸음은 좀처럼 가시질 않는다. 매일 아침 졸기로 시작해서 거진 하루 수업을 모두 외면하곤 책상 앞에 엎드려 잠드는 아이들… 어느 중·고등학교 교실에서라도 어렵지 않게 마주칠 수 있는 이 장면들이 왜 연출되는지는 불문하고, 어쨌든 이미 이 아이들은 그들이 하루 종일 머무는 학교 공간에 있지 않다. 몸만 학교에 있을 뿐 정신은 이미 학교를 떠난 지 오래인 것이다. 그토록 지겨운 학교, 매일 50명의 각자 다른 성향과 학업 진도를 가진 아이들이 모여, 몸에 맞지도 않는 책걸상에 거꾸로 몸을 맞춰 가며, 20가지가 넘는 과목이 숨막히게 박혀 있는 시간표에 따라 아무도 즐거워하지 않는, 반복되는 수업을 쉴새없이 들어야 하는 지옥 같은 곳, 그곳에 오직 결석을 하지 않기 위해 하루도 빠짐없이 나와 있는 우리들은 내 자신이 보기에도 신기하다. 기성세대는 '그럼에도 불구하고' 학교를 뛰쳐나오지 않는 이런 아이들에게 고마움을 느껴야 할는지도 모른다. 이들은 바로 그들이 접한 기성세대 — 부모, 교사 등 — 의 잣대에 맞추어 주기 위해 이렇게까지 스스로를 희생하고 있는 것이니 말이다. 우리 청소년들은 기성세대가 무엇을 요구하는지 정확히 알고 있으며, 거기에서 벗어나지 않으려고 발버둥을 치고 있다. 비록 거기에서 벗어나 있더라도 최소한 그렇지 않은 것처럼 행동하는 법을 이미 알고 있다.

기성세대에 의해 쓰여진 각본대로 짜여 있는 삶을 살아가는 아이들 삶에서 여유를 찾아내기란 쉬운 일이 아니다. 날이 채 밝기도 전에 무거운 가방과 두꺼운 도시락을 늘어뜨리고 등교해서 비좁은 교실에서 해가 기울 때까지 머물다가, 날이 어두워지기 시작하면 원하건 원치 않건 야간 자율 학습에 들어가, 퇴근 시간대가 한참 지난 후에야 이미 모두 귀가한 가족들이 기다리는 집으로 향하는 아이들의 발걸음, 설령 여유가 있다 하더라도 이들은 그 여유를 제대로 누릴 여력이 없다. 하지만 짜여 있는 각본에 맞추어 사는 방법을 터득한 아이들은 동시에 그 숨막히는 각본 안에서 자신만을 위한 여유를 찾아 숨막히는 일상에서 숨쉴 수 있는 마지막 숨통을 틔워 놓으려 안간힘들을 쓴다. 영화를 사랑하는 아이들은 쏟아지는 영어 단어와 수학 문제 풀이와 함께 자신이 좋아하는 영화들의 줄거리는 물론 출연 배우와 감독의 이름을 줄줄이 외서 수업이 지루해지면 친구에게 새로 나온 영화 이야기를 하기도 하며, 무협지를 좋아하는 아이들은 밤을 새워서라도 새로 나온 무협지를 독파하고, 만화를 사랑하는 아이들은 수업 시간에 몰래 구석 자리를 빌려서 한두 컷짜리 만화라도 낙서처럼 그려보곤 한다. 모두 기성세대들이 볼 때에는 해서는 안될 일이지만 이러한 것들이 바로 아이들의 지닌 마지막 탈출구이다. 아이들은 아이들의 수만큼이나 다양한 탈출구를 만들어 놓고 있다. 그 중에는 밤마다 사이버 스페이스를 자유자재로 유영하는 아이들도 있다.

사이버 스페이스로 탈출하는 아이

많은 아이들이 컴퓨터를 즐긴다. 몇백 만원짜리 오락기를 만들어 놓건, 유용한 학습 도구로 활용하건, 아이들은 스스로 정한 컴퓨터의 쓰임에 충실하게 즐긴다. 그 중에는 모뎀을 통해 통신망에 접속하여, 아직 들어본 적 없는 어떤 곳에 사는, 한번도 만나 본 적도 들은 적도 없는 사람들과 이야기하고 서로의 생각을 공유하는 데에 매료된 아이들이 있다. 그러한 아이들은 꾸준히 혹은 급격하게 늘어나고 있으며, 나 역시 그러한 아이들 중에 하나였다.

내가 처음 사이버 스페이스 — 컴퓨터 통신에서 존재하는 가상의 공간을 통틀어 일컫는 말이지만 인터넷을 제외한 경우 흔히 **PC통신**이라고 부른다 — 를 접하게 된 것은 중학교 1학년 때였지만, 실제로 거기에 매료된 때는 중학교 3학년 때였다. 생각해 보면 꼭 그 범위를 중·고생으로 묶어 두지 않더라도 가상의 공간은 충분히 매력적이다. 수많은 사람들이 동시에, 존재하지 않는 공간에 존재하며 서로의 이야기를 주고받는다는 것만 해도 흥미로운데, 비슷한 생각을 가진 사람들끼리 모여 좀더 깊이 있는 이야기를 하고 고민하는 동아리의 존재는 다음 날 아침에 할 일을 잊을 만큼의 매력을 지닌다.

사이버 스페이스의 가장 큰 특징이자 장점은 시간과 공간, 그리고 사회적 지위를 초월한다는 것이다. 각자 바쁜 하루 하루를 살아가는 학생들은 학교 안에 갇혀서 학교 밖의 사람들을 만나는 일이 쉽지 않다. 하지만 사이버 공간에서는 언제 어디에 존재하는 사람이든 통신 접속만 되면 대화가 가능하다. 한밤중에 접속을 해서도 한낮의 일들을 혹은 며칠에서 몇 달, 몇 년 전의 이야기들을 현재처럼 접할 수 있다. 그리고 한밤중에 써 놓은 글도 다음날 아침에 며칠 혹은 몇 달, 몇 년 후에 누군가가 검색해 볼 수 있다. 이런 식으로 비록 같은 시각에 같은 장소에 모이기 쉽지 않더라도 서로의 얘기를 주고받을 수 있어서 새로운 공동체 비슷한 것이 생기게 되는 것이다.

사이버 스페이스에 들어선 순간 거의 모든 사용자는 동등한 위치에 있다. 통신 게시판에서는 누구나 자신이 원하는 글을 올릴 수 있으며 그 형식이나 내용에 있어서 별 제약은 거의 없다. 실제 세계에서 항상 앞에 서지 못하고 뒤로 밀려 나가는 상황에 처해 있는 학생에게 사이버 스페이스는 해방구이다. 물론

이에 반하는 부작용 ― 익명성에 기인하는 무책임한 발언이나 행위 등 ― 으로 인해 물의를 일으키는 부분도 없지는 않다.

실제로는 존재하지 않는 사이버 스페이스라는 세계에서 매일을 살아가는 이들의 대부분은 대학생이나 일반인들이지만 그에 못지 않은 수를 중·고생이 차지하고 있다. 사실 부모 몰래 밤새 다른 세상과 접할 수 있는 기회이므로 부자유스러운 몸인 중고생들에게 통신은 더욱 매력적이다. 이런 환경을 바탕으로 각자 자신의 학교에서 일어난 일들을 이야기하고 서로의 생각을 발표하는 과정에서 학교 안에 갇혀 있던 문제 의식은 더욱 폭넓은 시야를 지니게 되며 더욱 현실적인 대안을 제시하려는 움직임이 생겨났다. 통신망에서 오고가는 이야기들은 특정한 동아리 안에서의 이야기를 제외하곤 신변잡기적인 수다스런 이야기나 사회 문제에 대한 토의가 주가 된다. 그 중에 항상 빠지지 않고 나오는 이야기가 교육에 관한 것들이다.

'오늘 학교에서…'로 시작되는 글부터 '우리 나라의 교육은…'으로 시작되는 글까지 이어지는 수많은 이야기들의 주제는 아마도 통신이 처음 생겨난 후부터 지금까지 끊이지 않고 계속되는 몇 안되는 주제 중의 하나일 것이다. 올라오는 글의 내용이나 주장하는 바는 그야말로 가지각색이다. '야간 자율 학습 ― 자의가 아닌 타의에 의한다고 해서 야간 타율 학습이라 불리기도 한다 ― 은 없애야 한다', '보충 수업은 원하는 사람만 하게 해야 한다', '도저히 두발 단속을 하는 이유가 무엇인지 모르겠다'와 같은 한숨 섞인 넋두리도 있고, '우리 학교 어떤 선생님은 뇌물을 받았다', '강제로 보충·자율학습 신청서에 도장을 찍게 한다', '선생님이 수업 시간에 개인적인 감정으로 학생을 폭행했다'처럼 고발성을 띤 글도 있는가 하면, '우리 나라 교육 제도는 현실과 괴리되어 있는 탁상공론이다', '일주일 수업 시간을 줄여 여가 시간을 늘리고 그 대신 CA를 강화하여 전인교육을 꾀해야 한다', '시설 투자 확대로 학급당 학생 수를 줄이고 실험 실습 수업을 강화하여 교육 정상화를 이루어야 한다'와 같은 교육 문제에 대한 폭넓은 이해와 대안 제시도 이루어진다.

이야기의 주제가 다양한 만큼 주제마다 올라오는 글의 양도 엄청나다. 한 예로 체벌 문제에 관심을 가진 한 학부모는 청소년들이 주로 사용하는 통신망에 접속해서 체벌 문제에 관련된 학생들의 체험담 중 신빙성 있는 글을 모아 100페이지에 이르는 자료집으로 묶어 내기도 했다.

통신이 생겨난 이래로 이토록 많은 글들이 올라왔었고 지금도 올라오고 있지만, 실제로 교육 현장에서 바뀐 것은 없다. 설령 있다 하더라도 PC통신망에 올라온 글들이 얼마나 영향을 끼쳤을까. 쉴새없이 글을 올리는 아이들도 이 사실을 안다. 하지만 멈추지 않고 꾸준히 같은 일을 반복하고 있는 이유는 아마도 수많은 사람들이 자신의 글을 읽을 수 있으며 그로 인해 무언가 바뀔 수 있지 않을까 하는 기대에서 비롯된 것일 것이다. 이런 불특정 다수에 의한 반복된 작업은 작지만 수년간 끊이지 않고 계속되는 시위처럼 통신망에서 계속되고 있다.

그렇다! 그것은 우리들의 지칠 줄 모르는 시위였다

효과 없는 소모전만을 계속할 수는 없는 일이다. 일정한 시간을 두고 교육 문제는 불거져 나와 수많은 통신인들의 손가락을 바쁘게 만들기도 했다. 물론 그때마다 당장 내일 아침에 또다시 그 지겨운 교육 현장에서 가해자 없는 피해자가 될 학생들의 목소리가 높아지는 것은 당연하다. 그런 계기를 만든 사건 중 하나가 지난 95년에 있었던 춘천고 최우주 군의 헌법 소원 사건이었다. 사실은 민원 제기에서 끝나고 말지만 이때에 최우주 군은 다른 사이버 스페이스의 아이들 — 사이버 키드 — 처럼 PC통신망의 위력을 십분 활용하려 했고 비교적 성공적으로 이루어냈다. 그 당시, 막 발표되었던 5.31 교육 개혁안을 지켜보며, 계속되는 현실 논의에도 끄떡없는 교육 행정의 벽을 느낀 학생들이나 사람들이 이제 지쳐 뭔가 이 사회가 동시에 귀기울여 줄 수 있는 계기가 생기길 바랐던 때에 PC통신망에 '학생들의 기본권을 짓밟는 학교'라는 제목의 최우주 군의 글이 올라왔다. 이 글은 최우주 군이 처한 상황 — 동시에 이 나라의 대부분의 중·고생들이 처한 불행한 상황 — 에 대한 개선을 촉구하는 '민원 서류 내지 청소년 변론'이었다. 통신망의 각 주요 게시판과 교육부 게시판 등에 동시 다발적으로 올려진 이 글은 이내 모든 통신인들이 때를 같이하여 교육 문제에 열을 올리게 되는 계기가 되었고, 급기야 TV방송국이 최우주 군에 관련된 취재를 요구하여 자율 학습 문제는 잠시나마 공중파 방송을 타고 전국적으로 알려지기에 이른다. 이때에 교육 문제에 관심을 두던 모든 통신들은 약간은 흥분되어 있었다. 이를 계기로 무언가 바뀌어야 한다는 생각들이 널리 확산되었고, 또한 그렇게 될 수 있으리라는 희망적인 생각도 있었다. 하지만 이번에도 통신망 내부라는 공간적(?) 한계를 극복하지 못하였고, 최우주 군의 헌법 소원 계획도 관련 법률 조항이 존재하지 않는다는 이유로 좌절되는 바람에 통신인들의 기대는 현실로 나타나지 못하고 말았다.

비록 실질적인 효과는 거두지 못하였지만 사이버 스페이스에 기대를 걸고 있던 중·고생들에게는 큰 활력소가 되었다. 그때까지의 전례에 비추어 언론에 보도가 된 것만으로도 신선한 충격이었기 때문이다. 사이버 스페이스 곳곳에서 자신의 영역을 만들어 가며 살아가던 아이들은 '최우주 군의 학교 문제, 함께 따라가 봅시다'라는 제목의 토론실에 모였다. 안그래도 뜻을 같이하는 사람들끼리 모여서 얘기할 수 있는 동아리와 같은 무엇인가가 있어야 한다는 생각을 하던 이들 중에서 모임을 만들자는 건의가 나오게 됐다. 하나둘씩 발기인이 모이기 시작했다. 모임의 임시 명칭은 학인회(학생인권회복회)였다. 학교 현장에서는 교사에 의해, 사회에서는 기성세대에 의해, 가정에서는 부모님에 의해, 교육 현실에서는 교육 정책에 의해 마치 아무것도 모르는 어린아이들처럼 무시당하고, 입시라는 과제 앞에서 어처구니없이 말살당하고 있는 학생의 기본적인 인권을 되찾자는 뜻이었다. 이러한 뜻을 모으는 과정에 사이버 스페이스는 비록 절대 다수에 비해 소수일 뿐인 이용자 수의 한계에도 불구하고 변화에 대한 의지를 실천에 옮기려는 학생으로서는 최상의 환경을 마련해 주었다. 매일의 일상 속에서 좀처럼 만나고 이야기할 시간이 없는 아이들이 서로의 뜻을 확인하고 모임을 만들어 운영하는 과정은 시공을 초월하는 PC통신망이 아니었으면 불가능했을 테니 말이다. 몇몇 사이버 키드들은 이런 과정을 거쳐 95년 12월에는 사이버 스페이스 안에 학생 스스로에 의해 제안되고, 구성되고, 운영되는 최초의 청소년 단체로써 학생복지회(학복회)라는 이름의 작은 공간을 확보하게 되었다.

학복회라는 사이버 공간 ─ 실세상으로 나아가기

처음에 하이텔에 개설된 학생복지회는 얼마 후 나우누리에도 개설되었다. 그 외의 통신망에 학생복지회가 개설되지 못한 이유는 경제적으로 여유롭지 못한 학생들이 다른 통신망에 비해 저렴한 하이텔과 나우누리에 몰려 있기 때문이다. 각각의 통신망에서 점차로 같은 뜻을 가진 사람들이 모이기 시작했다. 학생들이 주축이 되어 교육 문제를 다루는 곳이 있다는 소식을 듣고 찾아오는 사람들도 있었고, 여느 때와 같이 사이버 스페이스를 표류하다가 우리를 발견하곤 가입하는 사람들도 있었다. 하지만 모두들 교육의 문제에 대한 각각의 생각을 가지고 있는 사람들이었으며, 중·고생이 주축을 이루었다.

사회에서 바라보는 중·고생의 모습은 아직 너무 어리다. 아직 자유가 주어지기에, 사회 문제를 이야기하기에, 스스로가 처한 상황에서 권리를 주장하기에 너무나 어리기 때문에 그들의 소리에 귀기울이는 기성세대의 모습은 좀처럼 보기 힘들다. 하지만 사이버 키드들이 보여주는 아이들의 모습은 사회에서 생각하는 만큼 어리지 않다. 통신망을 통해 대구 가스 폭발 사고와 삼풍 백화점 붕괴 사건을 현장으로부터 생생하게 접하고, 온갖 사회 문제를 각계 각층의 사람들로부터 직접 들어본 아이들은 오히려 단편적인 지식만으로 나이 많은 어른 행세를 하려는 기성세대들보다 더 많이 알고 있을 수도 있다. 중·고생이 주축을 이룬 학생복지회의 등장은 기성 사회에서 바라볼 때에 약간은 의외의 사건이었을지도 모른다. 마냥 어리게만 생각했던 아이들이 스스로의 권리를 되찾겠다며 다른 사람의 도움 없이 학생 스스로 들고 일어섰으니 말이다.

학생복지회는 지금까지 통신상에서 이루어졌던 작은 움직임들을 한데 모아 보고자 했다. 누구에게나 동등한 경험의 기회가 주어지는 사이버 스페이스에서 모임의 운영을 경험하고 여론 형성 과정을 지켜본 아이들이 그 열린 사회 안에서 스스로의 이야기를 하고자 입을 열기 시작한 것이다. 사이버 스페이스 안에서 지속적인 시위를 통해 의견을 개진해 나아가자는 데서부터 사이버 스페이스에서 더 나아가 실제 스페이스에서 모든 학생들을 포괄할 수 있도록 운영해야 한다는 의견에 이르기까지 모임이 개설된 이래로 의욕에 찬 회원들은 각자의 생각을 피력하며 앞으로의 활동 방향을 이야기했다. 실제로 최근 학생복지회의 회원들은 PC통신 나우누리의 게시판에서 교육에 대한 글을 동시에 여러 명이 올리는 사이버 스페이스 시위 ─ 학복회 내에서는 '폭격'이라 부르기도 한다 ─ 를 감행하기도 했다. 이러한 활동들의 목적은 물론 중·고생의 유린된 기본적 인권의 회복이었다.

이제 사이버 스페이스로 숨어 버린 사이버 키드들은 다시 실세계로 돌아오려 한다. 사이버 스페이스라는 가상의 세계에 구현한 이상적 사회를 실세계로 옮겨 보려는 것이다. 가상의 세계로 숨어들어 가는 듯해도 현실에서 도피하는 것이 아닌, 보다 나은 사회에 대한 희망을 가지고 실세계로 복귀하려는 노력이 하나씩 가시화 되어 가고 있다. 실질적인 대안과 행동 전략을 모의하기 시작한 것이다. 보다 많은 이에게 하고픈 말을 알리기 위한 인쇄물 제작, 학생들 사이에서 형성된 공동의 의견을 모아 사회에 알리는 서명 운동, 암울한 교육 현실에 반기를 들고 항의하는 리본 운동 등이 제안되어 구체적인 실행 방법 ─ 리본 운동의 경우, 청바지 천으로 만든 리본을 가방 등에 착용하기로 결정했다 ─ 이 논의되고 있다. 사이버 스페이스로 숨어 들던 아이들은 처음부터 사이버 스페이스를 발판으로 현실 세계에서 이상을 이루어 내려는 생각이었는지도 모른다.

이 나라의 청소년들은 기성세대를 믿지 않는다. 아무런 기대도 하지 않는다. 바꾸어야 한다고 끊임없이 외치면서도 실은 그 변화를 원치 않는 그들, 그래서 그 변화의 움직임을 기성세대의 몫으로 돌리지 않는다. 스스로가 양산해 낸 비행 청소년을 내팽개쳐 버리는 제도 교육권에 속한 사람들을 누가 신뢰할 수 있으랴? 청소년은 그들이 직면한 교육 문제로부터 기성세대를 내팽개쳐 버리고 싶다. 그들은 그들 스스로만을 믿을 뿐이다. 그들 스스로가 움직여 원하는 바를 이뤄 나가는 방법 외에는 대안이 없음을 안다. 그러나 급하게 서두르지는 않는다. 당장은 모든 것이 원하는 대로 바뀔 수 없다는 것을 알기 때문이다. 그들이 지니는 최소한의 명제는 '적어도 우리가 어른이 됐을 때, 지금의 어른들처럼 하지는 말자'이다. 어찌 보면 지극히 소극적인 듯 하기도 하지만 가장 확실한 방법이 상정되어 있는 것이다. 가장 현실적인 마지노선을 설정해 놓고 그 이상의 것까지 꿈꾸려 한다.

새로운 변화를 위한 모의가 진행되는 사이버 스페이스로 모이자. 그러면 잠재된 변화의 힘은 증폭될 것이며, 그 힘은 우리가 직면한 교육 문제 해결의 촉매제로 작용하게 될 것이다.

■ 글쓴이 김한울은 78년생. 지금은 대학교 일학년이다. 통신은 중학교 때부터 했다. 고등학교 때 '하이텔 학생복지회'(학복회) 발기인이 됐다. 교육 문제를 학생 중심으로 파악하면서 교내 인권 유린이나 학교 밖에서의 청소년 위상에 대해 관심이 많다. 한마디로 청소년을 어리게 보는 시각을 싫어 하며, 학생 편의를 무시한 교사 혹은 행정 중심의 교육 정책에 문제 의식을 느낀다.

아이들이 간 학교
그들을 둘러싼 환경

어느 날
걸려온 전화

원한과 양심의 가책은 동전의
양면일 뿐이다. 중요한 것은 이의를
제기하는 것이다. 언제나 목적을
잃어버리지 않는 것이다.
증오는 그리고 양심의 가책은 언제나
우리에게 우리가 가야할 길을 잃게 만든다.

송재희

잠이 막 들려는 찰나, 전화벨이 울렸다. 아내와 나는 서로 눈치를 봤다. 전화기
는 내 옆에 있었다. 결국 내가 수화기를 들었다. 수화기 너머로 익숙한 목소리
가 들렸다.

  ― 선생님 저 형군데요.

  = 어, 형구. 그래 웬일이니? 공부하다 걸었니?

  ― 아뇨. 뭣 좀 의논할 게 있어서요.

  = 그래 뭔데?

  ― 저희 학교가 남녀 공학이잖아요. 얼마 전에 극기 훈련을 가서 여자애를
하나 만났거든요.

  = 그래? 남녀 공학이면, 극기 훈련도 같이 갔겠네. 재밌었겠다….

  ― 예. 근데 전 별 신경을 쓰지 않았어요. 근데 훈련 끝나고 돌아와서 얼마
있다가 학교 도서실에서 공부하고 있는데 그 여자애가 편지를 보낸 거예요.

  = 그 여자? 무슨 소리야 밑도 끝도 없이.

  ― 극기 훈련 가서 만난 여자요. 사실 말도 나눠 보지 못했어요.

  = 하하, 말하자면 눈만 맞은 사이구나.

- 그렇게 되나요? 사실… 잘 모르겠어요.

= 근데, 지금 바깥이냐? 차소리 같은 게 들리네.

- 예. 집에서 전화하기 뭐해서요. 아무튼요 그랬는데요.

= 그래, 계속해 봐.

- 사실 전 그 애를 잘 몰라요. 그리구 그렇게 마음이 끌리는 것도 아니구. 근데, 편지를 받아보니까. 묘한 감정이 생기는 거예요. 뭐 강렬하진 않아요. 거절할까도 생각했는데 군이 그럴 필요 없을 거 같더라구요. 이상한 연민 같은 것도 생기구요. 특별히 문제될 것도 없어서. 답장을 하게 됐어요. 그리고 일주일에 한두 통 정도의 편지가 왕래하기 시작했죠. 만난 적은 없어요.

= 그건 일종의 펜팔 같은 거네.

- 그런 셈이죠.

= 근데 편지는 어떻게 주고받았니?

- 도서실에서 공부하잖아요. 밤 늦게까지.

= 아! 그렇구나. 흠— 괜찮은 도서실 공부구만 하하… 근데 왜?

- 사실 걔한테서 온 편지를 책꽂이 한 편에 잘 모아 두었거든요. 가끔 그냥 꺼내서 읽어 보기도 하구요. 손이 쉽게 닿는 데다 말예요. 근데, 며칠 전인가 편지가 놓여진 상태가 좀 이상한 거예요. 누군가 뒤져본 흔적이 있더라구요. 엄마일 거라는 짐작은 갔지만 그래도 긴가민가 해서 그냥 넘어갔어요. 그리구 편지는 그대로 두고 편지들 사이에 이 편지 뒤지는 사람이 있다면 그렇게 하지 말라는 내용의 쪽지를 써 놨어요.

= 그래? 하하. 일종의 경고군.

- 그런 셈이죠. 근데 오늘 문제가 터진 거예요. 엄마가 스스로 말하시더라구요. 전 화가 머리끝까지 났어요.

= 엄마는 뭐라시는데.

- 뭐 그런 거 있잖아요. 왜 사전에 말하고 사귀지 않았냐. 처음엔 그렇게 시작하더라구요. 난 말할 가치도 없었던 건데.

= 그리고?

― 그리고 나서는 니가 지금 이럴 때냐. 입시가 일 년밖에 남지 않았다. 뭐 그런 잔소리들 있잖아요.

= 그래, 그래서 싸웠어?

― 뭐 싸운다고 되는 건가요. 그냥 집을 나갈까 생각중이예요. 아니, 생각중이 아니라, 지금 짐싸갖고 나왔어요. 사실, 며칠 전에 친구에게 잠자리를 부탁했었거든요. 그냥 느낌이 안 좋아서요.

= 그래서 지금 가방 들고 있냐?

― 예.

= 근데, 전화는 왜 했어?

― 그냥, 선생님과 의논하고 싶어서요. 전에도 집 나온 적이 있거든요. 그땐 의논할 사람이 없었어요. 그냥 의논하고 싶었어요.

= 왜, 내가 집에 들어가라고 할 것 같았냐? 내 핑계대고 들어가고 싶어? 들어가라고 할까?

― 아뇨. 그런 건 아니구. 선생님이 무슨 문제 있으면 언제든 전화하라고 하셨잖아요.

= 그래, 어떡할 건데?

― 그걸 묻고 싶어요.

= 후우… 그래… 보자… 어차피 싸움은 벌어진 거구. 일단 벌어진 싸움이니 져서는 안될 거 같구. 그러면 일단 대차대조표를 짜봐야겠네.

― 네?

= 대차대조표 말야. 손해 보는 장사하면 안되잖아. 싸움이 일단 벌어졌으면 이겨야지 지면 안되잖아. 너도 그거 때문에 나한테 전화한 걸 거구.

― 그건 그래요. 어떡하죠?

= 싸움이 벌어졌다면 우선 잘잘못을 가려야 하지 않겠어? 명분이 좋아야 싸움에서도 이기는 거고. 누가 잘못한 거 같아?

— 무슨 얘기죠? 당연히 엄마가 잘못했죠. 남의 편지를 함부로 뒤지고, 미안하다는 소리도 안하고, 그것 때문에 공부 방해 되는 것도 아닌데….

= 엄마가 남이니? 내가 니 엄마라면 섭섭하겠다.

— 남은 아니지만… 그래도 엄마는 엄마고, 나는 나잖아요. 왜 그런 것까지 간섭하는 거죠. 전 참을 수가 없어요.

= 니 프라이버시를 침해했다 이거지?

— 네.

= 니가 공부 못하니까 그러는 거 아냐? 그러니까….

— 알아요. 무슨 말인지… 그렇게도 생각해 봤어요. 하지만 공부 못한다고 인간도 아닌가요? 그리고 선생님 만나고부터 공부 열심히 하려고 한단 말예요. 물론 맘처럼 되지는 않아요. 하지만 그 편지 때문에 공부 안하는 건 아녜요.

= 엄마가 그걸 믿을 수 있을까? 입장을 바꿔서 생각해 봐. 너라면 니 자식이 공부도 못하는데 여자한테 편지나 온다면 어떡하겠니? 그거 때문에 공부 안하는 거라고 생각하지 않겠어?

— 네. 저라도 그럴 거예요. 하지만 제가 엄마한테 말했거든요. 그런 거는 아니라고. 난 말할 가치도 없어서 말하지 않은 거라고. 그러면 믿어 줘야죠. 그리고 저는 아무리 제 자식이라도 남의 편지를 그렇게 함부로 뒤지지는 않아요. 아니, 않을 거예요. 아니, 모르죠. 홧김에 그럴수도 있을지. 하지만 만일 오늘 같은 일이 있었다면 사과했을 거예요. 절대로 대학이나 공부 운운은 안했을 거예요. 그건 다른 문제잖아요.

= 차원이 다른 문제라….

— 예, 전 그렇게 생각해요. 공부하고 이거는 다르다고.

= 좋아. 정리해 보자. 니가 지금 화가 난 건 엄마가 네 편지를 함부로 뒤지고, 나중에 사과하지도 않고, 또 공부하라고 잔소리하고 그런 거 때문이야?

— 공부하라고 잔소리 하는 거는 아니예요. 그거야 나라도 그러겠죠. 내 자식이 원하는 만큼 성적이 안 나오면 나라도 그럴 거예요. 그치만 공부 못한다고

사람 취급 안하는 거는 잘못된 거 아니예요. 다른 사람은 몰라도 내 엄마가 말예요.

= 그러면 결정적인 이유는 엄마가 네 편지를 무단으로 뒤졌다는 거겠네.

- 아니요. 그것보다는 그런 행위를 너무나 당연하게 여기는 엄마의 태도 때문이예요.

= 음… 그렇다면, 엄마가 네 생활에 깊숙이 관여해 들어오는 것이 싫은 거구나.

- 네.

= 좋아 그러면 싸움의 목표는 정해졌네. 그러니까 너는 엄마가 네 생활에 깊숙히 관여하지 말라는 경고의 뜻으로 집을 나가겠다는 거지?

- 얘기가 그렇게 되나요? 맞아요.

= 우선 너는 지금 네 생각이 잘못됐다고 생각하지는 않니? 그러니까 미성년자인 너의 생활을 엄마가 간섭하고, 챙겨주고, 선의의 뜻으로 개입하는 것에 대해서 반대하는 네 생각이 잘못됐다고는 생각하지 않아?

- 저도 그렇게 생각해 봤어요. 백 번을 양보해서 말예요. 하지만 제가 엄마에게 그 애 때문에 성적이 떨어진 건 아니다, 그건 문제가 되지 않는다, 그리고 이런 식으로 내 편지를 뒤진 건 기분 나쁘다, 나는 지금 성적을 얘기하는 게 아니라 엄마가 내 편지를 함부로 뒤진 것에 대해 말하고 있는 거다, 뭐 이런 식으로 얘기했는데도 엄마가 성적 얘기만 한다면 그걸 선의의 뜻이라고 해석할 수 있나요?

= 그래….

- 선생님 전 왜 공부해야 하는지 알아요. 아무리 개겨 봤자 대학 안 가면 사람 취급 안 받는 거 다 알아요. 또 선생님 말씀대로 대학에 가서 제가 하고 싶은 얘기 다 하면서 살고 싶어요. 기분 나쁘면 기분 나쁘다, 틀린 건 틀렸다, 아닌 건 아니다, 그렇게 말예요. 어쨌든 대학은 가야지요. 그것도 좋은 대학 말예요. 하지만 전 엄마가 아니라구요. 내 공부는 내가 알아서 해요. 물론 맘처럼

되는 건 아니예요. 하지만 엄마가 그런 식으로 나온다고 안되는 공부가 되는 건 아니라는 거죠. 문득 이런 생각까지도 들었어요. 조금 지난 후에 생각해 보니까 끔찍한 상상이었지만요….

= 뭔데?

- 그게… 그러니까 엄마가 나를 위해서 그러는 게 아니라, 엄마만을 위해서 그러는 거 아닌가 하는 생각 말예요.

= 야, 임마. 그게 무슨 소리냐?

- 그러니까 제가 끔찍한 상상이랬죠. 문득 그런 생각이 들었어요. 그냥 말예요. 나중에 나에게 할일 다했다, 뭐 이런 얘기하려고 저러는 거 아닌가 하는 생각이요. 그게 아니라면 어떻게 그렇게 막무가내일 수 있는 거죠. 정말 나를 위해서 그러는 거라면 어떻게 그럴 수가 있어요?

= 야, 너 이런 거 아니?

- 뭐죠?

= 내 친구가 하나 있는데 이 친구가 가끔 이런 얘기를 하더라구. 이 친구 애가 하나 있거든. 근데 그 애를 보면 가끔 자기같다는 느낌이 든대. 그러니까 자기와 닮았다는 뜻이 아니라, 그냥 자기의 분신 아니 자기의 일부같다는 느낌이 든다는 거야. 그런 느낌이 들 때마다 이래선 안되지, 쟤가 나일 수는 없지 하는 생각을 한다는 거야. 아마 니 어머니도 그랬나 보다. 너를 자기라고 생각하나 봐. 자기가 자기 말을 안 들으면 얼마나 화가 나니. 내 팔에게 내가 움직이라고 명령했는데 가만 있어 봐. 정말 화나지 않겠니? 공부가 문제가 아니라, 니 생활 태도에 대해서 문제를 삼은 거겠지. 그리고, 니 사고 방식도 문제가 있어.

- 무슨 문제요?

= 야 임마 너 지금 얘기하는 태도가 공부만 잘하면 됐지 무슨 말이 그래 많냐 하는 식이잖아. 공부만 잘하면 야밤에 홀딱 벗고 춤추든, 빤스만 입고 길거리를 뛰어다니든 내버려 두라는 거잖아. 지금 니 얘기가 그런 거잖아. 그게 말이 되냐?

- 그게 그렇게 되나요?

= 그래 임마. 물론 자기 자식을 자신과 동일시하는 어머니들도 문제가 있지. 하지만 니 태도는 그게 뭐냐? 공부 못하는 이유는 그게 아니다, 그러니까 날 좀 제발 그만 내버려 둬라. 난 엄마가 아니다. 게다가 엄마가 단지 나중에 너에게 욕먹고 싶지 않아서. 그러니까 할일 다했다는 소리 듣고 싶어서 그러는 거 같다는 상상까지 말야. 무슨 소린지 알겠어?

- 예, 그렇네요.

= 참 문제다. 이놈의 입시라는 게 이제는 자식하고 부모 관계까지 갈라 놓을 모양이다… 좋아 그건 그렇고, 이 얘긴 나중에 논술 토론 시간에 정식으로 다뤄보기로 하고, 우선 니가 지금 어떻게 해야 하는지부터 결정해야지?

- 예. 어떻게 할까요?

= 너 말야. 어쨌거나 엄마가 그렇게 막무가내 식으로 니 삶에 간섭해 들어오는 거 싫다는 거지? 그리고 이제는 도저히 못참겠다는 거지?

- 예. 그래요. 좀전에 선생님이 하신 말씀이 무슨 뜻인지 알겠거든요. 저도 문제가 있는 거 같아요. 하지만 도저히 못참겠어요. 제가 잘못 생각한 건 한 거고, 이건 이거라는 생각이 들어요.

= 그래 좋아. 그러면 너 집 나간 다음에 다시는 집에 들어오지 않을 자신 있어?

- 그건… 불가능하죠. 제가 돈도 없고, 그렇다고 완전히 제 미래를 망칠 생각도 없구요. 하지만 선생님.

= 왜?

- 그래서 제가 경고용이라고 했잖아요. 일종의 시위 같은 거죠. 말로 해서는 안되니까 몸으로 보여주는.

= 그러니까 대학생들이 데모하듯이 말이지?

- 예.

= 너 집 나간 다음에 엄마한테 무릎 꿇지 않고 당당하게 돌아올 자신 있어?

며칠이건 몇 달이건 지나서 희쭈구리해서 집에 들어가지 않을 자신 있냐고? 너 대학 포기할 수 없대매?

— 후… 무슨 소린지 알겠어요. 사실… 선생님 아니었으면 대학교 포기했을지도 몰라요. 저항도 현실적이어야 한다는 말씀 말예요. 근데 그게 이렇게 돌아오나요? 좀 화가 나는데요.

= 화나니? 대학 가기로 결정한 게?

— 예. 조금요.

= 왜? 원인이 뭔데. 지금 하고 싶은 거 못해서. 엄마한테 보란 듯이 복수하고 싶은데 그거 못해서?

— 아니요. 그게 아니라….

= 그게 아니면 뭐야? 니가 집 나가겠다는 이유는 엄마가 다시는 네 편지에 손대지 말라는 경고용이라며?

— 예.

= 근데 임마, 대학 포기할 수 없어서, 그러니까 어떡해서든 공부는 해야 하고, 어떡해서든 학교는 다녀야 하고, 그래서 집 나가서 며칠이고 몇 달이고 니 엄마가 너한테 와서 사정할 때까지 버틸 수 없다는 판단이 드니까 이제 화가 난다고? 그게 뭐야. 말이 돼?

— ….

= 야 임마. 듣고 있어?

— …예.

= 그건 말이 안되잖아. 일종의 시위 같은 거라는 거는 니 말뿐이고, 사실은 엄마가 미워서, 엄마한테 복수하기 위해서, 그러니까 엄마를 괴롭히고 싶어서 나가겠다는 거잖아. 그거 아냐?

— 아니요. 그건 아닌데… 사실은… 그래요. 그런 점도 없지 않아 있었어요. 사실… 그래요. 맞아요 복수하고 싶었어요. 선생님 어떡하죠?….

= 너, 우니?

— ….

= 누가 진짜 나쁜 거야? 알잖아.

— 선생님 말씀이 맞겠죠. 제도요. 엄마와 나 사이를 갈라놓는. 하지만 힘들어요. 알면서도 엄마가 미울 때가 있어요. 정말 화가 날 때가 있어요.

= 너 내가 전에 준 시 같기도 하고, 아주 짧은 소설 같기도 한 글 기억나니?

— 무지개 얘기요?

= 그래.

— 기억나요.

= 지금 그거랑 상황이 딱 맞는 거 알아?

— 그렇네요.

= 너는 무지개가 뜨는 곳으로 가고 있는 거야. 누가 방해하면 싸우는 거지. 하지만 명심해. 니가 싸우는 이유는 그가 길을 막고 있기 때문이지 그가 미워서가 아니야. 길을 막는 사람을 미워하기 시작하면 나중엔 왜 싸우는지도 모른 채 싸우게 된다고. 알겠어? 그렇게 인생을 살아가는 사람들이 얼마나 많니? 왜 사는지도 모르면서 그냥 자기들이 살아왔던 과거의 노예가 돼서 그냥 습관적으로 살아가는 사람들 말야. 너 그렇게 살아야겠니?

— 아니요. 그럴 수는 없죠.

= 그래, 어떡할래?

— 뭘 어떡해요. 들어가야지. 가서 얌전히 공부해야죠. 하하….

= 야, 너 울다가 웃으면 똥구멍에 털난다. 하하….

— 선생님.

= 이게 왜 갑자기 다정스럽게 불러. 징그럽다 임마.

— 똥구멍에 털난 사람이 섹시하대요.

= 뭐? 너 죽을래? 이게 선생님을 앞에 두고.

— 하하… 선생님 고맙습니다.

= 뭐가 임마.

─ 그래요. 대학에 들어가면 많은 문제가 해결되겠죠. 아니 해결되지 않을지도 몰라요. 하지만 최소한 지금처럼 하고 싶은 말도 못하고, 하고 싶은 것도 못하고, 최소한의 자유도 누리지 못하지는 않겠죠. 최소한 아닌 건 아니라고 말할 수 있잖아요. 그죠?

= 뭐, 완벽하게 그런 건 아니지만 고등학교 때와는 차원이 다르겠지.

─ 저, 사실 우리 엄마 무지하게 좋아해요. 저 위해서 고생하시는 거 보면, 정말 미안해요. 그게 가끔은 이렇게 미움으로 바뀌나 봐요.

= 야. 너…

─ 알아요. 선생님 우리가 미워해야 할 진짜 나쁜 거는 이 입시제도라는 굴레라는 거 말예요. 구체적인 개인이 아니라 말예요. 이제 다시는 잊어버리지 않을게요.

= 그래, 나중에 대학 가서도 잊지 말아라. 대부분 대학 가면 너무 재미있는 거에 신경 쓰다가 잊어 버리거든. 아니, 나이를 먹어서 니가 너만한 자식을 키울 때도 잊어먹지 마라. 평생 말야. 사람을 미워하지 말고 사람과 사람의 관계를 그렇게 만든 근본적인 원인을 미워해야 한다는 거 말야.

─ 예.

= 그래 늦었다. 들어가려면 일찍 들어가야지.

─ 예. 선생님 안녕히 계세요. 감사합니다.

= 그래 끊자.

전화를 끊었다. 아내가 잠결에 묻는다.

"걔 집 나가겠대요?"

"응. 근데 다시 들어가기로 했어. 애들이 엄마들보다 더 어른스러운 거 같아."

"철없는 엄마들 참 많아요. 나, 잘래."

"그래, 잘 자."

아내는 세상 모르고 잠에 빠져 들었다. 나는 그날 밤 한잠도 자지 못했다.

어떤 사람은 이런 질문을 할지도 모르겠다. "이 얘기 사실입니까? 실제로 있었던 얘기를 글로 쓴 거예요?" 나도 잘 모르겠다. 사실인지 아닌지는. 하지만 분명한 것은 지어낸 이야기지만, 실제로 있었던 일이라고 거짓말을 한다 해도 모두가 믿을 것이라는 우리의 현실이다. 이 나라 이 땅의 비인간적인 교육제도의 현실이 만들어낸 비극적인 현실이다. 지어낸 이야기일 수도 있고, 아닐 수도 있다. 그런 것은 신경 쓰지 말자. 다만 우리 아이들이 자기들의 엄마를 어떻게 바라보는지, 얼마나 미워하고 증오할 수 있는지를 한번쯤 생각해 볼 기회가 되었다면 그것으로 충분하지 않겠는가?

참고로 내가 그 학생에게 준 글을 아래에 소개하겠다. 만일 위의 이야기가 지어낸 이야기라면, 나는 집을 나가겠다고 그것도 자기의 부모들이 너무나 미워서 자신을 타락시키겠다고 결심한 아이들에게 아래의 글을 주고 싶었을 것이다. 만일 위의 이야기가 사실이라면 나는 지금도 많은 아이들에게 아래의 글을 보여주고 있을 것이다.

세상에 절망만큼 사악한 것은 없다

한 사내가 길을 걷고 있었다. 어디선가 거인이 나타났다. 사내가 말했다. "길을 비켜 주시오" 거인이 말했다. "싫은데…" 사내는 난감했다. 사내는 그 길을 가야 했다. 사내는 혹시 돌아서 갈 길이 없나 살폈다. 사내는 폭력이 싫었다. 싸우면 질지 이길지는 모르겠다. 그러나 사내는 승패에는 관심이 없었다. 사내가 관심 있는 것은 오직 하나, 저 길을 가야만 한다는 것이다.

돌아갈 길은 없었다. 그때 사내의 뒤로 누군가 한 사람이 달려왔다. 그 친구가 말했다. "왜? 안 가고 뭐하나?" 사내가 친구에게 눈짓으로 말했다. 친구가 거인을 보았고, 그는 모든 사태를 짐작했다. 친구도 돌아갈 수 있는 길을 찾았다. 친구도 싸우고 싶지는 않았다. 그러나 길은 없었다. 친구가 먼저 거인에게 달려들었다. "이봐 길을 비키라니까. 우리는 이 길을 가야 한다구." 거인이 말했다. "글쎄 싫다니까." 다시 친구가 말했다. "이봐 길을 비키지 않으면 힘을 쓸 수밖에 없어." 거인이 말했다. "어쭈구리? 폭력을 쓰시려고. 이거 참. 아직도 폭력을 운운하는 놈들이 다 있네. 그래 니들 싸움 잘하나 본데 어디 한 번 휘둘러 보시지." 거인은 꿈쩍 않은 채 온몸에서 전의를 뿜어냈다. 거인의 몸에서 피냄새가 났다.

친구는 웃통을 벗어 제쳤다. "세상에 적반하장도 유분수지. 남의 길을 막아 놓고선 폭력이 어쩌고 어째?" 사내가 말했다. "왜 이러나 이 사람아. 우선 말로 해봐야지. 자네는 여기서 기다리게. 내가 어떻게 해볼 테니. 어디 돌아갈 길이라도 있을지 모르잖아." 사내의 만류가 하도 간곡해서 친구는 다시 옷을 입을 수밖에 없었다.

사내가 거인에게 다가갔다. "왜 길을 막는 거요?" 거인은 사내의 행동이 흡족한 듯 웃으며 말했다. "그냥, 내가 먼저 왔으니까. 내 맘이지 뭐. 먼저 온 사람이 임자 아냐?" 사내가 어이가 없다는 듯 웃으며 말했다. "아니 이것 보시오. 먼저 온 것은 뭐고, 임자는 또 뭐요. 여기는 그냥 사람들이 지나가는 길일 뿐이오. 임자가 어디 있단 말이요." 거인의 표정이 일그러졌다. "뭐야? 이봐. 무릇 모든 것엔 주인이 있는 법. 먼저 온 내가 당연히 당신들보다는 많은 권리가 있어야지. 안 그래? 세상의 이치가 그렇잖아. 이것들이 순 도둑놈 심보들 아냐. 순 거저 먹으려고 그러는구만. 내가 먼저 왔으니 여기는 내 꺼야. 알겠어?"

좀 떨어진 곳에서 거인이 하는 수작을 보던 친구가 입에 거품을 물면서 달려왔다. "뭐 어쩌고 어째. 이런 무도한 놈 같으니…" 사내가 놀라며 말했다. "이 사람아. 자네는 그게 문제야. 왜 쓸데없이 싸우려고 하나. 좀 기다리라니까…" 친구는 어이가 없다며 사내에게 말했다. "왜 나만 가지고 그러는 거야. 저놈 하는 수작 좀 보라고. 우린 바쁘다고. 빨리 길을 가야지… 자네 겁나? 걱정하지 말게. 자네하고 나하고 힘을 합하면 쉽게 이길 수 있어. 얼른 처리하고 가자고." 친구의 기세는 당당했다.

사내가 갑자기 정색을 했다. "이런 사람하구는… 우리가 이 길을 가자는 게 바로 그런 것을 없애려고 하는 거잖아. 그래, 저 친구를 때려눕히고 이 길을 가도 괜찮은 건가? 왜 쓸데없이 사람을 상하게 하나? 안돼 돌아가는 길이 있을 거야. 내 물어 보지. 그러고 나서 생각해 봄세. 잠시만 참아. 그 성질 좀 죽이라구. 알겠나?" 친구가 뭐라고 말하려는 찰나 사내는 다시 거인을 향해 돌아섰다. 해가 벌써 중천을 지나 서쪽을 향해 부지런히 걸음을 옮기고 있었다.

"이봐요. 그러면 혹시 돌아가는 길이라도 있소?" 거인이 턱도 없는 소리는 하지도 말라는 듯 한마디를 씹어 뱉었다. "알면 내 친구나 동생이나 다른 사람을 그리로 보내지 왜 당신들에게 알려줘. 이건 순 도둑놈들이라니까. 왜 남의 것을 돈도 안 주고 가로챌려고 그래. 안돼. 몰라. 알아서 해. 난 여기서 못 비키니까. 알았어?"

드디어 친구가 거인에게 달려들었다. 사내는 머뭇거렸다. 사내는 피가 싫었다. 이렇게까지 싸우면서, 이렇게까지 악다구니 쓰면서 이 길을 가야 하는 건지 의문이었다. 그때 사내의 옆에 친구의 잘려진 모가지가 떨어졌다. 붉은 선혈이 햇볕을 가렸다. 사방에서 피냄새가 진동했다. 사내가 거인을 돌아보았다. 거인은 친구의 몸뚱이를 들고 하늘을 향해 웃고 있었다. "하하하… 어딜 감히, 여긴 내 자리야. 그리고 내가 먼저 왔고. 나도 여기 차지하려고 얼마나 힘들게 달려왔는지 알아? 물론 더 가고 싶었지. 하지만 여기가 좋아. 여기는 내 꺼니까. 내 꺼면 돼. 자네들 저 멀리 무지개를 잡으려고 왔나? 무지개는 없으니까 돌아가. 이렇게 피곤죽 되기 전에 말야. 알아든것어?"

사내는 아무것도 보이지 않았다. 미친 듯이 거인에게 달려들었다. 친구의 죽음에 사내는 정신이 나갔다. 정신 나간 사람은 언제나 놀라운 투혼을 보이는 법이다. 단 한 걸음도 움직일 것 같지 않았던 거인의 발길이 떨어지기 시작했다. 조금 후, 해가 서쪽으로 거의 다가갔을 즈음 거인은 이미 길을 열어 주고 있었다. 그러나 사내는 공격을 멈추지 않았다.

사내는 이미 자신이 가야 할 길에 대해서는 까맣게 잊어버렸다. 사내가 싸우는 이유는 거인이 자신의 친구를 죽였기 때문이었다. 거인이 무지개로 통하는 길을 막았기 때문이 아니라. 사내는 복수의 화신이 되어서 거인을 공격했다. 갑자기 소나기가 쏟아졌다. 빗속에서의 전투는 사내를 더욱더 용맹하게 만들었다. 사내는 그 소나기가 죽은 친구의 원통한 눈물이라고 생각했다. 사내는 온갖 죄의식에 물들어 자신의 목숨을 돌보지 않고 싸웠다.

소나기가 그쳤다. 저 멀리 길이 끝나는 지점에 두둥실 무지개가 떠올랐다. 모든 사람들에게 이리 오라며 아름답게 손짓했다. 그러나 사내의 눈엔 그 아름다운 무지개가 들어오지 않았다. 사내의 목표는 오직 하나, 거인의 모가지였다. 사내의 날쌘 손아귀가 드디어 거인의 목줄기를 움켜잡았다. 사내는 단호한 표정으로 비틀었고, 거인은 자신의 거대한 몸뚱이를 땅에 뉘었다.

해가 완전히 졌고, 무지개는 사라졌다. 사내는 눈물을 뿌리며 친구의 시신을 수습했고, 거인의 시신도 묻어 줬다. 그리고 사내는 그 길에 오두막을 짓고 지나가는 사람들을 쉬어 가게 했다. 가끔 사람들이 그 사내의 집에 찾아 들면 사내는 말했다. 이 길을 가다 보면 거인이 있고, 그 거인과 싸우다 보면 한평생이 다 가는 것이라고. 무지개는 환상이라고, 자기도 무지개가 있다는 전설은 들었고, 그 전설을 따라 평생 길을 걸었지만 결국 무지개를 본 적은 한 번도 없다고, 얻은 것이 있다면 사랑하는 친구의 죽음과, 그 죽음에 대한 증오와, 용서하지 못해 결국 사람을 죽인 자신에 대한 증오뿐이라고….

많은 사람들이 발길을 돌렸다. 무지개를 한 번도 본 적이 없다는 위대한 대선배의 충고에 많은 사람들이 자신의 꿈을 포기했다.

이제 그 길에는 난폭한 거인은 없다. 다만, 거인을 때려눕혀 유명해진 왜소한 체구의 사내가 있을 뿐이다. 그런데 사람들은 그 길을 넘어서지 못했다. 거인의 무기는 폭력이었지만, 사내의 무기는 절망이었다. 단 한 번도 무지개를 본 적이 없다는 절망적인 증언.

"세상에 대해 말하지 마라. 왜 나에게 쇠사슬을 씌웠느냐고. 단지 당신이 당신의 쇠사슬을 벗으면 된다. 그뿐이다. 혹시 당신이 스스로 쇠사슬을 벗으려고 하는데 세상이 그것을 거부한다면 그때 세상에 대해 말하라. 나에겐 이 쇠사슬이 필요없다고.

그리고 그때 싸워라. 반드시 그 반대는 아니다. 쇠사슬을 벗기 위해 세상과 싸우는 것이지, 세상에 복수하기 위해 쇠사슬을 벗는 것은 아니니까."

왜 우리가 용서와 화해를 입에 담아야 할까? 우리가 남을 미워한 적이 있는가? 우리는 그냥 우리 길을 가려고 한 것뿐인데, 길을 막기에 옆으로 비키라고 한 것뿐인데, 옆으로 비키지 않기에 싸운 것뿐인데….

세상에 절망만큼 사악한 것은 없다.

그 아이는 — 만약 위의 대화가 사실에 기초한 것이라면 — 틀림없이 이 이야기를 알아들었을 것이다. 원한과 양심의 가책은 동전의 양면일 뿐이다. 중요한 것은 이의를 제기하는 것이다. 중요한 것은 언제나 목적을 잃어버리지 않는 것이다. 증오는 그리고 양심의 가책은 언제나 우리에게 우리가 가야할 길을 잃게 만든다.

■ 글쓴이 송재희는 1962년 경기도 이천 장호원에서 태어났다. 1993년 "신세대 : 네 멋대로 해라"를 발표하면서 본격적인 글쓰기를 시작했다. 이것저것 여러 권의 책을 집필했고, 영화 시나리오도 하나 썼다. 현재, 케이블 TV의 다솜방송(채널 26)에서 「논술을 잡아라」라는 논술 프로그램의 강사로 일하고 있으며, 작은 학원에서 아이들을 가르치고 있다.

새로 쓰는
교무 일지

이경애

아이들은 어른들의 계획에
수동적으로 반응만 하는 존재가
아니라 어른들과 마찬가지로
매일매일 수많은 외적, 내적 자극
속에서 스스로 자신들이 편하게 살
공간을 찾아 부산스럽게 움직이며
여러 가지 경험들을 만들어 나가는
존재라고 생각해야 한다.

아이들에게 말 걸기

요즘 나의 일과는 교무실 앞 복도에 죽 늘어서 있는 아이들과 아침 인사를 하는 것에서부터 시작된다. 교무실 내 자리 옆의 빈 공간은 교실에 있던 자기 책상을 가져다 놓고 벌을 받는 아이들로 잠시도 빌 틈이 없다. 아이들은 보통 일주일 이상씩 나와 함께 생활하는 셈이다. 그 아이들은 하루 종일 교무실에서 반성문을 쓰거나 청소를 하거나 교과서를 들여다보며 시간을 보내다 담임 선생님과 학생부 선생님의 지도를 받는다. 억지로 교무실에서, 책상 앞에 앉아 있기는 하지만 하루 종일 벽만 바라보거나 책상 위에 얼굴을 파묻고 지낸다. 불과 2 - 3년 전만 해도 교무실에서 벌을 받고 있는 아이들은 몇몇 눈에 뜨일 정도였다. 그런데 작년과 올해엔 유달리 교무실이 시끄럽다. 벌 받는 이유들도 다양하고 아이들도 벌 받는 것을 그다지 부끄러워하지 않는다. 아이들이 그럴 때마다 교사들은 "아이들이 왜 그러지? 정말 이해할 수가 없어"라고 말하지만 더이상 이야기가 이어지지는 않는다. 아이들이 왜 그러는지 또 교사들이 어떻게 해야 할지 잘 모르기 때문이다.

나 역시 오랫동안 교사 생활을 해왔지만 요즘 들어서는 아이들을 제대로 알고 있지 못하다는 생각이 자주 들었다. 수업 시간에 정물처럼 앉아 있던 아이들이 수업 종이 끝남과 동시에 언제 그랬더냐 싶게 와자지껄하게 튀어 나가는 것을 보면서, 수업 시간에 친구들에게 쓰는 쪽지들의 현란한 내용들을 보면서, 교사들을 성토하는 살벌한 언어들을 대하면서, 또 몇 번 결석을 하더니 슬그머니 사라지는 아이들을 보면서, 담임 선생님이 '한번만 더…' 어쩌고 하면서 자퇴 원서를 들이대도 아이들이 눈 하나 깜짝하지 않는 것을 보면서, 아이들이 어쩌다 툭툭 내뱉는 말들로 마음의 상처를 받으면서, 나는 나 자신에 대해 다시 생각해 보게 되었다. 나는 여태껏 가르치는 대상에 대한 진정한 관심이나 이해 없이 그저 대량 생산 체제 방식의 수업 진도 계획에만 파묻혀 지내 오지 않았나 하는 생각이 들기 시작했다. 부끄럽지만 아이들을 잘 모른다는 사실을 사실대로 인정하고 나니 마음이 편해지고 오히려 '아이들을 알고 싶다! 아이들과 사귀고 싶다!'는 바람이 생겼다.

사실 나는 아이들하고 이야기하는 것을 좋아하는 편이다. 그러나 아이들하고 이야기하는 법을 몰라서 그런지 아이들하고 이야기를 하려면 곧잘 훈계조가 되어 버려 아이들은 그저 예, 아니요만 하다 자리를 뜨곤 했다. 나의 빈약한 감성 때문이었다. 그래서 나는 우선 나부터 마음을 열어 아이들 말대로 담탱이(담임 선생님) 같은 말투를 버리고 특정한 시간에 특정한 장소가 아니라 친구처럼 늘 일상적으로 아이들과 이야기하려고 노력했다. 아이들이 이야기하고자 원한다면 가능한 한 시간을 아끼지 않고 이야기했다. 그러면서 나는 서서히 아이들과 이야기하는 것이 즐거워졌다. 아이들과 말이 통하는 즐거움은 그 어떤 것보다 값지고 보람되었다. 그러나 아이들과 이야기하면 할수록 내 마음은 더 복잡해졌다. 아이들이 현재 가지고 있는 생각들과 행동 패턴을 어떻게 바라볼 것인가 또 그것을 어떻게 바람직한 행동과 생각으로 이끌어 낼 것인가 하는 원론적인 고민이 생겼다. 그 고민은 물론 하루아침에 해결될 것들이 아니었다. 아이들과 잘 사귀면서 서서히 생각해 보려 했다.

내가 자주 만나는 아이들은 스스로 이야깃거리를 부탁 사항으로 가지고 오는 아이들과 수업 시간에 특별히 눈에 띄는 행동을 해서 주의를 기울여야 하는 아이들과 교무실에서 처벌을 받는 아이들이다. 스스로 찾아오는 아이들은 대개 아주 명랑하고 성실한 학생들이다. 영화 이야기나 새로 사귄 남자 친구 이야기, 글(숙제, 영화평, 자서전, 항의문 등등)을 써서 가져와서 이야기하기도 한다. 하루 일과의 피로를 말끔히 씻겨 가게 하는 청량제 같은 아이들이다. 그런데 내가 불러서 이야기해 보는 아이들은 여간 까다로운 것이 아니다. 교무실에 불려 내려왔다는 부담감 때문인지 아이들은 잘 이야기하지 않는다. 한 시간 정도 이야기 하다 보면 아이들의 여러 가지 반응이나 짧은 말 속에 들어 있는 숨은 뜻을 찾는 것으로 이해할 수밖에 없는 경우가 많다. 아이들은 잔뜩 긴장하고 있다가 마음이 좀 풀리면 이것저것 이야기하기도 하지만 쉽게 속을 내비치지는 않는다. 그리고 교무실에 벌 받고 있다가 내가 말을 걸어 알게 되는 아이들은 대부분 무료한 시간이라서 그런지 이야기들을 잘하는 편이다. 이미 자신들의 문제는 선생님들이 알 만큼 알 것이라는 생각에서인지 쉽게 자신들의 이야기를 하면서 별로 숨기지도 않는다. 처벌받는 기간 만큼 지속적으로 이야기할 수 있지만 이런 경우엔 다른 선생님들의 눈치가 좀 보인다. 엄격하게 아이들을 다루고 있는 담임 선생님이나 학생부 선생님이 있을 경우엔 미리 그 아이에 대해 이야기를 나누고 허락을 받아야 한다. 그렇지 않으면 아이들과 조용히 이야기하는 것이 오히려 아이들 지도에 방해가 된다고 생각을 하는 선생님들에게 오해를 살 수 있다. 나도 아이들과 이야기를 해본다고는 했지만 수업 시간과 수업 준비 시간을 뺀 나머지 시간들이나 점심 시간을 다 할애해야 겨우 아이들과 이야기를 할 수 있는 어려움이 있다. 그나마 담임을 맡지 않았기에 가능한 일이다.

난장깔 때가 제일 재미있어요

"저는요. 오빠들하고 재미있게 놀고 싶은데요. 오빠들이 강간하려고 해서 3시간이나 버티다가 도망쳤어요."

"언제? 누가?"

"여름 방학 때에 더워 공원에 밤 9시쯤에 여자 친구 둘과 앉아 있었는데요. 어떤 오빠가 와서 저를 잡고 으슥한 데로 데려 가더니 그러는 거예요."

"왜 끌려가? 그럼 빨리 도망쳐야지, 넌 달리기도 잘하잖아. 3시간을 어떻게 잡혀 있었니?"

"많이 맞았어요. 그래서 저는 화장실부터 갔다 와서 보자고 했지요. 그리고 막 뛰었어요. 우리 부모님께는 이런 이야기하지 마세요. 아무도 몰라요."

진희는 여름 방학이 끝난 며칠 후 친구와 함께 가출을 했다가 아버지가 단란주점에서 찾아 온 아이다. 노란 머리털을 그대로 한 채 교복도 찾아 입지 못하고 바로 학교에 끌려와서 담임 선생님의 특별 지도를 받고 있었다. 교실에 있는 자기 책상을 교무실에 가져다 놓고 벌을 서고 있는데 방학 때 실컷 놀고, 또 나가서 마음놓고 놀다가 억지로 교무실에 앉아 있으려니 힘든지 안절부절 못한다.

진희는 가출중에 제일 재미있었던 것은 친구들하고 난장깔 때(노숙) 거리에서 춤을 추었던 일과 언니(술집을 소개해 주었던) 남자 친구가 예쁘다고 그러면서 사귀자고 했던 일들이고, 제일 슬펐던 일은 엄마가 울면서 진희를 사랑한다는 음성이 녹음된 삐삐를 들었을 때라고 한다. 또 제일 힘들었던 일들은 돈이 다 떨어져서 아침부터 커피 전문점에 앉아 있는데 나가려 해도 돈이 없어, 친구에게 돈 좀 가져오라고 전화를 했는데 안 가져와서 6시간 이상을 아무것도 못 먹고 앉아 있었을 때였다고 한다. 술집에서는 첫날 바로 홀로 들어가라고 하는 것을 거부했더니 과일만 깎으라고 해서 과일만 깎아다 주었다고 했다. 거기에 있는 아이들이 부럽냐고 했더니 펄쩍 뛴다. 자기는 오빠들은 좋아하지만 언니들이 늙은 아저씨들에게 뽀뽀를 하는 것을 보고 언니들 그럴 수 있냐고 했더니 잠자코 있으라고 핀잔만 들었단다.

진희는 지금은 학교에 다니고 있지만 주말에는 여전히 친구들과 몰려다니면서 방황을 한다. 나가 노는 것에 재미 붙인 진희가 정말 학교에 잘 다닐 수 있을지 걱정이 된다.

선생님은 저희만한 때 없었어요?

"백일주 사준다고 친구 남자 친구가 나오래서 나갔다가 바람맞았어요. 그래서 공원에 가서 앉아 있으니까 오빠들이 오기에 함께 늦게까지 노래방 갔다가 비디오방에 갔어요."

"모두 몇 명이 모여서 놀았니?"

"6명이요."

"그렇게 큰 비디오방이 어디 있어?"

"있어요. 큰 방 하나, 작은 방 하나 빌려서 놀았어요."

"작은 방은 왜?"

"둘씩 들어가서 노는 방이에요."

"거기서 잤니?"

"아니오. 여관에 가서 잤어요."

가슴팍에 할퀸 자국이 있다.

"친구들은 별일 없었대?"

"저는 아무 일 없었는데요. 미경이는 한 것 같아요."

"그러다가 임신이라도 하면 어떻게 하니?"

"오빠가 안 쏜다고 그랬대요."

"혹시 성폭력 당한 것 아니니?"

"아니에요." 하고 펄쩍 뛴다.

"다음 날은 어디 있었어?"

"또 다른 오빠들하고 놀았어요."

"너희들은 왜 그렇게 오빠들을 좋아하니?"

"선생님은 저희만한 때 없었어요?" 천진난만하게 웃으면서 말한다. 보조개가 예쁘게 들어가는 귀여운 얼굴이다.

3학년이라 담임 선생님이 일찍 교실로 올려 보내고 난 며칠 후, 난 그 아이들이 잘 있는지 담임 선생님께 물어 보았다. 담임 선생님이 그 날 종례 시간에 보니까 그 아이들이 없어서 가슴이 덜컥 내려앉았는데, 조금 있다가 아이들이 들어오기에 어디 갔다가 오느냐고 물었더니 화장실에 다녀왔다면서 조그마한 목소리로 "터졌어요" 하더란다. 그 이야기를 듣는 순간 담임 선생님은 휴우하고 한숨이 내쉬어지더란다. 나는 수업 시간에 종종 핏기 없는 얼굴로 파리하게 앉아 있던 미경이가 엄마의 우는 얼굴을 다시는 보고 싶지 않다고 한 말이 생각이 났다.

자기는 아무 일도 없었고 친구는 있었을지도 모른다고 이야기한 수진이는 그 며칠 후 집을 나갔다가 아직 돌아오지 않고 있다.

어쩌라구요

수업 시간에 별로 눈에 띄지 않던 희승이를 알게 된 것은 여름 방학 직전이다. 수업 도중에 희승이 뒤에 앉은 선이가 책상 위에 코를 박고 무언가 열심히 들여다 보기에 가서 보니, 공책 위에 깨알같이 쓴 포르노 소설이었다. 나는 조용히 공책을 빼앗아 놓고 두근거리는 마음을 진정하고 수업을 계속했다. 수업을 마치고 나오면서 선이를 불러 누가 썼냐고 물었더니 희승이를 가리킨다. 나는 희승이를 불러서 조용히 말했다.

"이런 걸 어떻게 쓰게 되었니?"

"책 보고 베꼈어요."

"책 보고 베낀 것 같지 않은데, 생각해서 쓴 것이 역력한데?"

노트에 지운 자국이 있다.

"아이들하고 사설 독서실에 갔는데, 책상 위에 이런 낙서가 있는 것을 보고 그 비슷하게 써서 친구들에게 보여 주었더니, 아이들이 놀라워 하면서 더 길고 자세히 써 달라고 해서 써 주었는데 아마 그 노트가 교실에 돌아다니게 되었나 봐요."

"정말 자세한데, 어떻게 그렇게 쓸 수 있지?"

"제가 전학 오기 전에 살던 A시에는 그런 비디오나 책자, CD를 쉽게 구할 수 있어서 많이 보았어요. 집에 삼촌들이 보던 책도 많고요. 학교 오가는 길에 그런 집들이 많아요."

"네 소설에서는 창녀의 삶이 아주 즐겁게 그려져 있던데, 아이들이 이런 것을 보고 환상을 갖지 않을까?"

"에이, 그냥 재미로 볼 뿐이지요. 그 정도 가지고요. 뭘."

"한창 성에 관심이 많은데, 비정상적인 성을 보는 것은 좋지 않을 거야. 그리고 이런 것 말고 어릴 때 얘기 좀 써 봐. 글도 잘 쓰는데."

"싫어요."

희승이를 교실로 올려 보낸 후 희승이 담임 선생님과 이야기를 나누었다. 담임 선생님은 희승이가 A시에서 몇 번의 가출을 하고 우리 학교에 전학을 왔으나 공부엔 그다지 관심이 없고, 방과 후에는 아이들과 모여서 노는 것을 알고 있다고 했다.

개학하고 나서 수업 시간에 만난 희승이는 역시 크게 눈에 띄지는 않았다. 그런데 어느 날 가출 경험이 있는 친구 둘이 앨범비 몇만 원씩을 들고 먼저 집을 나가서 희승이를 불렀다. 아마도 미리 이야기가 된 듯했다. 엄마들은 울면서 아이들을 찾아다니고 담임 선생님은 아이들만 찾아오면 불문에 붙이겠으니 빨리 찾아오라고만 말했다. 열흘만에 아이들은 엄마들과 함께 학교로 다시 나왔다. 아이들은 전혀 아무렇지도 않은 듯했고 담임 선생님께 야단 맞을 때 아무도 고개 숙이지 않았다. 차례로 그 동안 있던 일들을 써 냈다. 다른 아이들은 일자리 구하러 여기저기 다녀 본 이야기는 다 빼고 썼는데 희승이는 그래도 솔직하게 자신들이 일자리 구하러 간 곳을 일일이 자세히 적었다.

그 아이들은 제일 먼저 머리 파마부터 하고 희승이 친구가 살고 있는 A시에 가서 며칠 동안 즐겁게 놀다가 멀리는 못 가고 학교 근처 여관을 얻어서 먹고 자면서 일자리를 구하러 다니다 희승이 할머니에게 붙잡혀 다시 학교로 오게 되었다고 한다. 아이들이 셋이서 몰려 다니니까 일자리도 잘 얻을 수 없었지만 좀 덜 힘든 데를 찾아보려 여기저기 많이 돌아다녔단다. 희승이 말로는 단가가 높은 데를 가보려고 했는데 재수 없이 잡혔다고 했다. 자칫 잘못하면 아주 험한 곳으로도 갈 수 있지 않겠냐고 했더니 그 아이는 자기가 왜 그런 데를 가느냐, 자기네들은 업소에 척 나가 보면 실내 장식 꾸며 놓은 것이랑 그 집 분위기를 보면 다 안다고 했다. 희승이는 안 잡혔으면 한달쯤 있다가 돌아오려고 했는데 하면서 아쉬워한다. "학교는 어쩌려고?" 하고 물었더니 "학교는 어차피 재미도 없고 억지로 다닐 뿐이고 학교에 오면 친구들이 있으니까 나오는 건데 안 다닐 수 있으면 안 다녀도 좋다"고 이야기한다. 그래도 한참 놀다 보면 학교에 나오고 싶을 때가 있지 않겠냐고 하면서 나는 마침 얼마 전에 내무부에서 자퇴 학생들이 복교를 희망할 때는 모든 자료를 전산 입력한 후에 원하는 곳으로 보내주려 한다고 발표한 신문 기사를 보여 주었더니 그 아이는 "어쩌라구요" 한다.

수업 시간중에 보는 희승이는 여전히 엎드려 있다. 떠들 수는 없으니까 차라리 엎드려 잠을 청하나 보다. 보다 못한 어떤 선생님이 엎드려 있는 희승이에게 일어나라고 하니까 "내가 이래서 학교 나오기 싫다니까" 라고 말했단다. 며칠 놀다 들어와 얼굴도 안 좋더니 요즘은 그래도 안정을 많이 얻은 것 같다.

그 언니들에게는 어떤 힘이 느껴져요

저번에 희승이가 쓴 포르노 소설을 읽던 선이가 오늘도 손목에 붕대를 감고 교실에 앉아 있다. 저번 1학기 말 시험 직전에 친구들 몇과 집을 나가 지방까지 갔다가 경찰에게 인도되어 다시 학교로 나왔기에 왜 가출을 했냐고 물었더니 그저 "답답해서요" 라고 말해서 나를 답답하게 했던 아이다. 손목에 붕대를 감은 것을 보니 또 자해를 한 모양이다. 선이가 친구들 이름을 손목과 손등 위에 새기거나 손톱 밑을 파서 피를 내어 친구들에게 공작 시간에 쓰는 작은 니스 병에 담아 생일 선물로 주는 것이 취미라는 소문이 돌기도 했고, 2학년 때는 교실 복도 유리창을 맨손으로 깨뜨리고 나서 통쾌하다고 떠들고 다니다가 학교에서 처벌을 받은 적도 있다. 부모님도 말리다 못해 나중엔 칼로 그 손목을 잘라 버리겠다고까지 위협을 했지만 선이는 여전하다.

선이는 초등학교 땐 특별히 잘하는 것은 없어도 온순하고 명랑한 아이였다고 한다. 중학교에 들어와서도 1학년 때까지는 친구들에게 별로 주목을 받지 못했는데, 2학년 때부터는 1학년 신입생들이 멋있다며 쫓아다니며 아예 팬 클럽까지 만들어 선이가 1학년 복도에라도 나타나면 환호성을 지르며 좋아한다. 선이 반에서도 10여 명이나 선이를 좋아하는데, 그냥 친구로서 좋아하는 것이 아니라 선이의 행동을 '남자' 같다고 좋아한다. 3학년이 되자 아이들은 아주 대담해져서 어떤 아이들은 한 번만 키스를 해달라고 조르거나 선이를 좋아하는 아이들끼리 서로 질투를 하고 독점하려고 싸우기도 한다. 선이도 처음엔 그런 것을 아주 끔찍스러워 했는데 아이들이 자주 그러니까 나중엔 아무렇지 않게 되었다고 했다. 질투하는 친구들에게 자기 손등에 이름을 새기거나 혈서를 써서 자기 마음을 표현하기 시작했는데 그게 일부 학생들에게 퍼져서 학교에서 큰 소동이 난 적도 있다.

선이를 좋아하는 아이들은 대체로 학교에 잘 적응을 못하는 아이들로서 자기네들끼리 노는 것을 좋아한다. 그 아이들에 둘러싸인 선이가 남자 역할을 하고, 노래방 같은 곳에 가서는 서로 키스도 하고 포옹도 한다. 선이네가 몰려다니면서 잘 논다는 소문이 나니까 1학년이나 2학년에서도 그렇게 하고 싶어하는 그룹도 생겨나고 있다. 그들은 '그 언니들에게서는 어떤 힘이 느껴져요' 하면서 멋있다고 한다.

선이는 밤에 집에서 자다가도 답답하면 새벽에 아이들을 불러내서 함께 노래방에 간다. 평소에 같이 어울리지 않는 친구들이 선이를 보고서 "너도 이 다음에 엄마가 되어서 아이를 낳아 기르겠지"라고 말하면 선이는 "너 나 말보로만 피우는 것 모르니? 그 담배를 피우면 아이를 못 낳게 된대. 그래서 난 그 담배만 피워"라고 대꾸한다. 선이는 고등학교도 별로 가고 싶지 않고 일찌감치 장사나 하고 싶다고 한다. 선이의 마음이 어떤지는 잘 모르지만 선이는 친구들이 자신에 대해 갖는 기대치에 자신을 맞추고 있는 것 같다. 선이나 선이 곁에 모이는 아이들이나 하나하나 들여다보면 모두 천진난만해 보인다. 자신을 드러내고 싶은 욕구나 감정을 올바로 표현할 수 있는 방법을 가르치는 것이 시급한 것 같다.

시대가 변했잖아요

다른 학교에서 가출로 자퇴를 했다가 지난 3월에 우리 학교로 복학을 한 정민이는 그 동안 잘 다니다가 중3으로서는 제일 중요한 시기인 10월에 충동적으로(흡연) 집을 나갔다가 11월 말경 스스로 들어왔다.

"이왕 복학한 건데 잘 다녀야지, 왜 학교에 오지 않니?"

"낮을 밤 삼아 밤을 벗삼아 살던 우리들은요 대부분 사회 생활에 익숙해져 있어요. 그것이 현실이에요. 아침 7시에 일어나 씻고, 학교 가고, 공부하고, 시험 보는 일들이 너무 힘들고 부담스러워요."

"나가면 좋으니?"

"우선 많은 사람들을 알게 되고, 학교에서 심지어는 집에서까지 느끼지 못했던 것들을 느낄 수 있어요. 학교에서 소외되는 아이들이 사회에 나가게 되면 사랑도 받고, 자기 마음대로 할 수 있어서 행복감을 느끼고 세상이 온통 자기 것처럼 느껴져요."

"나가면 주로 어디에서 노는데?"

"방배동 카페 골목, 가리봉 오거리, 압구정, 화양리, 돈암동 같은 유명한 동네에 가면 볼 것, 놀 것이 많죠. 저는 그런 동네에 친구들이 많으니까 하루 밤 정도는 어디서든 잘 수 있어요. 10시 이후엔 18세 미만인 아이들은 출입 금지인 동네도 있어요. 삐끼. 술집 아가씨들, 술에 취한 아저씨들, 노랑 빨강 머리를 한 학생들, 코 뚫은 사람, 사람이 둘은 들어갈 수 있는 힙합 바지를 입고 다니는 사람들을 보면 재미있어요. 이렇게 불량스럽고 어두운 이런 동네만을 찾아다니는 우리들을 어른들이 이해할 수 없다는 표정으로 쳐다보는 것도 재미있어요."

"부모님들이 걱정하시잖아."

"사회가 발전한 만큼 부모님 시대의 놀이와는 비교도 할 수 없을 정도로 놀이도 변했어요. 그리고 우리는 이 시대에 태어났잖아요. 그래서 이런 동네만을 찾아다니며 즐기는 것은 너무나 당연한 일이죠. 하지만 어른들은 그걸 이해 못 하시며 '너희는 언젠가 후회하게 될 거야.' 그러시지만 나도 알고 있어요. 가출은 후회란 걸."

"어떻게 노는데?"

"요즘은 이태원에 주로 가는데요. 주로 술을 마시다가 노래방 같은 곳에 있다 보면 남자들하고 합석을 하게 되는데 남자들이 마음에 안 들면 그냥 나와 버리든지 먼저 테이블을 엎어 버리기도 해요. 그리고 나는 별로 내숭을 떨지 않는 편인데 오빠들이, 아니 요즘은 아빠라고 부르기도 하지만 나를 좋아하는 편이죠."

"놀려면 용돈이 필요할 텐데?"

"돈은 언니들이나 오빠들이 줘요."

"왜?"

"제가 귀엽대요. 그리고 생각이 있는 아이라고 좋대요."

"그래. 이번에 나가서 많이 놀았니?"

"아무래도 학교가 걸려서 많이 못 놀았어요. 술만 마셨어요."

"고등학교는 갈 거니?"

"가긴 가도 끝까지 다닐 것 같지는 않아요."

"겨울 방학 때는 어떻게 지낼 거니?"

"아르바이트를 좀 해서 옷을 살 거예요."

"네가 돌아오니까 엄마는 뭐라고 하시던?"

"살만 잔뜩 쪄서 돌아왔다고 내가 얄밉대요. 엄마 저 걱정 안해요. 어디서 어떻게 노는지 다 아니까요."

향락적인 소비 사회에서 자신이 놀이의 주체라고 당당히 주장을 한다. 정민이가 바라는 것은 학교는 다니면서 자유롭게 노는 것이라고 했다.

제 가슴이 부러우세요?

공부 시간에 성미가 자주 졸기에 입시생이라 학원에서 늦게까지 있어서 그런가 보다 하고 무심코 넘겼다가 우연히 담임 선생님에게 그 이야기를 했더니 성미가 그 동안 카페 아르바이트를 했다고 한다. 성미 친구가 가출을 하자 그 친구 어머니가 성미 뒤를 밟아 보니 성미가 진한 화장을 하고 짧은치마를 입고 가발을 쓰고 카페로 출근을 하더란다. 카페에 들어가서 앉아 있으려니까 무엇을 시키겠냐고 다가오기에 '성미야, 너 당장 그만둬. 담임 선생님에게는 이야기하지 않을 테니까 지금 그만둬'라고 이야기하여 그만두게 한 일이 있었다는 것을 고등학교 원서를 쓸 때 성미 친구 어머니가 담임 선생님께 이야기했단다. 그 이야기를 듣고 놀란 담임이 성미를 불러 물어 보니 '네, 아르바이트 했었어요. 그게 뭐가 어때요? 작년엔 순대집에서 서빙한 적도 있는데요. 뭐'라고 이야기했단다. 지난 소풍 땐 옷차림이 아주 불량스러워 잔소리를 좀 했더니 "왜? 제 가슴이 부러우세요?" 라고 웃으면서 대답하더란다. 성미는 학교엔 꼬박꼬박 나오면서 혼자 아르바이트를 해왔으며 교실에서는 친구들 앞에서 자랑까지 했다. 담임이 성미 엄마에게 전화를 걸어 이야기를 하니, 엄마도 다 알고 있으며, 성미가 말해도 안 들어서 그냥 내버려두고 있는 상태라고 했단다. 아이들을 좀 더 주의 깊게 보아야겠다. 정말 알 수 없다. 우리 교사들은 정말 아이들에 대해 알고 있는 것이 아무것도 없다. 수백 명의 아이들은 수백 가지 스타일로 우리를 놀라게 한다. 깊이를 알 수 없는 아이들 세계, 교사들의 상상력의 한계를 뛰어넘는 아이들.

교실에 들어가 보면 연합고사도 끝나고 시간도 많고 하니까 벼룩 신문을 뒤져보고 있는 아이들이 많다. 아르바이트 자리를 찾아보려는 아이들이다. 얼마 전에는 보건증을 얻으려면 어떻게 해야 하느냐고 물어 오는 아이도 있었다.

이젠 학생들의 아르바이트의 종류와 시간도 학교 규칙으로 정해 놓아야 할 것 같다.

끙끙대는 선생님들, 통제 능력이 없는 부모들

휴일 다음날이면 결석을 하는 아이들이 많다. 선이와 그 친구들 셋이서 3학년 2학기 중간고사를 며칠 앞둔 추석 연휴에 집을 나갔다. 중학교에서는 실업계 고등학교를 갈 때 정규 고사 점수로 입학 추천을 받기에 시험을 꼭 치러야 하는데 아이들이 학교에 나오지 않자 담임 선생님과 그 부모님들은 온갖 애간장을 다 태우면서 아이들을 찾으러 다녔다. 엄마들은 아이들이 집 나간 지 근 열흘 가까이나 되어 돈도 떨어져 좋지 못한 곳으로 빠질까 봐 걱정하면서 일손도 놓고 학교에 남아 있는 친구들을 만나면서 그 아이들이 있을 만한 곳을 수소문했다. 진학 지도를 해야 하는 담임 선생님은 담임 선생님대로 속이 타는데 부모님까지 진정시켜 드리느라 진땀을 뺀다. 다행히 중간 고사 전날에 선이네는 다시 학교로 돌아왔다. 아마 그 아이들은 공부한 것은 없는데 시험은 치러야 한다는 압박감을 가출로 나타내는 것 같다.

진희가 추석 연휴 때부터 나가 놀다가 애들과 싸워 경찰서에 가서 있다가 오는 바람에 시험을 보지 못했는데, 기말 고사 전날 또 집을 나갔다. 또 얼마 전에는 집에 있는 돈을 가지고 나가서 놀다가 엄마에게 머리를 깎이기도 했다. 그때마다 담임 선생님은 온갖 이야기를 하며 그 애 마음을 돌려보려고 무진 애를 쓰기도 했는데, 결국 기말 고사를 앞두고 또 집을 나가 버렸다. 그 애 엄마도 더이상 담임 선생님에게 전화조차 하지 않는다. 담임 선생님은 결석 일수도 결석 일수지만 시험을 치러야지 진급이 되지 않겠느냐며 걱정이 태산이다. 진희와 함께 집을 나간 아이 하나가 친구에게 삐삐를 쳤단다. 지금, 아주 재미있다고.

3학년 아이들 대여섯 명이 나가 놀다가 어디에 잡혀 있다는 소문이 나돌아 부모님들과 선생님들을 초긴장 상태로 몰아넣더니 그 다음날, 그 아이들이 각자 집으로 전화를 걸어 잘 놀고 있으니 걱정 말라고 했단다. 초주검이 다 된 엄마들이 담임 선생님과 한걱정들을 하는데, 그 아이들은 기말 고사도 보지 않은 채 연합 고사 전날, 슬그머니 학교에 나타났고, 어떤 아이는 아예 집에도 들어가지 않은 채, 당장 학교를 자퇴하겠다고 했다. 시험은 보나마나 떨어질 텐데 보면 무얼 하겠느냐고 오히려 큰소리를 치니, 담임 선생님은 야단은커녕 아이 달래느라 진땀을 뺀다. 아이가 학교에 와 있다는 소식을 들은 엄마가 달려왔는데도 쳐다보지도 않는다. 간신히 시험을 보게 했다.

가출한 아이들 때문에 담임 선생님이 애를 태우는 것을 본 주변의 선생님들은 보다 못해 포기하라고 말한다. 그 때마다 담임 선생님은 끙끙 앓는다.

혜란이 담임 선생님은 아침 자습 시간에 교실에 올라가서 혜란이부터 찾는다. 혜란이가 보이지 않을 때는 혜란이네 집에 전화를 걸어 혜란이가 학교에 나오도록 하더니 요즘은 전화를 하지 않아도 혜란이가 학교에 잘 나오고 있다. 마침 고등학교도 결정이 되었다.

며칠 전에는 미진이가 1학년 때 퇴학을 한 친구가 임신을 했다고 전화를 걸어왔는데 어떻게 도와줄 방법이 없느냐고 상담을 해왔다. 학교 다닐 때는 명랑했던 친구인데 울면서 전화를 했단다. 집으로 들어갈 수도 없고, 아이도 낳고 싶지 않은데 어쩌면 좋으냐고.

맺는 말, 가리봉 5거리에 서서

얼마 전 토요일 밤에 나는 아이들이 집을 나가서 살고 있다는 동네에 가 보았다. 언론 매체에서 여러 번 다루었지만 거기에 무엇이 있어 그렇게 아이들을 끌어내는지 내 눈으로 한 번 확인해 보고 싶어서였다. 가리봉 5거리에 서서 사방을 바라보니, 노란 염색 머리를 한 아이들과 나이를 알아볼 수 없도록 짙은 화장을 하고 배가 잔뜩 부른 채로 왔다갔다하는 여자도 눈에 띈다. 김밥집 아주머니는 하루에도 몇 번이나 아이들을 찾으러 오는 초췌한 부모들을 만난다고 했다. 그러나 꼭꼭 숨어 있는 아이들을 어떻게 찾을 수 있을까.

요 몇 년 사이에 자라나는 아이들을 보면 아이들이 두 양극단에 있는 것 같다. 학교가 끝나면 학원으로 달려가는 아이들과 유흥업소로 달려가는 아이들이 그것이다. 그 중간에 있는 아이들이라 하더라도 기회만 되면 한번 뛰쳐나가 보고 싶은 잠재적인 욕망을 가지고 있는 것을 느낀다.

　아이들과 만나고 이야기하면서 나는 많은 아이들이 몇년 전과는 달리 쉽게 학교를 포기하려고 하며 부모의 간곡한 부탁이나 친구들 때문에 학교에 온다는 것을 알았다. 그리고 일부의 아이들이라도 학교가 재미없다고 말하는 것이 괴로웠다. 중3 어느 반에서는 이래저래 가출을 하고 학교에 나오지 않아 퇴학을 하는 아이들이 서너 명이나 된다. 비록 퇴학은 하지 않았더라도 언제든지 학교와 집을 나갈 기회만 엿보고 있는 것처럼 보이는 아이들과 학교엔 나와 앉아 있어도 학교에 사실상 흥미를 잃고 있는 아이들까지 합하면 그 숫자는 우려할 만하다. 눈에 보이는 이런 뚜렷한 현상들을 놓고 어떤 교사들은 궁여지책으로 학생들의 생활 지도는 예방이 중요하므로 다시 학교의 규칙을 강화하자고도 하고 또 다른 교사들은 아이들이 이미 학교의 자질구레한 규칙을 무력화 시키는 데에 성공을 했고 또 학교가 그리 오고 싶은 곳도 아니기 때문에 그런 규제를 견디어 내지 못해 오히려 더 악화시킬 수도 있다고 한다. 또 어떤 이는 아이들이 또래 집단을 형성하면서 사춘기적인 반항을 하는 것이므로 크게 염려될 것이 없다고도 한다. 그러나 문제가 발생했을 때, 더이상 떠넘기기 식의 전학, 퇴학으로 이어지는 생활 지도를 되풀이해서는 안된다고 하는 것에는 모두 의견을 모은다. 과거와는 많이 다른 아이들을 끌어안고 함께 살려면 특별한 지혜를 가져야겠다.

　학교 안에서 내가 지금 제일 시급하게 생각하는 것은 교사들이 아이들을 바라보는 관점을 정리하는 것과 아이들과 이야기하는 방식을 배우는 것이다. 아이들은 어른들의 계획에 수동적으로 반응만 하는 존재가 아니라 어른들과 마찬가지로 매일매일 수많은 외적, 내적 자극 속에서 스스로 자신들이 편하게 살 공간을 찾아 부산스럽게 움직이며 여러 가지 경험들을 만들어 나가는 존재라고 생각해야 한다. 아이들이 스스로 만들어 가는 경험들은 우리 어른들이 보기에 위험스럽고, 미숙하지만 아이들 나름대로는 소비, 입시 위주의 사회 속에서 자신을 표현해 보려는 몸부림일 수도 있으며 출구를 제대로 찾지 못한 성장기의 여러 가지 욕망과 좌절의 표현일 수도 있다는 생각을 가지고 대해야 한다. 교사들은 아이들을 이해할 수 없다고 소리만 칠 것이 아니라 아이들의 다양한 입장과 처지를 알아보고, 그들의 경험을 있는 그대로 인정한 상태에서 이야기를 시작해야 한다. 아이들과 이야기하다 보면 아이들은 구차하게 자신의 마음을 설명하는 것이 싫고, 또 자신의 마음을 잘 몰라 답답해 하다가도 나중엔 서서히 자신의 생각과 행동을 뒤돌아보는 모습을 보여주기도 한다. 마치 울며 떼 쓰는 어린아이를 품에 꼭 안아 주면 갑갑하다고 나대다가도 좀 있다가 온몸이 풀어져 편안하게 잠이 드는 것처럼. 실제로 아이들은 마음이 좀 풀리면 모두가 자신의 이야기를 스스럼없이 그렇게 잘할 수가 없었다. 듣다 보면 낯뜨겁거나 무례하게까지 들리기도 하지만 우리들이 그들만했을 때를 돌이켜 보면서, 성장기의 한 과정으로서 느긋하게 기다려 줄 수 있는 여유를 가져야겠다. 비록 어려운 처지에 놓여 있다 하더라도 일단 자신의 상태를 말로 설명할 수 있고, 교사들이 그것을 이해하고 들어주어, 만남의 끈을 놓지 않고 지속적으로 만나 갈 수 있는 관계가 될 수 있다면 그나마 얼마나 다행일 것인가. 아이들을 의식적으로 교화시키기에만 급급해 할 것이 아니라 그들과 사귀는 것을 포기하지 않는 자세가 필요하다.

세상도 변했고 아이들도 변해 가는데 과거의 우리의 잣대로만 아이들을 대해서는 점점 더 아이들과 멀어져서 더이상 아무런 이야기도 할 수 없을 것이다. 우선 교사들이 예민한 감수성과 사회 문화적 지식을 가지고 교사들끼리는 물론이고, 학생들, 또 그들의 부모님과도 긴밀한 대화를 해야겠다. 아이들의 달라진 모습을 보고 교사들이 개별적으로 당황하거나 개개인의 경험으로만 묻어 두지 말고 아이들에 대해 자주 이야기하는 분위기를 만드는 것이 중요하다. 함께 나간 아이들이 똑같이 경찰서에 있다가 나왔을 때 그 두 담임 선생님들이 서로 재학 증명서(경찰서 제출용)를 떼어 주면서 두 아이가 같은 일로 함께 있었다는 사실을 모르고 있었던 것을 보더라도 말이다. 또 학생 생활 지도 사항도 교사들 개개인의 성격이나 가치관에 따라 이루어지는 것보다는 토론을 통한 원칙을 만들거나 교무실의 자리를 사무 부서로써만이 아니라 학년별로 배치하여 수시로 이야기한다든가 장기 결석자(가출자) 문제를 해결하기 위한 학교 내의 소위원회가 구성되었으면 한다. 마침 이 글을 쓰는 도중에 걸려 온 전화를 받고 나는 아연해지지 않을 수가 없었다. 오랫동안 집을 나가 있어서 부모와 교사와도 연락이 끊긴 아이가 업소 주인으로부터 일수 돈을 얻어 방을 얻고자 한다는 소문이 들려 왔기 때문이다. 그 아이가 어디 있는지 친구들에게 수소문도 해보고 부모님에게도 연락을 했다. 요즘엔 아이들 진학 상담을 위해서 부모님을 만나는 것보다는 아이들 생활 지도 때문에 만나는 경우가 더 많아지는 형편이다. 학부모와 교사가 서로 긴밀한 관계를 유지해야겠다. 그리고 부모님들도 자신의 아이만이 아니라 주변의 청소년들에 대해서 관심을 가져야겠다. 저번에 아이를 술집에서 찾아온 아버지는 아이를 찾아다니면서 만나게 된 여러 아이들을 모두 그 부모에게 인계해 주기도 하였다.

앞으로 새로이 쓰게 될 교무 수첩에는 아이들과의 즐거운 대화가 기록되었으면 좋겠다. 그리고 일년 동안 만나는 아이들만이 아니라 전생애적으로 친밀해질 수 있는 아이들의 이름이 쓰여지길 바란다. 그러나 그것만으로 문제가 해결될 것 같지는 않다. 아예 교사들과 연락도 끊겨서 찾을 수 없게 된 아이들, 눈앞의 쾌락만을 쫓아 이리저리 떠돌면서 결국 돌아오지 않는 아이들은 어떻게 해야 할까? 또 학교로 다시 돌아온 아이들이나 학교는 그럭저럭 다니고 있지만 학업에 취미를 잃은 아이들에 대해서는 어떻게 해야 할까? 최근에 교육부에서 학교 부적응 학생이나 중퇴자들을 위하여 여러 가지 대안 학교들을 만든다고 하니 여간 반가운 일이 아니다. 학교 내에서도 전문적으로 부적응 학생에 대한 재적응 프로그램이나 대안 교과를 마련하여 학교가 어쩔 수 없이 다녀야 하는 곳이 아닌 정말 가고 싶은 곳으로 만들기 위해서 학교 내의 작은 개혁이 일어나야겠다.

이제 아이들이 졸업을 한다. 힘들고 어렵게 학교라는 끈을 아주 놓아 버리지는 않았던 아이들이 졸업이라는 작은 마침표를 찍고 새 삶을 시작하려고 한다.

그들의 앞날에 희망이 가득하길 바라며 힘찬 악수라도 해야겠다. 학교에서 아이들이 기대하는 것이 졸업장과 친구뿐이라는 말이 더이상 나오지 않기를 바란다.

쓰고 나서

힘들게 졸업한 아이에게서 전화가 왔다. 졸업식날 인사하고 가지 못해서 미안하다고. 또 오랫동안 집을 나가 있던 아이에게서도 전화가 왔다. "학교 가도 돼요?" "물론이지. 네 친구들 다 나왔잖아. 너도 와야지." "그러게요. 내일이나 모레쯤 갈께요." 그 아이가 돌아온다는 것도 기쁘지만 전화할 생각을 했다는 것이 그렇게 기특할 수가 없다. "그래, 얘들아! 언제든 전화하렴. 전화할 곳이라도 있는 것이 얼마나 좋으냐?"

■ 글쓴이 이경애는 계몽주의 시대의 학생으로서, 교사로서 거의 반세기 동안 생활했다. 나태, 방황, 일상 매몰, 의욕이 반복되는 가운데서 또문 교육 소모임 등 아이들 이야기를 하는 곳에는 언제든 열심히 달려간다. 요즘은 학교 아이들이 나의 제일 친한 친구가 되었지만 여전히 짝사랑을 면치 못하고 있다.

책의
풍경 속으로

서동욱

인간이란 얼마나 다르며, 그 인간이 자란 환경과 경우 또한 서로 얼마나 다른가! ─ 헤르만 헤세, 『수레바퀴 아래서』	**험한 길을 지나 별에 이른다**

1.

중·고등학교 시절을 돌이켜 보면, 그것은 한편의 꾸준한 탈출기(脫出記)라 해도 무방할 것이다. 마음에 들지 않는, 혹은 옳다고 믿지 않는 그 무엇으로부터 나는 계속적으로 탈출하려 애쓰고 있었다. 어쩌면 그것은 탈출기라기보다는 투쟁기(鬪爭記)라고 불리는 편이 더 정확할는지는 모르겠지만, 내 머릿속에서 투쟁이란 것도 어쩌면 일종의 탈출을 위한 한 방편이었는지도 모를 일인지라, 하여튼 나는 탈출기라는 쪽이 더 마음에 든다. 나의 탈출, 나의 투쟁. 그 이야기를 하려 한다.

2.

중학교에 갓 들어갔을 무렵, 바로 옆반에 있는 중3 누나들은 우리 반 장난꾸러기들에게는 신비함 그 자체였나 보다. 늘 국민학교의 여자아이들만 보아 오다가, 처음으로 2차 성징이 나타나는 여자들을 처음 보았기 때문이었는지, 장난꾸러기들은 한 친구를 누나들 쪽으로 냅다 밀어버리는 장난을 걸어댔으니까. 그러면 누나들은 요녀석! 하고, 또 장난꾸러기들은 줄행랑을 치고, 밀려서 누나들 쪽으로 나가떨어진 아이는 민망하기도 하고 우습기도 해서 얼굴이 새빨갛게 되어 교실로 뛰어들어오는 뭐 그런 장난이었다. 그때 나이에 두살 차이면 정말 어마어마하게 느껴졌다. 누나들의 대부분은 우리들보다 키가 훨씬 컸고, 힘도 세어보이던 때였다. 그 장난이 왜 그렇게 재미가 있었는지 알 수가 없다. 그것은 어쩌면 어린 남자아이들의 용기를 증명해 보이자는 유치함이었을 수도 있고, 아니면 또 다른 무엇일 수도 있을 것이다. 그렇지만 우리들 중 아무도 이 장난에 대해 나중에 씌워질 '그' 누명에 대해서는 상상조차 하고 있질 못했다. 사실 그때는 '그'게 정확히 무엇인지조차 잘 모르고 있었다.

그러던 하루, 갑자기 교사들 몇 명이 몽둥이를 들고 점심시간에 교실로 몰려들어 왔는데, 그 하는 양이 흡사 전경들이 시위 진압하는 듯하여 우리는 먹던 밥숟가락을 그대로 든 채 영문을 몰라 하고 있었다. 그들은 몽둥이로 복도에 있던 아이들부터 몰아 교실로 집어넣더니 앉으라고 외치면서 서 있는 아이들의 머리를 때리기 시작했다. 우르르 몰리듯이 모두들 자리에 앉았다. 밥을 먹던 아이들은 물론이고, 축구하러 나가려던 아이들도 축구공을 든 채로 일단 아무 바닥에나 주저앉아 있어야 했다. 중3 누나 하나가 교사들에게 가서 1학년 몇반 애들이 '그'걸 한다고 말한 모양이었다. '그'것의 정확한 명칭은 간간이 교사들 입에서 튀어나왔지만 우리가 처음 듣는 말이어서 확실히 알아듣기까지는 꽤 오랜 시간이 걸렸다. 게다가 자신이 왜 맞는지에 대한 의문을 갖지 않는 것에 익숙해져 있었기 때문에 더욱이 '그'게 뭔지를 깨닫는 데 오래 걸렸나 보다. 일반적으로 그만 때리고 나가게 마련인 시간이 훨씬 넘어간다는 걸 깨달았을 때, 우리는 우리의 죄목을 제대로 알아들었다. 그것은 성추행이었다.

우리가 한 장난이 '밀기'라든가, 좀더 구체적으로 '밀어 부딪치게 하기'쯤 되는 이름이 아니라 '성추행'이라는 이름으로 불릴 수 있다는 걸 그때 알았다. 그 일로 우리들은 죽지 않을 정도로 두들겨 맞게 되는데, 맞은 것도 맞은 것이지만, 나에게 가장 뼈아픈 기억으로 남아 있는 것은 그때 우리는 단 한마디도 말할 권리를 갖지 못한 채, 쓰레기로서 취급되었다는 것이었다. 머리에 피도 안마른 놈들이 여자는 알아가지고, 비겁하게 약한 여자를 상대로, 그것도 건방지게 두 살씩이나 많은 여학생들을 성추행을 했다는 것이 우리 죄목이었다. 그렇지 않았다는 것을 말하고 싶었지만 소용없었고, 우린 그저 범죄자일 뿐이었다. 괴롭게도, 옳지 않은 매리 할지라도 그 앞에서 우리는 대항할 힘이 없었다. 출처를 알 수 없는 그 죄목으로 교사들은 광분이라 불러도 손색이 없을 만큼 날뛰었다. 오해 속에서 우리는 매우 심하게 구타당하고 모욕당했는데, 참다못해 한 명이 무슨 말인가 하려고 하면 그 스스로도 무슨 말을 하려 했는지 기억할 수 없을 만큼의 매가 다시 떨어졌다. 우리는 무릎을 꿇린 채 매맞고 모욕당하며, 마음속 깊은 곳에서부터 분노하고 있었다. 부당한 폭력이 불러일으키는 분노는 상상할 수 있는 것보다 훨씬 뜨거웠다. 그때까지만 해도 나나 우리 반 아이들은 아직 대다수의 교사들이란 대화 가능한 존재이며, 그들도 그들 나름대로 성스러운 교육관이나 판단 기준을 가지고 있는 고급 인력이라고 오해하고 있었다. 그 오해를 빨리 마무리지을 수 있었던 것은 전적으로 교사들 자신의 덕분이었다. 그후로 중학교 3년간 꾸준히 보여준 그들의 당찬 권위주의적 모습과, 일체의 대화를 거부한 채 주입식 교육만을 부르짖던 목소리, 보수주의, 가학성 피해의식, 소유욕, 무식함, 예의 없음, 게으름, 한심함… 모두 그들이 몸소 보여주었던 덕목들이었다. 지금에 와서도 그들에게 인간적인 아쉬움을 느끼는 부분이 한두 가지가 아니다. 왜 그들은 그렇게 광분해야만 했을까. 왜 그들은 우리의 이야기를 듣고 싶어하지 않았을까. 구타하는 그들에게서 느낀 '스트레스 해소의 상쾌한' 표정은 나만의 상상일까. 일어난 사실이 혹시라도 자신들의 생각과 다를까봐 안절부절 못하면서, 조금이라도 더 과장해서 남들에게 전하고 싶어하는 그 성향은 어디서 나온 것일까. 교실에서 들리는 구타 소리를 듣고, 왜 지나가던 교사들까지 전부 들어오는 걸까. 그렇게 들어온 교사들은 다들 처음엔 조용히 보고만 있다가, 왜 우리가 겨우 말이라도 한마디 꺼내려는 순간이면 난데없이 끼어들어 선생님 말씀하시는데 건방지다며 발길질을 하는 것일까. 무능력을 은폐하려는 수단일까. 유일한 자기 만족의 방법일까. 실패한 인생에 대한, 망가진 교육 현실에 대한 대리 폭력일까. 아니면 그저 바보일까.

그날 우리가 모두 너덜너덜해지게 맞았을 무렵 담임이 들어왔다. 우리들은 모두 담임을 좋아하고 있었고 나도 마찬가지였기 때문에 담임이 들어왔을 때 우리의 느낌은 각양각색이었다. 나중에 서로 이야기해 보고 알게 된 일이지만, 담임을 보아서 반가웠다는 이야기도 있었고, 나로서는 무척 안타까웠다. 그래도 내가 가장 좋아하는 교사였는데, 이런 오해 속에서 만나야 한다는 게 정말 싫었다. 담임은 우리에게 자세히 이야기(! ─ 교사들이 들어온 지 한시간 만에 나온 단어였다)를 해보라고 물었다. 이야기해 보라는 그 당연한 말이 우리에겐 얼마나 기뻤던가. 교사들로부터 받는 '쓰레기들, 병신들, 하는 건 없으면서 여자질이나 하는 놈들, 집에 가다가 강간할 놈들, 부모가 그따위로 가르친 놈들'이라는 모욕은 아직 성욕이 무언지도 잘 모르는 중학교 1학년생들의 마음에 얼마나 큰 상처였던가. 어려서부터 성(性)이란 나쁜 것, 숨겨야 하는 것, 추한 것, 멀리 해야 하는 것이라는 생각을 주입받으며 살아온 아이들이 받은 모욕감, 충격은 또 얼마나 강한 것이었던가. 우리는 이제야 말을 할 기회를 받은 것이다! 너무도 말을 하고 싶었다. 빨리 해명하고 싶었다. 그러나 우리에게 처음으로 발언권이 주어진 그 순간, 친절하게도 다른 교사들이 앞을 다투어 우리도 들어보지 못한 자기 나름대로의 살붙임을 충실히 하여 우리 담임에게 들려주었다. 담임이 그 이야기를 듣고 있는 동안 나머지 교사들은 다시 우리의 입을 막아 버리는 데 충분한 매질을 시작했고, 우리 담임은 자기 반 아이들의 '성추행'에 큰 쇼크를 받았다. 여전히 우리는 단 한마디의 말도 할 수 없었다. 담임은 다른 교사들에게 잠시 자리를 피해줄 것을 부탁했고, 그들은 '그럼 김선생님만 믿으며' 우리에게 마지막으로 아쉬운 발길질을 하고 나가 버렸다. 갑자기 교실은 조용해졌다. 그 속에서 내가 평생 잊을 수 없을 일이 일어났다. 그것은 물끄러미 평소 좋아했던 우리 담임의 얼굴을 바라보면서 시작되었다.

좋아했던 교사이긴 했지만 그도 교사인데, 나는 그가 불같이 화를 내며 저 교사들의 '믿음'에 부족함이 없는 매로 우리를 처벌하리라 믿었다. 그러나 우리가 올려다 본 그의 표정은 분노의 표정이 아니라 슬픔의 표정이었다. 그리고 그는 우리를 일으켜 세웠는데, 우리는 처음으로 무릎을 꿇고 있지 않아도 된 셈이었다. 한참 고요한 순간이 흐르는 동안, 우리는 울었다. 뭐랄까, 말할 수 없는 느낌이었다. 담임의 슬픈 표정에서 우리는 여지껏 참고 있던 모든 설움이 한꺼번에 폭발하는 걸 느꼈다. 우리에게 슬픈 표정을 보여준 그 자체가 고마웠다. 그때였다, 담임이 울기 시작한 것은. 처음에 조용히 눈물이 흐르더니 나중에는 우리와 함께 흐느껴 버렸다. 그러면서 우리에게 '이놈들아' 하면서 몇 대의 매를 때렸는데, 우리는 그 매를 평생 기억하게 된다. 나는 그 순간의 기억을 잊을 수 없다. 그 매를 맞는 순간에 우리는 모든 것을 느끼게 되었는데 그것은 바로 사랑의 매란 것이었다… 그런 것은 절대로 없다고 하는 사람들에게 나는 자신있게 말할 수 있다. 그것은 사랑의 매를 맞아보지 않아서 그런 거라고. 그때 맞은 아이들은 그 매와, 그리고 그 후 3년간 꾸준히 보여준 그분의 교육관에 의해, 그 김승규 담임 선생님을 가장 훌륭한 교육자로 자리매김해 두게 되었던 것이다. 그때 담임이 때린 매도 여전히 부당한 매였다고 생각하지만, 그런 형식을 취한 매라면 나는 맞게 된 것이 너무나 고마운 일이라고 생각한다. 그 몇 대의 매로 담임은 그 사건으로 나의 마음속에 깊이 남은 많은 상처들을 위로해 줄 수 있었다. 그것이 그가 의도했던 바는 아니었겠지만, 그의 마음이 느껴진 순간 모든 것은 이해될 수 있는 차원을 넘어 무언가 뭉클하게 통하는 감정을 가질 수 있었던 것이다. 그 감정은 그 이후로 내가 탈출해 나가는 데 커다란 힘이 되어 주었다.

그 일 자체는 학년이 올라가면서 조금씩 잊혀져 갔지만, 그러한 경험이 남긴 것들은 잊혀질 수 없었다. 옳지 않은 것에 대한 강한 반발이 중학교 1년생의 머릿속에서도 어렴풋하게지만 매우 강렬하게 빛을 발하고 있었다. 그리고 그 빛은 2년이 지난 후 같은 자리에서 다시 한번 한층 강렬한 형태로 다시 볼 수 있었다. 단련된 더 큰 분노와 함께.

> 활엽수림 속에서는 방울새가 쉬지 않고 지저귀고 있으며 전나무숲에서는 밤색 다람쥐가 나뭇가지 사이를 뛰어다니고 있었다. 길바닥과 담 주위 그리고 메마른 고랑에는 초록색 도마뱀이 따뜻한 것이 기분 좋은 듯 숨을 쉬면서 몸뚱이를 반짝이고 있었다. 풀밭을 넘어서는 아주 멀리까지 그칠 줄 모르는 매미의 높은 노랫소리가 울려 퍼졌다. ─ 헤르만 헤세, 『수레바퀴 아래서』

3.
바로 그 당시부터 읽기 시작했던 헤르만 헤세의 「수레바퀴 아래서」라는 소설을 나는 그 후로 중학교와 고등학교를 거치면서 헤아릴 수 없을 정도로 많이 읽었다(음, 이렇게 이야기하면 아무 소용없다고 생텍쥐페리는 강조했었는데. 그렇다면, 한 300번이 넘지 않았나 싶다). 왜 그렇게 많이 읽었느냐고 묻는다면 나로서는 그리 할 말이 없다. 나도 왜 그랬는지 모르지만, 지금에 와서도 간간이 그 책에 손이 가고 또 아무 생각없이 손에 들면 또 한번을 내리 읽어나가게 되는 것이다. 그것은 아마 버티기 위한 나의 저항이었던 것 같다. 마음에 들지 않는 학교에 살아 있어야 하는 것이 너무 힘들었다. 버티기 위해서, 어디론가 탈출해야만 했던 것이다. 어디론가 ─ 이 책 속의 전혀 다른, 하지만 사뭇 비슷한 새로운 공간으로 나는 도피하고 있었던 것이다. 기벤라프가 걷는 길의 방향을 나의 길 속에서 바라볼 수 있었고, 그의 느낌들이 살아숨쉬듯 다가왔다. 책을 읽는 동안이면 언제나 나는 잠시 이 삭막한 세상을 떠나 한적하고 양지바른 호숫가에 다녀온 느낌을 받을 수 있었다. 그가 낚아 올린 잉어의 힘찬 느낌이 낚시줄을 타고 손끝을 통해 나에게 전달될 때마다, 나는 얼마나 기뻤던가. 그가 걷는 산책 길로 새들이 날아와 지저귈 때 나는 얼마나 평화로웠던가. 그가 키스를 할 때면 나도 설레였고, 그가 술을 마실 때 나도 취했다. 결국 그는 책 속에서 나와는 또 다른 나 자신이 되어, 감정의 공유라는 따스함을 함께 하고 있었던 것이다. 그런 공유가 바로 이 사회로부터의 도피처가 되어 주었으며, 학교 안에서 내가 느꼈던 황량함, 살벌함들로부터 나를 지켜주었던 것이다. 그를 따라 초원을 걸으면서, 그를 따라 헤엄을 치면서, 그게 나에게 얼마나 커다란 힘이 되었던가. 내가 힘들 때 그는 내 곁에 있었고, 내가 흐느낄 때 날 안아 주었다. 그리고 신비롭게도, 그가 슬프거나 힘들 때 내가 그를 위로하는 듯한 느낌도 가질 수 있었다.

4.

학교는 정말 커다란 모순 덩어리였다. 식민지 교육의 전당이었으며, 신 - 구 교사간의 이념 차이는 양쪽의 불완전함으로 인해 우물 안에 빠졌다. 교육보다는 운영부터가 어려운 상황으로 보였고, 더이상 어디서도 그 당위성을 찾아볼 수 없는 이념 교육에 신물이 났다. 바로 그런 때에 김선생님을 비롯해서, 바람직한 교사상이라 생각했던 극소수의 교사들이 함께 어울려 하나의 집단을 이루고 있는 모습을 자주 볼 수가 있었다. 나로서는 그러한 집단이 이루어진 것이 무척 기분 좋은 일이었고, 그들이 가끔 수업 시간에 조심스럽게 열어보이곤 하는 아직 먼나라의 새교육을 미리 눈치챌 때마다 얼마나 기뻤는지 모른다. 그 몇 안되는 교사들은 이를테면 마지막 보루 같은 셈이었는데, 그들이 서로 가깝다는 것은 앞으로는 학교도 발전적이 될 수가 있다는 가능성을 보여주는 것이었다. 그러나 내 생각은 어떤 사건을 통해 중학교 3학년 때 완전한 변혁을 맞이하게 된다. 그것은 너무나도 큰 충격을 동반한 것이었는데, 교원노조 문제로 김선생님을 비롯한 몇 명의 교사가 교직에서 쫓겨난다는 사실이었다.

그 사건은 학교를 온통 뒤집어 놓았는데, 우리들에게 교원노조가 무엇인지의 문제는 중요하지 않았다. 내 어린 머릿속에서는 그 이유야 어떠하든간에 김선생님을 쫓아낸다면 그건 쫓아내는 쪽이 잘못하는 것이었으며, 김선생님이 옳다고 믿는 것은 내게도 옳은 것이었다. 김선생님이 없었더라면 평생 절대로 알 수 없었을 값진 것들 — 사랑의 매가 존재하며, 세상에는 참된 교사도 있다 — 을 생각해 볼 때, 절대로 김선생님을 보낼 수 없었고, 그런 교사와 함께 보낼 수 있는 권리를 학생들에게서 앗아간다는 것도 있을 수 없었다. 또한 다른 교사들이 좀 보고 배울 만한 사람이 나가버린다니 정말 하나부터 열까지 엉망진창이었다(하긴, 배울 능력이 있었더라면 교사가 되었겠는가마는). 그때부터 나는 교원노조가 어떻게 생긴 집단인지를 공부해 나가기 시작했다. 일단 힘으로라도 직위 해제(당시 김선생님에게 내려진 정부의 조치)를 막고 싶었는데, 교원노조에 대해서 무얼 좀 알아야 막을 수가 있을 듯싶었다. 나는 주로 직접 찾아다니며 알아보는 방법을 택했다. 내가 연세대학교에 처음으로 들어가 보게 된 것은 바로 그런 이유에서였다. 당시 연세대학교에서는 교원노조에 관한 집회나 세미나가 자주 열렸었다. 그런 공간에서 객관적으로 도대체 누가 옳고 누가 그른 것인지를 판단해 보려 노력했다. 비록 이미 우리는 강한 반대운동을 펴 나가고 있었지만, 우리와 교원노조가 옳다는 것을 이론적으로 뒷받침받고 싶었다. 그러면서 깨달은 것은 그들의 목표가 100% 전부 다 바람직하고 옳은 일이라고 할 수는 없을지 몰라도 최소한 여지껏 존재해 왔던 체계의 교육에 비교해 볼 때 그것은 매우 고무적인 일이라는 것이었다. 구타, 이념교육, 계급 나누기, 성차별… 교과서 내외에서 느낄 수 있었던 많은 문제들이 본격적이고 심층적으로 이야기되고 있었다. 그런 공부를 시작하면서, 스승을 잃고 싶지 않았던 우리의 노력은 매일 한번씩 돌아가며 교육감에게 항의 전화 걸기, 학생들의 참여적인 노력을 촉구하고 우리의 취지를 알리는 글을 쓴 전단을 학교에 뿌리기, 대자보 붙이기 등 다양하게 시도되었다. 우리… '우리'라 부를 수 있는 강한 결속력을 가진 팀 … 바로 2년 전 함께 그 매를 맞았던 아이들이었다. 든든했다. 물론 그 후에 우리팀은 더 커졌지만 말이다. 다른 교사들의 막강한 제지를 받으면서도 조금도 굴하지 않을 수 있었던 것은 우리가 느꼈던 교육제도의 모순과 스승의 사랑, 그 두 가지의 조합이었다. 다들 얻어맞고 돌아와 다시 모일 때마다 그때야 비로소 2년 전 보았던 그 분노의 눈빛을 우리는 서로에게서 다시 확인할 수 있었다.

부당한 폭력, 그것은 예상치 못하리만큼 커다란 분노를 불러일으킨다. 2년 전에 우리가 교사들에게서 받았던 폭력이, 이젠 훨씬 커다란 규모로부터 우리에게 다가오고 있었다. 아무도 우리에게 스승을 빼앗을 수는 없었다. 교문은 굳게 걸려 잠기고, 김선생님을 비롯한 교원노조 교사들은 학교에 들어오지 못해 교문 밖에 서성대고 있었다. 그리고 끝내 그 마지막 날, 쫓겨가는 스승의 뒷모습을 응원하기 위해 우리가 할 수 있는 일은 우리의 마음을 알려드리는 일이었다.

새벽부터 학교에 와서 모두들 각 복도마다 준비를 하고 있다가 교직원 회의가 끝나기 3분 전을 틈타 동시에 모든 교실 칠판에 같은 글을 적었다. '00시 00분 정각에 운동장에서 김선생님을 배웅합시다. 선생님을 사랑하는 모든 분은 나오세요.' 학생들은 모두 그 글을 보았다. 당연히 교사들도 그 글을 보게 되었고, 학교 스피커를 통해 저지 방송이 있었다. 운동장에 나오는 학생은 엄벌에 처한다는 등의. 칠판에 글을 쓴 아이들이 조사되었고 우리들 중 몇 명은 발각되어 교장실에 감금되었다. 그리고 다시 학생부에 끌려들어가 갇혀 있었다. 칠판에 썼던 약속 시간이 다 되었을 때, 우리는 아직 학생부에 잡혀 있었다. 그리고 얼마나 가슴 졸였던가. 혹시 나오지 않았을까… 한 명이라도 나오지 않았을까… 정말 아무도 나오지 않을까. 우리라도 가서 앉아 있어야 될텐데… 생각이 거기까지 미치자 우리는 도망치듯 학생부를 뛰쳐 나왔다. 그리고 급히 운동장으로 달려나가는 길에 창문을 통해 보았던, 운동장에 옹기종기 앉아 있는 300여 명의 모습은 아, 얼마나 감격적이었던가. 눈물이 핑 돌았다. 우리 모두가 다 그랬다. 그렇게 모여 앉은 우리들 앞에서 김선생님이 교문 밖으로 끌려나가는 모습을 보았을 때, 내겐 유일했던 참된 교육자가 한때 같은 직업을 가졌던 자들에 의해서 돼지처럼 끌려 나가고, 우린 운동장에 앉은 채로 학생부 교사들의 매를 이겨내고 있었다. 내가 운 것은 너무도 분해서였다. 아무리 몸부림치고 아무리 부딪쳐도 이겨낼 수 없을 것 같은 저 덩치 커다란 벽이 너무도 분했다. 그 어린 분노의 '벽'이 바로 내가 여지껏 살아왔던 '사회'라는 걸 깨달았을 때,

나는 그 '사회'라는 걸 열심히 공부해서 기어이 그 벽을 넘어버리겠노라고 했던 것이 사회학과를 들어오게 된 계기가 되었다.

이런 일이 있은 얼마 후, 수도원에서는 또 마력이 사라져 버렸다. 선생들은 다시 질타하기 시작하였다. 문을 닫는 손도 난폭해졌다. 없어진 헬라스 방의 한 소년의 일은 거의 생각나지 않았다. ― 헤르만 헤세, 『수레바퀴 아래서』

5.

안그래도 없었던 학교에 대한 애정은 바닥이 드러난 지 오래였다. 그러면서 너무도 대학에 가고 싶었다. 빨리 배워 이기고 싶었다. 거대해 보이기만 했던 벽과 싸우고 싶었다. 그리고 특히 윤리라는 과목을 듣고 싶지 않았다. 나는 고등학교를 가지 않겠다고 결심하게 된다. 도저히 버티어 낼 수 없을 것 같았다. 대학으로 가는 관문이라는 것 이외에는 그 어떤 의미도 가지지 못하는 인문계 고등학교에 나는 가고 싶지 않았다. 도저히 중학교의 연장선상에 있으며, 오히려 한층 더할 고등학교에서 살아갈 자신이 없었다. 결국 검정고시를 알아보았다. 고교생들보다 훨씬 먼저 대학에 들어갈 수 있었으며, 더 나은 환경을 가진 대학을 지원할 수 있는 가능성이 더 컸다. 내신 문제도 유리했고, 더이상 고민할 거리가 없었다. 어머니만 설득하면 되는 일이었다. 하지만 그 당시 내게 어머니를 설득시킨다는 것은 너무도 어려운 일이었다. 남들 만큼 여유있게 살지 못했던 시기였기 때문에 공부라도 남부럽지 않게 시키고 싶은 마음을 모르는 바 아니었고, 내 결정이 어머니에게 드릴 충격이 날 괴롭혔다. 몇 주 동안을 고민하다가 결국 그날 따라 높아보이기만 하던 안방문을 열고 들어갔다. 내가 긴 이야기를 하는 동안 어머니는 한말씀도 없이 듣기만 하셨다. 그리고 내가 어머니 앞에 '그래서 저는 고등학교에 가지 않겠습니다'라고 그 어려운 결론을 지어 놓았을 때, 나는 그 후에 일어날 모든 상황을 어렴풋이 짐작할 수 있었다. 높다란 벽… 그 벽에 부딪치리라. 그리고 한참이 흘렀다.

'그러렴…'

그게 다였다. 다른 어떤 말도 없었다. 나는 잠시 멍청해질 수밖에 없었다. 그 후로 며칠 동안 나는 그 '그러렴'이 무슨 의미인지 고민을 해야만 했다. 이건 생각했던 것과 달라도 너무 다른 대답이었다. 최소한 그런 대답이 나와서는 안 되는 상황이었던 것이다. 어머니는 단지 '그러렴'이라는 말만을 남긴 채, 하시던 뜨개질에 다시 집중하셨다. 어머니는 그때 내가 입을 스웨터를 뜨고 계셨다. 결국에는 내 동생이 입게 되었지만.

> …여러 가지 두려운 충고를 들을 줄로 믿고 잔뜩 긴장하고 있었는데 의외로 이처럼 다정한 말에 거뜬한 기분으로 깊은 숨을 내쉬며 교문을 나섰다. 커다란 키르히베르크의 보리수가 늦은 오후의 따가운 햇살 속에서 조용히 서 있었다. — 헤르만 헤세, 『수레바퀴 아래서』

6.

그 일이 있은 후, 고등학교 등록 날짜가 될 때까지 나의 고민은 절정에 달했다. 만일 어머니가 내 예상대로(누구나의 예상대로) 강하게 반대하셨더라면 나는 오히려 쉬웠을 것이리라고 확신한다. 나는 절대로 고등학교에 들어가지 않았을 것이다. 하지만 '그러렴'이라니. 그런 간단한 말씀에 나는 나 자신을 매우 객관적으로 다시 들여다 볼 수 있었다. 어쩌면 나는 오기를 부리고 있는 것이 아닐까. 남들과 달라 보이려고 이러는 것은 아닐까 하는 1차적인 고민부터 시작해, 수많은 고민을 하게 되었다. 나는 좀더 객관적으로 고등학교라는 곳을 생각해 보게 되었던 것이다. 그도 그럴 수밖에, 김수환 추기경의 멋진 비유처럼, 자동차를 급히 오른쪽으로 틀면 승객들은 자연히 왼쪽으로 쏠릴 것이니, 중학교를 마치고 난 내 기분이 바로 그러한 것이었다. 스승은 없고 교사만 있는 학교. 김 선생님을 쫓아내는 학교. 그 결정에 박수를 보내던 학부모들. 빨갱이라기에 정말 살갗이 빨간 줄 알았다던 친구 하나. 공부를 얼마나 잘하는가와 음악, 미술, 체육 성적이 맺는 은밀한 상관관계. "너희 어머니는 너에게 관심이 없으신가 보지? 한번 오시라고 해". 특별활동 시간에 있던 사물놀이반이 없어지고, 교원노조 문제가 확대될 조짐이 보이면 우리는 교장실에 감금되기도 했다. 그게 내가 나온 중학교였다. 게다가 나에게 그렇게 어둡고 어지러웠던 중학교 시절이, 나와 동시에 학교를 다녔던 동기동창들 중 다수에게조차 어쩌면 별 사건없이 아무렇지도 않게 기억될 것이라는 걸 알고 있었다. 많은 학생들이 아무렇게도 고민하고 있지 않다는 걸 알고 있었다. 그게 더 나를 괴롭혔다. 그 연장선인 고등학교. 다시는 그런 곳으로 들어가고 싶지 않았다.

> 낚시질! 그것은 학교 생활을 하는 동안 가장 재미있었던 일이었다. 가느다란 버들 그늘 속에 있으면 방앗간 둑의 물소리가 점점 가까이 들려 왔다. 깊고 조용한 물, 수면의 빛놀이, 부드럽게 구부러진 긴 낚싯대… 고기가 물려서 끌어올릴 때의 흥분 … 파닥파닥 뛰는 싱싱하고 살진 고기를 손으로 잡았을 때 그 설명할 수 없는 기쁨 … — 헤르만 헤세, 『수레바퀴 아래서』

7.

나의 눈에 비친 기성세대들의 가장 큰 특징은 찌들어 있다는 것이었다. 여러 가지 압력들이 그들을 누르고 있는 것 같았다. 그들이 보여주는 삶이란 마치 휴일이라든가, 모임이라든가 하는 정류장을 가진 출근길의 만원버스 같은 인상이었다. 부릉부릉… 출발합니다. 내리실 분은 앞으로 나오세요 그들이 가장 즐겨 머무는 정류장 중에는 고등학교 동창회가 반드시 끼어 있었다. 그 동창회만 되면 신이 나서 떠들어대고 술마시고 하는 모습을 흔히 볼 수 있었다. 그들은 말하기를, 친구는 역시 고등학교 친구지 사회에서 만난 친구는 한계가 있다고 했다. 무엇이 저들을 묶어 놓은 것일까(나중에는 그들의 그런 모습조차 그들의 찌들림을 증명하는 하나의 증거일 뿐임을 깨닫기는 했지만). 돌아보면 중학교에서도 배운 것들이 한두 개는 있는데, 고등학교에서도 두어 개는 배울 게 있지 않을까. 최소한 저렇게 하면 안된다는 것만이라 할지라도. 고등학교란 역시 절망으로 가득 찬 공간일 것인가, 전혀 희망이 없는 철책으로 막혀진 공간일까. 객관적이 되려고 많은 노력을 했던 시기였다. 많은 사람과 대화를 해보았고, 더 많이 고민해 보았다. 그리고 나서 결국 나는 결정했다. 보란 듯이 이겨내고 싶었다. 아무리 희망 없는 공간이라 할지라도 그 안에 들어가 그것을 비웃어 주고 싶었다. 이겨내고 싶었다. 너희가 성스러움으로 가장한 보수의 깃발 속에 우리를 가두어 둘 때, 우리는 그것이 잘못된 것임을 모르기 때문에 너희가 만든 제도 안으로 들어가는 것이 아니다. 너희를 이겨내고 싸우고 비웃기 위해 그곳에 들어가는 것이다. 그것이 바로 내가 나를 위해서 그리고 한스 기벤라트와 하일너를 위해서 할 수 있는 일이기도 했다.

8.

기성질서로부터 탈출하는 일은 늘 재미있었다. 수업시간에 도망간다거나 아니면 교사들의 우월 의식을 대상으로 장난을 친다거나 했던 것들은 특별히 그 일자체의 의미보다는 기성질서로부터의 탈출이라는 의미가 있었다. 꼭 막힌 학교에서 나를 지켜가고, 역동적인 하루를 보낸다는 것은 내게 필수적이었고, 그런 작업들은 바로 그 질서로부터의 탈출이 담당할 일이었다. 나는 그 탈출을 매우 즐겼다. 오히려 모든 일을 거꾸로 해나간 편이었는데, 그러므로써 교사들의 분노를 불러일으키고 교묘히 그걸 빠져 나가는 일은 일종의 스포츠 같은 느낌마저 주었다. 그리고 무엇보다 재미있었던 일은, 나의 탈출에 경악을 금치 못했던 교사들이 내 성적이 좋다는 것을 깨닫자마자 비굴하게 "허허 그놈 참…" 하는 식으로 태도를 바꾼다는 것이었다. 그런 모습을 볼 때마다 나는 쾌재를 불렀다. 슬픈 쾌재. 알고 있나, 그대들은. 자신들도 하나의 희생양이라는 것을. 이 사회가 그대들을 얼마나 잘 이용하고 있는지를. 그대들 머릿속에 있는 그 별것 아닌 지식으로 살아야 하는 약한 존재임을. 그때부터 나는 교사들을 적대적인 시선으로서가 아니라 불쌍한 하나의 희생물로서 바라보게 되었다. 그들도 나와 똑같은 입장, 아니 훨씬 못한 입장이었던 것이다. 이미 다른 가능성마저 잃어버린 채, 현상유지라는 중대한 의무만을 어깨에 이고 비틀비틀 걸어가는 이 사회의 희생양.

진정하십시오, 기벤라트 씨. 나는 단지 학교 선생들을 말했을 뿐입니다. — 헤르만
헤세, 『수레바퀴 아래서』

9.

고등학교 때. 교육제도의 문제성을 심각하게 생각하는 몇 명의 학생으로 이루
어진 집단이 하나 만들어졌고, 나도 거기 참여했다. 우리의 최우선적 문제 의식
은 도저히 참을 수 없는 교과서 내의 주입식, 획일식 사상 교육과 계급적 갈등
을 심화시키는 내용들이었다. 정말 세심하게도 그러한 내용들은 세계사, 국사,
윤리, 국어, 영어 등 다양한 과목의 교과서 곳곳에 매우 정교하게 담겨져 있었
고, 이러한 상황을 학생들에게 널리 알려 함께 공감하고 비판할 수 있는 안목을
갖자는 취지였다. 우리는 그런 전단을 제작했고 몇 월 몇 일 몇 시 정각에 미리
정해둔 학교 건물 꼭대기에서 각각 200장씩 허공에 뿌리기로 했다. 누구 하나
라도 늦게 뿌리거나 빨리 뿌려 한 사람이라도 붙들리는 날에는 모두가 위험해
지기 때문에 모두 동시에 뿌리고 재빨리 없어지기로 한 것이었다. 교사들이 바
로 옆에 있어도 꼭 뿌리고 얼굴을 가리고 달려 도망간다는 것이 계획이었다.
강경대가 세상을 떠나 한참 신경들이 날카로와 있을 때였다. 글의 내용을 볼
때 붙들리는 날에는 어떤 처벌을 당할지 상상도 할 수 없었다. 우리 팀 중 한
명은 퇴학당할 거라고 겁을 집어먹기까지 했었으니까. 그 날이 되었다. 나는 조
심스럽게 숨겨가지고 간 내 분량의 전단을 옷 속에 숨겨가지고 내가 맡기로 한
건물 꼭대기에 올라섰다. 둘러보니 앞 건물에 두 명, 옆 건물에 한 명이 보였다.
조금은 안심이 되었다. 나머지 사람들도 제 위치에 서 있겠지. 자… 뿌리면 되
는 거야. 3초 전, 2, 1, 0. 바깥쪽을 향해 확 전단을 뿌렸다. 장관이었다. 1,000장
가까운 전단이 동시에 고등학교 교정에 뿌려졌다. 행복했다. 긴장으로 얼굴이
발갛게 상기되었다. 그때 마치 줌인(zoom in)되는 카메라 렌즈처럼 저 건너편
건물 꼭대기 창문이 강렬하게 눈에 띄었다. 우리 팀 중 한 명이 맡기로 했던
바로 그 장소였다. 그 창문에서는 전단이 뿌려지지 않았던 것이다. 가슴이 턱하
고 막혀 왔다. 그리고 이런저런 생각을 할 틈도 없이 그 장소로 달려갔다. 마치

그 순간은 존재하지 않는 듯이 빨리 지나갔다. 내가 뿌린 전단들이 아직 미처 다 땅에 떨어지지 못하고 날아다니고 있었다. 나를 제외한 모든 사람들이 하늘을 쳐다보며 의아해 하고 있었다. 교사에게 붙들린 것은 아닐까. 발각된 것은 아닐까. 그 건물 꼭대기까지 뛰어 올라가는 데까지 나는 거의 숨을 쉴 수 없었다. 그리고 마침내 그 창문 앞에 다다랐을 때, 늘 겁이 난다고 말하던 그 아이가 전단을 꼭 붙든 채 하얗게 질려 떨고 있는 모습을 보았다. 1층에서부터 교사들이 '저쪽이야!' 하고 외치며 쫓아 올라오는 소리가 들렸다. 나와 거의 동시에 그곳에 도착한 또 한 명의 '우리'와 둘이서 힘을 모아 하얗게 질려 있는 그 아이의 손을 잡고 창문으로 내밀어 경직된 손가락을 하나하나 떼어냈다. 이윽고 공간을 향해 전단들은 흩어져 날아 갔다. 마치 새처럼… 몇 초 지나지 않아 교사들이 우리가 있는 층에까지 올라왔다. 그들은 우리 앞에 우뚝 섰다. 숨도 쉴 수 없었다. 우리는 아픈 친구 하나를 부축하고 있는 두 명의 학생으로 보여야 했다. 교사들은 우리를 날카롭게 쳐다보았다. 얼마나 시간이 지났는지, 그들은 다른 쪽으로 우르르 달려갔다. 대대적인 소지품 검사가 있었다.

10.
고등학교 졸업식이 있던 날, 이미 나는 연세대 사회학과에 합격했다는 사실을 확인했었고, 무척 기분이 좋았다. 새로운 세계가 눈앞에 열려 있는 것이 느껴졌고, 지긋지긋한 고등학교를 나서는 발걸음은 가벼울 수밖에 없었다. 결국 버티어 냈구나… 잘 버텼구나… 수많은 생각이 머릿속에 스쳐 지나갔다. 김승규 선생님, 교원노조, 교육제도, 우리의 노력들, 전단, 친구들, 성적, 또 다른 도피처였던 그룹사운드를 비롯해 이 글에서 마저 이야기하지 못한 그 많은 다른 이야기들… 그리고 그 순간, 한스 기벤라트와 하일너가 멀리 어디선가 그 의미를 확실히 알 수 없는 부드러운 미소를 띤 채 나를 보고 있는 듯한 느낌이 강하게 다가왔다. 교실 스피커를 통해 곧 졸업식이 있을 예정임을 알리는 방송이 있었다. 모두들 체육관으로 나오라는 방송이었다. "저 방송 말인데, 한번도 좋은 소식은 전해 주지는 않는구만"이라고 나의 오랜 친구가 말을 건넸다. 그게 왜 그렇게 웃긴 말이었는지, 우리는 모두 배를 잡고 웃어댔다. 너무나 통쾌하도록 웃었기 때문에 그간의 모든 체증이 풀리는 기분이었다. 아무리 생각해도 그렇게 웃긴 이야기는 아니었건만, 우리 모두는 그것까지 너무나 우스웠나 보다. 행복했다. 그리고 웃음이 잦아들 무렵 나는 교실을 빠져나와 수업시간에 도망갈 때면 늘 들리던 샌드위치 가게를 향해 달리기 시작했다. 늘 함께 도망다니던, 그들이 우수한 학생이라 부르며 어색한 미소를 지었던 몇 명의 친구들이 함께 학교를 빠져 나왔고, 그날따라 샌드위치는 너무나 맛이 있었다. 전부 자랑인 듯 무슨 맛인지도 모르는 맥주를 한 캔씩 들고 간간이 와아 하고 터져 나오는 웃음을 사이에 두고 행복해 했다. 샌드위치 가게를 나서면서, 우리는 태어나서 처음으로 너무도 자유롭게 한 개피씩 담배를 꺼내어 물었다. 하늘로 피어나는 연기 속으로 그 동안의 오랜 고교시절이 함께 날아갔고, 아무도 졸업식에 참석하지 않았다.

기벤라트는 이 한때의 정적과 이상스럽게 괴로운 갖가지의 추억으로부터 떠나, 머뭇거리면서 지향없이 정든 생활의 골짜기를 향해 걸음을 옮겼다.—헤르만 헤세, 『수레바퀴 아래서』

■ 글쓴이 서동욱은 1974년 봄에 태어났다. 5공에서 6공으로 넘어갈 즈음에 중학교에 들어가서 김영삼 후보가 유세를 하던 해 무사히 고등학교를 졸업했다. 운동권이 될 줄 알았으나, 그것도 뾰족한 수가 아닌 듯해서 좋아하던 음악 해보고, 지금 공부중. 연세대 사회학.

17박 18일, 영국에서 찾은 우리들의 자화상

이신효인

우리 나라 너무 유명하다. 보신탕을 주식으로 먹는 나라, 다리가 막 무너지는 나라, 백화점이 어느 날 없어지는 나라, 맨날 시위만 하는 나라로 말이다. 이러다가는 우리 나라 사람들이 고립되면 어쩌나… 무섭다.

어렸을 때 나는 '외국의 교육'이니 '외국 청소년의 문화 생활' 같은 그런 다큐멘터리를 매우 좋아했다. 또 '케이티의 기숙사 생활'이니 '케이티의 친구들' 같은 외국 아이들의 기숙사 생활을 묘사한 소설을 가슴 두근거리며 읽고 또 읽었다. 또 사촌동생 집에 가면 '세계의 어린이'라는 외국 아이들 생활을 옮겨 놓은 40권짜리 책이 있었는데 그 책만 보면 가슴이 설레곤 했다. 어렸을 때부터 나는 '나와 다른 삶'에 대하여 관심이 많았기 때문이다. 그래서인지 누군가 나의 꿈을 물어 볼 때면 난 '다큐멘터리 PD'라고 대답했다. 나에게 다큐멘터리 PD란 외국을 돌아다니면서 그들의 생활을 찍어내는 사람으로만 생각되었기 때문이다. 하지만 뭐 지금은 아니라는 걸 아니까 (크리스틴 최나 변영주의 책을 읽고 나서) 다큐멘터리 찍겠다고 함부로 말하지는 않는다. 어쨌거나 나는 외국에 가고 싶었던 것이다. 외국에 가서 그냥 관광만 하는 게 아니고 한번 눌러앉아 살고 싶었다. 결국 나는 올 여름에 '영국'에 갔다. 하긴 요즘에는 워낙에 외국에 많이 나가니까 자랑할 일은 안되지만 나에게는 큰 의미를 가진 일이었다.

봄에 학교에서는 17박 18일 동안에 이루어지는 영국 어학 연수에 갈 아이들을 모집했다. 나의 케이티의 나라(케이티는 영국 아이였다)에 갈 수 있다. 얼마나 설레고 좋은 일이냐! 나는 8대 3의 경쟁률을 뚫었다. 물론 '100원짜리 던져서 세종 대왕 나오기'였지만. 세종 대왕이 내 기도를 받아들이셨는지 날 보내셨다.

'케이티'의 나라, 영국에 가다

7월 22일 출발이었다. 애들 서른여섯 명 선생님 네 분 해서 인원은 마흔 명이었다. 비행기는 몽고, 러시아를 거쳐서 유럽으로 갔다. 이륙 후 몇 시간이 지나니까 몽고 위를 지나간다. 비행기 안에서 나는 몽고를 무대로 한 다큐멘터리 생각을 하고 있었다. 유목 생활과 낙타, 징기스칸… 그리고 중학교 때 몽고에서 전학온 애. 그 아이의 아빠가 외교관이어서 여러 나라를 돌아다니는 애였다. 그애가 작년에 몽고로 돌아갔다. 갑자기 그애 생각이 나서 창문으로 한번 더 내려다보았지만 보이는 건 구름뿐이었다.

처음 본 외국 '영국'의 인상은 '우와! 영화에서 나오는 집 같다'였다. 참 바보 같다. 영화를 외국에서 찍으니까 그런 거지. 멋있었다. 또 버스 기사 아저씨도 매우 친절해서 첫인상이 아주 좋았다. 처음 만난 영국 사람이었기 때문에 괜히 더 그렇게 보였을 수도 있다. 공항에서 버스를 1시간쯤 달려 도착한 곳은 '옥스포드 브룩스 대학 기숙사.' 현지 시각으로 밤 10시였다. 떠들썩하게 도착해서 각자의 방으로 가서 짐을 푸는데, 갑자기 복도가 시끄러워 나가 보았다. 웬 잘 차려입은 사람들이 인사를 나누자고 했다. 그 대학에 유학 온 대학생인가 보다 했는데… 왜냐하면 여자들은 거의 다 화장을 하고 치마를 입었고 긴 파마머리(오오… 파마머리)를 너풀거리고 있었기 때문이다. 그 사람들은 대학생이 아니고 이탈리아에서 온 고등학생들이었다. 아이들이라니. 거의 나랑 동갑이었고 영어를 그다지 잘하지는 못했다. '그다지'라는 말에 너는 영어를 얼마나 잘하냐고 물을 수도 있다. 으음… 하지만 그렇게 물어 봐도 할말이 있다. 세상에나… 나한테 어떤 애가 "웬 유(When you) 피융(손동작을 하면서)?"이란다. 상황으로 미루어 보니까 너 언제 집에 가냐는 거였다. 무서운 아이들이다. 동사 없이도 하고 싶은 말을 하는 아이들… 배울 점이 많다.

기숙사에는 외국 아이들이 많았다. 영국에 왔지만 영국 아이는 하나도 없었고, 이탈리아, 폴란드, 러시아, 벨기에, 그리스, 터키, 모로코, 일본, 홍콩, 대만 등등 세계 각지에서 모여든 아이들로 바글댔다. 이탈리아 아이들이 제일 많았다. 그래서 내 친구들 이름이 스테파노, 파브리지오, 다리오, 안토니오, 니꼴레타, 스티파냐, 엠마누엘라들이다. 오죽했으면 떠나기 전날 한국 아이들끼리 모여서 이런 말을 했을 정도였다. "우리 이제 이탈리아에서 있었던 일 다 잊고 한국 가면 공부 열심히 하자꾸나"라고. 그 말이 농담이 아니고 진짜로 입에서 나온 말이었으니… 이탈리아 아이들 때문에 스트레스 엄청 받았나 보다.

첫날 바로 수업에 들어갔다. 1시간 30분짜리 수업이 두 시간이었는데, 선생님은 영국인이었지만 아이들은 다국적이었다. 첫시간, 애들은 자유로운 분위기에서 끼여들기도 하고 따지기도 하고 농담도 해가면서 수업을 이끌어 나갔다. 우선은 애들이 영어를 아주 잘해서 놀랐다. 어제 들었던 '무동사 영어' 생각만 하고 만만하게 생각했다가 놀란 것이다. 우리 반이 잘하는 반이었는지도 모르고.. 하여튼 분명히 교재는 우리 나라 중학교 2학년 문법 수준이었다. 영어를 2년 배운 애들이 문법을 몰라도 하고 싶은 말을 다하는 걸 보니 부럽기도 했다. 그래서 나도 두번째 시간부터는 하고 싶은 말 다했다, 문법이 맞든 안 맞든. 가끔 무동사 영어도 써 가면서….

보신탕 이야기

어느 날 보신탕 얘기가 나왔다. 전세계 사람들이 보신탕 얘기는 다 아나 보다. 한국에서 가신 인솔자 선생님이 길을 걷는데 어떤 영국 사람이 소리 치더란다. "나는 개 안 먹어"라고… 그래서 지금도 그 선생님은 그 얘기만 나오면 펄펄 뛰신다. 어쨌든 보신탕 얘기가 나와서 다른 나라 아이들이 흥분을 하고는 왜 그런 것을 먹느냐고 따지기에 나도(원래 나는 보신탕을 증오하는 사람이다) 이렇게 반박했다. 보신탕을 먹는 것은 우리 나라의 식습관이니까 상관하지 말라고. 그랬더니 친구들은 불만이 가득한 표정들로 이해를 해주었다.

불만에 가득한 표정이라… 생각난다. 하이드 파크에 갔을 때 환갑 정도 돼 보이는 어떤 아저씨가 우리 일행에게 다가오더니 고래고기를 먹느냐고 물었다. 그래서 먹는다고 했더니 당신네들 같은 사람 때문에 고래들이 보호받지 못하고 멸종되어 간다고 불만스런 표정으로 따지는 거다. 그 사람은 우리를 일본 사람으로 알아서 고래고기 얘기를 한 것이었는데 나중에 우리가 한국 사람들이라는 걸 알게 되자마자 또 따져댔다. 보신탕 얘기를 말이다. 각 반에서 한국 애들은 보신탕 얘기로 공격받느라고 힘들었는데 쉬러 온 공원에서조차 보신탕을 가지고 따져 대니 아이들은 화가 머리끝까지 났다. 그래서 아이들은 보신탕 먹지 말라고 하면 죽을 때까지 보신탕만 먹고 산다고 말하겠다고 반박할 문장을 영작하느라고 난리였다. 하지만 그 아저씨는 보신탕을 먹지 말라는 것이 아니라 "너희들이 보신탕을 먹을 수 있는 자유가 있듯 우리에게도 불평할 자유가 있다"는 것이었다. 그래서 그 영작은 하다 말았다. 그 아저씨는 우리의 식생활 문화를 인정해 주었다. 그렇게 각자의 문화를 존중하는 것은 좋은 일이다. 또 배워야 할 것이다.

그런데 한국 사람들이 명심해야 할 것이 있다. 보신탕 이야기가 나오면 개고기는 우리 나라 고유의 식생활이니까 신경 쓰지 말라는 식으로 이야기하는데 그렇게 이야기하면 큰 문제가 생긴다. 고유의 식습관이라는 말을 주식이라는 개념으로 받아들이기 때문이다. 그러니까 그들은 한국 사람들이 보신탕을 주식으로 먹는다고 생각하는 거다. 이런 낭패 같은 일이 있나. 그렇다고 우리 나라의 농경 사회에 대해서 그리고 우리 나라가 소를 얼마나 귀하게 여겼는지 그래서 단백질 공급을 위해서는 어쩔 수 없는 일이었다고 불만에 가득한 표정의 사람들에게 일일이 설명을 해줄 수도 없는 노릇이다. 한번 국제적인 방송망을 통해서 '보신탕 그것은 무엇인가?' 같은 보신탕의 기원과 역사를 설명하는 다큐멘터리를 방송해야 할 것 같다. 아니면 보신탕에 대한 책자를 뿌리든가… 이러다가는 우리 나라 사람들이 매일 밤 개 잡아먹는 사람들로 인식될 것이다. 물론 개고기 먹는 것이 나쁜 것이 아니지만 말이다. 수업 시간에 맛있는 음식 얘기하는데 맨날 'DOG SOUP'(보신탕) 얘기 듣는 것도 지겨우니까.

어쩌다가 이렇게 이야기가 길어졌지? 수업 시간 얘기하다가 그랬다. 어쨌든 수업 시간은 활기차다. 엎드려서 자는 애도 없고, 빼먹고 안 들어와도 뭐라고 안하고 수업을 받고 싶은 애들만 모여 있으니까. 선생님의 역할은 아이들의 토론을 중재해 주고 가끔은 진도를 나가는 정도(중학교 2학년 문법)였다.

북한에서 왔니?

어느 날 폴란드 애 하나가 내 친구에게 북한에서 왔냐고 물어 봤다고 했다. 친구는 너무 열받고도 황당해서(그애의 표현을 따르면) 북한은 사회주의고 우리는 민주주의고 또 북한보다는 우리 나라가 훨씬 잘산다고 했단다. 덧붙여서 "I HATE NORTH KOREA"(난 북한을 증오해) 하고 말했단다. 자신을 북한 아이로 보았다는 것에 열받는다고 했는데, 나는 그 말을 듣고 깜짝 놀랐다. 그런 물음이 있을 수 있다는 상황과 내 친구가 썼던 'HATE'라는 단어 때문이었다. 만약 나에게 그런 질문을 했더라면 어떻게 대답했을까 하는 생각을 잠시 해보았다. 나도 'HATE'(증오한다)라는 단어를 썼을까? 어쩌면 나도 생전 처음 들어본 말인지라 당황한 나머지 어떻게 대답할지는 잘 모르지만 아마도 같은 민족이라서 그렇게 물었겠지 하고 넘어가거나 적어도 남 앞에서 우리가 서로 증오하고 있다는 것을 보일 필요는 없을 것이라는 생각을 하면서 그 이야기를 함께 듣던 아이들을 둘러 보았더니 아이들의 분위기는 그게 아니었다.

어쨌든 남한보다 북한에 대해 더 잘 알고 있을 그 폴란드 아이는 그 대답을 듣고 무슨 생각을 했을까? 우리들이 이렇게밖에 말할 수 없는 것이 답답하기도 하지만 그게 다 그 동안 우리가 보고 배운 것이니 어쩌랴. 아직도 우리는 민족 통일보다는 반공 교육에 젖어 있는 세대라는 것이 실감이 났다. 북한 아이들이 똑같은 질문을 받는다면 어떻게 대답을 할까? 그리고 앞으로 외국 연수에서 만날 때엔 어떻게 서로를 대해야 할지 궁금하기도 하다. 어느 시에선가 보았듯이 민족 분단의 아픔과 불편은 38선에만 있는 것이 아니라 우리 생활 곳곳 어디에

나 존재한다는 사실을 이 먼 곳까지 와서 새삼 느끼게 한 사건이었다.

우리 나라 아이들의 문제는 또 있었다. 영국의 웅저성을 보더니 "야… 우리 나라 경복궁은 궁도 아니다. 그러니까 우리 나라가 그렇지…"라면서 혀를 끌끌 찼다. 나는 영국과 우리는 자연 환경이 다르고 자원이 다르니 건축물도 다를 수밖에 없지 않느냐고 했다. 사대주의라고 해야 하는지 아니면 교육의 문제인지… 음악 책에도 외국 노래, 장난감도 외국 장난감에 외국 것만 보다 보니까 그런 생각을 하는 건지 속이 상했다.

이런 아이도 있었다. 일본 애들이 도착했을 때 기분 나빠하기에 왜 그러냐고 물었다. 그랬더니 일본 사람들의 그 더러운 인간성이 싫다고 했다. 내가 일본풍의 옷과 일본풍의 음악을 좋아하지 않냐고 물었더니 좋아한단다. 그리고 물건이 거의 일제다. 내 참 기가 막혀서… 내가 따졌다. 일본이 싫은데 왜 그러냐고. 그랬더니 사람은 싫지만 문화는 좋단다. 도대체 이해할 수가 없었다. 그러나 그 친구한테는 잘못이 없었다. 황금 시간대에는 일본풍의 오락 방송을 틀고 저녁에는 일본의 만행에 대한 다큐멘터리를 트는 방송국이랑 똑같으니까. 그런 아이들을 보면서 한심하기도 하고 막 따지고 싶기도 하고 슬프기도 했다. 하지만 그냥 나랑 같은 생각을 가진 친구하고만 이 심각한 문제에 대해서 이야기했다.

케이티는 동양인을 싫어해?

외국 아이들은 동양인을 놀려댔다. 피부 색깔과 머리색 그리고 말소리까지. 식당에서였다. 먹으려고 줄을 서 있는데 뒤에서 어떤 애들이 "저패니즈 어쩌고 치카치카"라고 했는데 날 일본 사람으로 생각했나 보다. 그리고 그 치카치카는 말소리를 빗댄 거였다. 지들도 "따오르르르 끼오르르"라고 말하면서… 기분이 나빠 한국 애들은 이를 악물었다. 각 반의 일등은 한국 아이들이었다. 하기사 중학교 문법 정도야 뭐… 또 축구 대회에서도 우승하고(이 일에는 '고추장'의 공이 컸다. 시합에서 일곱 골이나 성공시킨 남자애가 전날 저녁에 꼭꼭 숨겨 둔 고추장을 먹었기 때문이었다. 빵에 발라먹고 샐러드 소스 대용으로 먹고… 그러더니 일곱 골을

넣어 버린 거다. 그것도 축구 강국 이탈리아 애들한테!!!) 댄스 파티에서도 춤 잘 추는 친구가 화끈하게 추어 버렸다. 완전히 독무대였다. 가라오케 콘테스트에서도 우승했다. 우리 학교 밴드에서 노래 부르는 애였기 때문이다. 또 포켓볼 대회에서도 1등을 하는 전무 후무의 기록을 우리는 세웠다. 음… 한국 애들이 무섭긴 무섭다. 그래서인지 그들은 우리에게 더욱 거부감을 느꼈을지도 모른다. 그들의 지식으로는 분명히 머리 까만 애들은 열등하기 때문이었다. 내가 보았을 때 일본 아이들은 그들의 지식을 확인시켜 줄 만했다. 영어도 못하고 적극적으로 참여하지도 않고 언제나 자기네들끼리만 다닌다. 하지만 한국 애들은 달랐다. 역시 그 매운 고추를 고추장에 찍어 먹던 아이들이니 오죽하랴. 지고는 못사는 민족 아닌가!!

어쨌든 거부감까지는 좋은데 그 거부감을 그렇게 솔직하게 표현하다니… 디스코 파티 때 디제이가 한국 노래를 틀었다. 아마도 '쿵따리 샤바라'였던 것 같다. 한국 애들은 신이 나서 춤을 추었지만 스테이지에는 한국 애들만 남아 있었다. 예의도 없이… 그래도 아랑곳하지 않고(넓으니까 더 좋지) 애들은 춤을 췄다. 어떨 때는 그들이 '꼬레앙' 내지는 '자포네'라며 뒤에서 수군대는 걸 느낄 수 있었다. 그런 짓은 우리보다 어린아이들이 많이 했는데 아예 노래까지 불렀다. 의역하자면 "일본놈 일본놈 대머리 깎아라" 이런 식으로 말이다. 도대체 그 아이들의 선생이나 부모는 애들한테 그렇게 가르치나? 동양 애들은 놀려라! 이렇게? 안 그래도 기분 나쁜데 더 기분 나쁜 건 나한테 일본 애라고 하는 것이다. 그래서 나는 아예 붙어 싸웠다. "나는 일본 사람이 아니고 한국 사람이다. 다시 나한테 일본 사람이라고 부르면 가만히 안 두겠다. 또 너희들이 뭔데 그런 말로 사람을 화나게 하냐. 내가 너희한테 뭐 잘못한 게 있냐"고 했다. 그랬더니 좀 조심하는 것 같았다. 사실 내가 그리스 애, 터키 애, 이탈리아 애 구별하지 못하듯이 그 아이들이 일본 애, 한국 애 구별하지 못하는 게 당연하다. 그렇다고 한일 관계를 다 설명할 수도 없는 노릇이었다. 한일 관계를 설명한 책자도 뿌려야 되나 보다. 어쨌든 그렇게 노래 부르면서 놀리는 건 애들의 유치한 장난이라고 생각하고 넘어갈 수도 있다. 그러면 배울 만큼 배운 우리만한 아이들은 안 그러나? 답은 네버(NEVER, 결단코 아니다)! 우리들을 놀리는 것의 절정은 '인터내셔널 나이트(INTERNATIONAL NIGHT)'에서였다. 각 나라별로 장기 자랑을 준비하는데 우리는 탈춤을 준비했다. 두번째 순서였다. 한국에서 고이 가져간 탈과 한복을 차려입고 공연을 했을 때, 들려 오는 소리는 환호가 아닌 '겟 아웃! 퍽큐!(GET OUT! FUCK YOU!)'였으니. 그 소리를 들은 아이들은 분해서 눈물까지 흘렸다. 그날 밤에 우리는 모두 애국가를 부르고 난리였다. 눈물을 흘리면서 애국가를 불러 본 적은 모두들 그날이 처음이었다. 타지에서는 다 애국자가 된다는 말은 진정코 사실이다. 한데 우리가 왜 그런 소리(소리가 아니라 욕이다, 욕!)를 들어야 했을까? 그날 무대에 오른 팀은 약 열 팀 정도였다. 그런데 그런 소리를 들은 팀은 한국 아이들밖에 없었고 또 열 팀 중 동양인 팀 또한 한국 아이들밖에 없었다. 결론은 우리가 동양인이어서였다. 자랑일는지도 모르지만 우리 무대는 멋있었다. 그러니까 결론은 그들의 근거 없고 웃기는 우월감을 우리가 깨뜨려 버렸기 때문이다. 세상에! 그렇게 기본이 없는 아이들이 있을 수가!!! 나는 실망에 실망을 했다. 내가 어렸을 때 보던 책에는 그런 내용이 없었기 때문이다. '케이티는 동양인을 싫어해'라는 제목의 책은 찾아보지도 못했다.

다음 날 이탈리아 친구가 내게 오더니 미안하다고 한다. 뭐가 미안하냐고 했더니 다른 이탈리아 애들이 욕한 걸 사과한다고 했다. 그러면서 걔네들이 원래 좀 그런 애들이고 이탈리아인이라는 게 창피할 정도로 미안하다고 말했다. 그렇게까지 말하기에 나는 그 사과를 받아들였다. 또 그날 회화 선생님은 날 조용히 부르더니 "원래 이탈리아 사람들은 좋은 사람들이야. 여기서 내가 7년 동안 있으면서 수많은 이탈리아 사람들을 봐 왔지만 이번 시슬리에서 온 아이들처럼 엉망인 애들은 없었어. 참 기본도 없고 다른 문화를 존중할 줄도 모르는 아이들이야. 그래서 다른 선생님들도 걔네들이 조용히 해주기만을 바란단다"고 말했다. 하긴 내 친구네 반에서는 지각생에게 왜 늦었냐고 선생님이 뭐라고 했더니 '퍽 큐'라고 했단다. 애들도 참 천차 만별이다.

'연애'와 '술 마시기'의 한국 정서

외국 애들은 아무 데서나 키스하고 포옹한다. 사람이 있든 말든, 친구가 있든 말든 상관도 안하고 말이다. 물론 그런 것은 사전 지식이었지만 직접 보는 것과는 다르다. 짝사랑도 얼마나 터프하게 하는지 누가 좋으면 뒤에서 껴안고 "네가 좋아"라고 얘기하고. 음… 또 아침에 한방에서 같이 나오는 아이들, 오늘밤에 우리방으로 오라고 여자 친구에게 말하는 남자 애, 그런 것이 아무런 제재 없이 이루어졌고, 아무도 신경 쓰지 않는 듯했다. 하지만 그런 것이 사랑일까? 옥스포드에서 만나서 이틀만에 연인이 되고(무슨 뜻인지는 다 알 거다) 또 맘에 안 들면 금방 헤어지고, 한번 마음에 둔 아이와 어떻게 친해질까 마음 졸이면서 기다리는 우리들과는 많이 다르다. 우리 반 애가 수업 시간에 막 졸기에 물어봤다.

"너 어제 밤에 뭐 했어?"

"남자 친구 방에 갔었어."

"좋았어?(헤헤)"

"그럼…."

난 처음엔 놀랐지만 자꾸 보다 보니 나중엔 아무렇지도 않게 느껴지는 게 신기할 따름이다. 그런데 그런 식의 사랑을 하는 아이들은 정해져 있다. 내가 보면 동구권에서 온 아이들은 별로 이성 관계에 신경을 안 쓰는 것 같다. 한국적인 정서라고 할 수 있겠다. 그렇다고 동구권 애들이나 우리 나라 애들이 이성 관계 즉 사랑을 거부한다는 것이 아니라 그런 인스턴트적인 또 육체적인(그들은 정신적이라고 우길 수도 있지만…) 사랑을 거부한다는 말이다. 한데 이탈리아랑 그리스 같은 곳에서 온 아이들은 아예 목숨을 걸었다.

어떤 이탈리아 남자 애가 한국 여자 애를 좋아했었다. 맨날 쫓아다니면서 네가 좋다고 하고. 어느 날은 그 여자 애랑 잔디밭에서 놀다가

"너한테 키스해도 되니?"

그러기에 내 친구는

"안돼(OF COURSE NOT)"라고 대답했단다. 대답이 걸작이다. 그런데 그 다음날 그 남자 애는 다른 여자를 데리고 다녔다. 내 친구가 그것을 보고 기분도 나쁘고, 전날까지만 해도 자기만 생각한다던 애가 다른 여자를 데리고 다니는 게 무슨 이유인지 궁금하기도 해서 왜 그러냐고 물었다. 그랬더니 그 이탈리아 남자 애는 "너는 분명히 나의 여자 친구가 되는 걸 거부했다"고 했단다. 무슨 소리인지. 사정을 알고 보니까 키스해도 되냐고 물은 것이 '너 나랑 사귀자'란 뜻이었다는 것이다. 정말 사랑의 관습조차도 이렇게 다르다니 정말 재미있는 일이다. 그 남자 애가 그 말을 들은 이후로 다시 사귀자고 하지도 않고, 다른 여자를 데리고 다니는 것을 볼 때마다 내 친구는 속이 쓰린 모양이다. 맨날 내 친구 생각만 한다고 했던 건 무엇인지 아리송하다. 하여튼 사귀자마자 키스하는 아이들이니까 우리 나라 아이들보다 진도가 100배는 빠른 셈이다.

영국에서는 술 마시기가 쉽지 않다. 물론 미성년자들이 말이다. 술을 살 때는 언제나 신분증이 있어야 했다. 한국 아이들처럼 술 잘 마시는 아이들이 또 어디 있을까? 100일주 9땡주 8땡주 7,6,5,땡주에다가 수학 여행, 소풍 때 마시는 술까지. 하긴 한국 같은 데서 공부하는 불쌍한 아이들은 술이라도 없으면 무슨 재미로 사나. 음… 말이 이상하다. 내 말은 우리 사회가 술 권하는 사회라는 거다. 어른에게나 아이에게나. 그래서인지 아이들은 외국 술 한번 먹어 보겠다고 기를 썼다. 그러나 언제나 슈퍼에서는 술을 팔지 않았다. 신분증이 있어야만 팔기 때문이다. 내 친구 중에 어른처럼 생긴 아이는 그냥 아무런 제재 없이 사오기도 했다. 그러나 아이처럼 생긴 대다수의 아이들은 애를 먹어야 했다.

어느 날 쇼핑 시간에 나랑 친구들이 카페에 들어갔다. 남의 나라에서 아는 사람도 없이 애들끼리 말이다. 지금 생각하면 엄청나게 무모한 짓인데 무식하면 용감하다고 들어가서는 자리를 잡았다. 주위에서는 흑인 남자들이랑 백인 남자들(아마 청소년들이었던 것 같다)이 담배를 피우고 있었다. 벽에는 버드와이저 포스터가 유혹적으로 붙어 있었다. 그래서 버드와이저를 시켰다. 당당하고 멋있게. 그러나 카페 주인은 무서운 표정을 짓더니, "신분증 좀 봅시다" 그러는 것이 아닌가! 순간 의기 소침해진 우리는 조용히 또 공손하게 "레모네이드 네 잔 주세요!(FOUR LEMONADES PLEASE!)" 했다. 그리고는 레모네이드를 단번에 마셔 버리고 당당히 걸어나왔다. 당당할 만하다. 여기서 우리를 알아보는 사람도 없다는 것과 우리끼리의 비밀이라는 것 때문에. 하지만 그 주인은 얼마나 우스웠을까? 웃으라고 하지 뭐… 그런 것도 다 젊었을 때나 하는 일이다. 신분증 있으면 별로 재미도 없을 것 같다. 하지 말라는 짓 하는 게 원래 더 재밌는 법이니까.

'푸어 코리안(Poor Korean)'의 비애
어느 순간부터인가 외국 친구들은 우리를 '푸어 코리안'이라고 부르기 시작했다. 우리가 못 먹고 못 입어서는 절대로 아니였다(그럴 리가~ 메이커로 무장한 아이들이 있는데 사실 옷은 한국 애들이 제일 잘 입었다). 우리들은 아침 7시에 구보하고(운동장을 뛰는 아이들을 상상해 보라. 기숙사가 고요히 잠들어 있는 아침 7시에), 또 밤 10시 이후는 통금이었기 때문이다. 여름에 영국 밤 10시면 우리 나라 저녁 6시 정도다. 해가 9시에 지기 때문이다. 그래서 아이들은 10시 정도에 제일 재미있게 논다. 피크라고 표현하면 맞겠다. 우리는 거의 저녁 때 펍(PUB)에서 지냈는데 우리 인솔자 선생님들은 그게 그렇게도 싫었나 보다. 포켓볼을 치고 콜라를 마시면서 아이들과 이야기하고 노는 것이 왜 그렇게도 싫으셨는지… 글쎄, 10시 통금도 모자라서 8시 테니스 코트 집합이라는 무거운 규칙을 만들기까지 했다. 그러니까 8시부터 운동하고 10시에는 들어가서 자라는 소리였는데 어떻게 혈기 왕성한 우리가 우리끼리 운동하면서 놀 수 있었겠는가. 또 케이티를 만나러 영국까지 온 내가 맨날 보는 까만 머리 애들이랑 그렇게도 싫어하는 운동을 하다니! 말도 안되는 소리! 그래서 우리는 열심히 열심히 눈을 피해 펍으로 갔다. 결국 걸렸고, 엄청난 잔소리를 들어야만 했다. 그래서 "외국 애들하고 이야기하는 게 얼마나 재미있는데요?"라고 반박하는 우리에게 회화 공부는 수업 시간에나 하라, 또 주소나 어떻게 얻어서 펜팔이나 하라는 엄청난 이야기를 했다. 아마 그 아이들의 문란한 분위기에 휩쓸릴까 봐 그러는 것 같았다. 담배, 그 아이들은 담배를 엄청 피웠다. 전세계가 금연하는 분위기인데 왜 그렇게도 피우는지… 어떤 애가 나한테 불좀 빌리자고 하기에 없다고 하니까 내 친구한테 빌리려 했다. 내 친구도 있을 리가 없다(있을 수도 있긴 하다). 그랬더니만 어떻게 둘 중에 하나도 담배를 안 피울 수가 있냐고 의아해 한다. 나는 그애들을 더 의아해 하는데….

앞의 얘기로 돌아가서 규제를 한다고 해서 말을 듣는 우리들도 아니고 그런 분위기에 쉽게 휩쓸릴 우리도 아니다. 우리는 맨날 외국 친구들과 어울려 다녔다. 선생님들의 눈초리를 피해서 말이다. 어울려 다니던 어느 날, 학교 이야기가 나왔다. 친구들은 이탈리아 아이들이었는데 걔네 학교는 아침 9시에 시작해서 집에 오후 1시에 온다고 했다. 우와! 부럽다. 또 여름 방학이 넉 달이나 된다고 했다. 그랬더니 폴란드 친구가 자기네는 저녁 5시에 끝난다 그래서 우리 나라랑 비슷하다고 생각했다. 그런데 걔네들은 오후반이란다… 어이쿠… 우리 나라는 어떠냐고 해서 우리는 7시 30분에 수업 시작이고 자율 학습 끝나면 10시 10분이라니까 아침 10시 10분이냐고 묻는다. 우하하. 밤이라고 했더니 안 믿는다. 농담 하냐고 따진다. 믿기 싫으면 믿지 말라고 했다. 그랬더니 보이는 한국 애들마다 붙잡고 그게 맞냐고 물어 보는 거다. 사실이라는 걸 알고서는 이탈리아로 와서 살라고 꼬신다. 착한 사람들만 있다면야 가서 못살 것도 없지만 그 못된 이탈리아 아이들을 생각하면 죽어도 싫다. 평생 '일본놈 대머리 깎아라'의 이탈리아어판을 들으면서 살 필요가 없으니까. 우리 나라도 방학 넉 달이고, 수업이 1시에 끝나면 금상첨화일 텐데… 아쉽다.

케이티는 못 만났지만…

며칠 전에는 모로코에 사는 남자 친구가 엽서를 보내 왔다. 옥스포드에서 만난 친군데 참 좋은 친구다. 나랑 사는 곳도 생각하는 것도 다른 친구들을 알게 된다! 되게 신난다. 또 이탈리아에서 사는 친구한테서 답장이 왔다. 비행기를 타고 12시간을 가야 하는 곳에서 날아오는 편지들을 보면 엄청나게 기분이 좋다. 친구는 나한테 물었다. "요즘에 우리 나라(이탈리아)에서는 한국의 대학생들의 시위에 대해서 엄청나게 많은 이야기들이 있었어… 도대체 진실이 뭐야?" 내지는 "너한테 무슨 일이 생기면 답장 늦게 해도 괜찮아. 난 이해해(I understand everything!)"라고. 외국 신문은 한국이 없으면 기삿거리가 없다고까지 한다. 우리 나라 너무 유명하다. 보신탕을 주식으로 먹는 나라, 다리가 막 무너지는 나라, 백화점이 어느 날 없어지는 나라, 맨날 시위만 하는 나라로 말이다. 이러다가는 우리 나라 사람들이 고립되면 어쩌나… 무섭다.

17일 동안 말이 어학 연수지 얼마나 '어학적인 성과'가 있을진 모르겠다. 친구들 중에는 갔다 와서 영어 듣기 평가가 다 들린다는 애도 있긴 하다. 하지만 나는 어학보다는 '인간 관계 연수'를 다녀온 것 같다. 아직도 생각하면 화나는 인종 차별도 당해 봤고, 친구들도 많이 사귀고 나랑 다르게 생긴 애들이 어떻게 사는지도 17일 동안 옆에서 지켜봤다. 그러니까 내가 어렸을 때부터 외국에서 생활해 보고 싶어했던 소원은 조금은 이루어졌다고 볼 수 있다. 기숙사라는 특수한 환경 속에서 말이다. 한데 아쉬운 건 '케이티'를 만나지 못했다는 거다. 다음 번에는 케이티네 집에서 민박을 해야겠다.

■ 글쓴이 이신효인은 무서웠던 1980년에 태어났다. '기계적 인간'을 양산한다는 학교를 10년째 다니고 있다. '사회'를 이루는 모든 것들에 대하여 관심이 무지 많다.

제발
부탁드려요

K여중 3학년 O반

중요한 것은 우리들은
선생님들에게 인간적으로
대접받고 싶고, 선생님에 대해
애정을 갖고 있으며, 선생님들과
가까워지고 싶지 적이 되고
싶지는 않다는 것입니다.

사회 · 오늘 우리 반 토의에서 사회를 맡은 김경숙입니다. 요즘 우리 반에서는 학교
에서 이루어지고 있는 생활 지도가 너무 심하다는 이야기들이 많이 나오고
있습니다. 이 문제에 대하여 여러 선생님들과 함께 이야기해 보고 싶지만, 이
런 일은 처음이므로 우리들끼리 먼저 이야기해 보고 그 내용을 선생님들께
알려 드리기로 하겠습니다. 함께 이야기할 내용은 학생들이 매우 불편해 하
는 두발 및 용의 복장 기타 생활지도에 대한 것과 학교 규정을 어겼을 때
가해지는 체벌에 대한 우리들의 솔직한 생각들입니다. 여러 학생들은 평소
에 생각하고 있었던 이야기들을 해주시기 바랍니다. 오늘 이 자리에 나와 이
야기해 줄 학생들을 위해 격려의 박수를 보내 주십시오. 먼저 평소에 늘 머
리를 기르고 싶다는 미라부터 이야기해 주시지요.

미라 · 선생님들께서는 머리가 좀 길어 보인다 싶으면 머리를 잡아 보고 길다고 자
르라고 하시는데요. 얼마 전에는 ㅇㅇㅇ 선생님이 미용실에서 자른 지 얼마
안된 제 머리를 보고 길다고 하시며 가위로 막 자르시려는 것이 아니겠어요?
그래서 내일까지 자르고 오겠다고 하고서 간신히 빠져 나왔지만 걱정이 태
산이더라구요. 바로 며칠 전에 미용실에서 머리를 잘랐는데 엄마한테 또 돈
달라고 할 수가 없었거든요. 할수없이 잘 아는 동네 아주머니에게 가서 겨

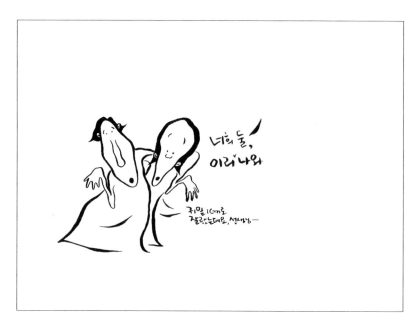

우 머리를 자르고 온 적이 있어요. 또 선생님들이 기분 안 좋은 날이나 시험 시간 같은 때에 괜히 아이들 머리를 보고서 염색을 했느니, 머리가 길다느니, 앞가르마를 했다느니 하시면서 불안하게 하시는데 그러시지 않으셨으면 좋겠습니다.

상희 · 1학년 땐데요, 점심 시간에 운동장 스탠드에 나와 앉아 친구들과 놀고 있었습니다. 그때 마침 ㅇㅇㅇ 선생님께서 오셔서 칼을 들고 애들 앞에 저를 내세우더니 '자를까 말까' 하시는 것이었습니다. 저는 아이들 앞에서 웃음거리가 된 것이 너무나 부끄럽고, 내 머리를 왜 선생님이 자르냐는 생각이 들어 그만 울어 버렸습니다. 선생님은 내 울음의 의미도 모른 채 '칼이 잘 안 든다. 내일까지 자르고 오라'고 하셨습니다. 저는 다음 날 반항의 의미로 짧은 커트 머리를 하고 귀 옆으로 꼬리를 내리고 학교에 갔습니다. 하지만 다음 날 ㅇㅇㅇ 선생님이 오시더니 칼로 제 꼬리를 또 잘랐습니다. 저는 그 일로 인해 도대체 학생다운 머리가 무엇일까? 단발머리가 학생다운 머리일까? 하는 의문이 들었습니다. 누가 학생다운 머리가 단발이라고 규정했습니까? 우리 학교 규정엔 귀밑 3cm이상만 내려오지 말라고 되어 있습니다. 저는 그 규정

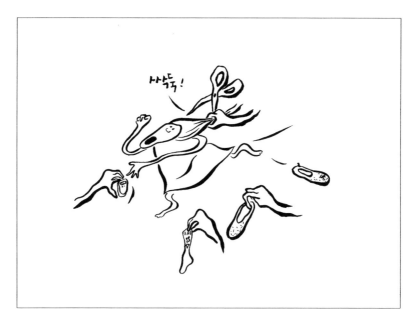

을 어기지 않았습니다. 선생님들이 보시기에 머리가 좀 길다 싶거나 이상하면 학생답지 않다고 하실 바엔 머리에 관한 애매모호한 규정을 확실하게 했으면 합니다.

미진 · 저도 1학년 때 뒷머리를 뭉텅 잘린 적이 있습니다. 집에 가는 버스 안에서도 얼마나 창피했는지 모릅니다. 집에 갈 때까지 손으로 가리느라 손에 마비가 올 정도였습니다. 미용실에 가서도 앞뒤 머리 길이가 맞지 않아 뒷머리에 맞추어 자르고 머리 뒷편엔 시퍼렇게 면도까지 해야 했습니다.

소담 · 머리를 기른다고 해서 나쁜 사람이 되는 것도 아닙니다.(아이들 웃음)

사회 · 요즘 교문 앞에서 신발 때문에 걸리는 학생이 많은데, 우리 반에서도 신발 때문에 할말이 많은 것 같습니다. 희경이 말해 주십시오.

희경 · 저는 구두가 왜 걸리는지 모르겠습니다. 숙녀화도 아니고 교복에 잘 어울리는 단정한 구두를 신는데 왜 빼앗아 가는지 이유를 모르겠습니다. 구두를 신었다고 교문 앞에서 구두를 밟고 빼앗아 가는 것도 모자라 부모님이 학교에 찾아와서 각서를 써야 간신히 돌려 주시는 건 정말 이상하다고 생각합니다. 설사 구두 신는 것이 학교 규정에 어긋난다 해도 부모님이 각서까지 써야 돌려 줄 수 있다는 것은 어느 규정에 나와 있는 것인지 궁금합니다. 구두를 빼앗긴 것에 대해 부모님께 이야기할 수 없는 학생들은 구두값을 벌기 위해 아르바이트까지 생각하고 있습니다.

정희 · 저는 구두를 빼앗겨 본 적은 없는데요. 반짝이는 하이힐을 신는 것도 아니고 그저 예쁘다고 생각되는 구두를 신는 것뿐인데 그런 것까지 규제하는 것은 좋지 않다고 생각합니다. 우리들이 좋아하는 구두는 보통 학생화로 팔리는 것들입니다. 교복을 입으면 아무리 모양을 내고 싶어도 어떻게 할 수도 없는데 구두라도 우리가 신고 싶은 것 신으면 어떻습니까? 우리들도 우리들의 눈이 있는데, 기성 세대의 눈으로 보아서 빼앗는 것은 이상한 것 같습니다. 이렇게 신발 때문에 괴로울 바엔 아예 교복처럼 신발도 단체로 맞추면 어떨까요? 머리도 단체로 자르고 얼굴도 단체로 만들고… (아이들 웃음)

희경 · 우리들은 신발을 여러 켤레 살 수 없기 때문에 교복이나 일상복에 잘 어울리는 구두를 선택하게 됩니다. 우리들이 빼앗긴 구두는 땅에서 솟아난 돈으로 산 것이 아니라 우리들의 부모님이 피와 땀으로 벌어들인 돈으로 산 것입니다. 만일 구두를 학교에서 신지 못하게 한다면 집에서라도 신게 돌려 주셔야 하지 않습니까? 사회 공공 복리에도 어긋나지 않고, 타인에게 전혀 피해를 주지 않는 구두 따위를 빼앗아 우리의 사용권을 제한하는 것은 명백한 사유 재산의 침해이며 학생에 대한 무자비한 폭력이라고 볼 수 있습니다. (아이들 박수)

민경 · 저도 며칠 전 아침에 구두를 신고 오다가 뺏겼는데요. 신발만 뺏긴 것이 아니라 후배들 보는 앞에서 온갖 수모를 다 당했습니다. 제 살 많은 겨드랑이를 꽉 붙들어 잡으시고 언덕 쪽으로 끌고 올라가서는 홱 집어 던졌거든요. 만약 제가 선생님의 딸이었다면 그렇게 하셨을까요? 약 40분 정도 삼청 교육대처럼 오리걸음에 앉았다 일어났다 하면서 '복장 단정'을 외치는데 그렇게 비참할 수가 없었어요. 선생님께 이제 다시는 안 신을 테니 신발을 돌려 달라고 이야기했더니 제 볼을 있는 힘껏 꼬집어 비트는 것이 아니겠어요. 정말 이런 꼴을 당하고도 학교에 다녀야 하나 하는 생각이 들었습니다.

사회 · 정말 기가 막힌 이야기군요. 다음은 신발 못지 않은 탄압을 받는 양말에 대

해서 이야기해 보겠습니다. 희선이 이야기해 주세요

희선 · 저는 지난 수요일 날 교문 앞에서 양말을 빼앗겼습니다. 저는 아이들이 다 보는 앞에서 맨발로 실내화를 신고 교실에 들어와야 했는데요. 너무 어처구니가 없었습니다. 신고 있는 양말을 서슴없이 벗기는 일은 너무 충격적이었고 생각할수록 화가 났습니다. 시중에 나와 있는 양말, 구두는 모두 학생들에게 파는 것입니다. 그래서 우리는 그것을 살 수밖에 없습니다. 이번 기회에 선생님들이 우리를 조금 더 이해하고 약간의 자유라도 주었으면 좋겠습니다.

사회 · 희선이 나와서 양말 좀 보여 주세요. 작년 한 해 동안엔 양말을 이렇게 올리면 교문 앞에서 매를 맞거나 아니면 오리걸음을 했는데 올해부터는 선도 회의에서 양말은 규제하지 않기로 했다고 합니다. 그러나 실제로는 그렇지도 않은가 봅니다. 선생님들에 따라서 되는 것도 있고 안되는 것도 있다면 우리는 어떻게 해야 합니까? 아까부터 손을 들고 있는 수진이 이야기 좀 들어 보지요.

수진 · 저는 공부 시간에 삐삐를 빼앗겼습니다. 그 전날에 알람을 맞춰 놓았는데 깜빡 잊고 끄질 않아 공부 시간에 울린 것이었습니다. 졸업식 날 주신다고는 했지만 너무 억울했습니다. 다음부터 가지고 다니지 않을테니 돌려 달라고도 말씀드려 보았지만 잘 안됐습니다. 그런 소지품을 빼앗기면 하루 종일 그 생각만 나서 공부도 잘 안됩니다.

사회 · 다음은 교복 블라우스 위에 다는 리본에 대해 주현이 이야기해 보세요.

주현 · 우리 학교에서는 학생들 대부분이 리본을 하지 않습니다. 선생님들이 리본을 하라고 강요하니까 더 안하는 것 같아요. 제 친구는 리본을 안했다고 선생님께 따귀를 맞았는데요. 리본을 안하는 것이 따귀를 맞을 정도로 그렇게 큰 잘못인지 잘 모르겠어요. 그 친구는 이렇게 이야기하더군요. 사람마다 체형이 다르고 얼굴형이 다르듯이 목의 생김새도 역시 다르다구요. 목이 길고 가늘고 날씬한 사람이 있는가 하면 목이 짧고 굵은 학생들도 있다는 거죠. 목이 길고 가는 사람은 리본을 해도 덜 답답한 데 비해 목이 굵은 학생들은 리본이 목을 조여서 너무 갑갑하다고 합니다.

경미 · 저는요, 며칠 전에 교문 앞에서 리본을 달지 않았다고 "ㅇㅇ년이 돌았나" 하는 욕설을 들었습니다. 뿐만 아니라 골대까지 오리걸음을 하고 '복장 단정' 복창까지 해야 했는데, 이러는 도중에 선생님 앞에서 제 명찰이 뒤집혔습니다. 제 명찰 뒤편에는 제가 좋아하는 탤런트 정모씨 사진이 있었습니다. 선생님은 명찰을 뺏으면서 "얘랑 살 거니?" 하고 물으시더군요. 저는 할 수만 있다면 그러고 싶다고 말했다가 아주 죽을 뻔했습니다. 누구를 좋아한다는 것이 나쁜 일입니까? 어쨌든 저는 이런 생활을 원하지 않습니다. 우리들이 대부분의 시간을 보내는 학교라는 곳은 즐거운 곳이어야 하지 않겠습니까?

사회 · 리본을 달지 않았으면 좋겠다는 의견을 가진 학생들이 있는 것 같은데 선생님들이 한번 의논을 해주셨으면 합니다. 그리고 다음은 지각에 대해 이야기해 보겠습니다. 여기에 대해서도 할 이야기가 많은 것 같은데, 미라 말해 보세요.

미라 · 우리 동네에서 학교로 오는 버스는 ㅇㅇㅇ번 하나밖에 없는데요. 어떤 날은 이 버스가 40분이 지나도록 안 오기도 해요. 물론 한 20분 기다리다 안 오면 다른 버스라도 타고 나와 갈아타야 하는 건 아는데요, 그렇게 하려다가도 꼭 바로 뒤에 그 버스가 올 것 같아 머뭇거리게 되고 그러다가 지각을 하게 되는 거죠. 우리 반에도 그 버스를 타는 학생들이 많은데요, 그 친구들하고 함께 지각을 하고 선생님께 사정을 이야기해도 통하질 않아요. 그런 게 어디 있느냐면서 맞든지 오리걸음을 하라고 하시는 거예요. 한 번은 제가 무릎을 다쳐서 오리걸음을 하다가 혼자 뒤떨어진 적이 있었는데 선생님이 막 빨리 가라고 뒤에서 몽둥이로 때리는 거예요. 저는 너무 아파서 울었어요. 게다가 여자가 오리걸음을 하면 완전 무다리 되잖아요. 다른 학교 아이들이 그러는데 우리 학교는 무다리 생산 공장이래요. (웃음) 다른 선생님들도 오리걸음은 좀 심하다고 말씀하신 적도 있지만 달라진 것은 별로 없었어요.

사회 · 오리걸음이나 앉았다 일어났다 하는 것을 한참 하다 보면 다리가 마비되어 계단을 올라갈 때 정말 힘들죠. 이런 벌들은 선생님들이 한번 해보시고 나서 시키셨으면 좋겠습니다. 또 선생님들께서 생활 지도를 하시면서, 요년아, 저년아, 이 ㅇㅇ 같은 년아 하는 욕설을 하시는데 먼저 진선이 의견을 한 번 들어보지요.

진선 · 저는 우리가 배우는 교과서들을 가지고 왔는데요. 사회 교과서의 헌법 부분입니다. 헌법 제4조 1항을 보면 '모든 인간은 인간다운 권리를 가진다'고 나와 있습니다. 그리고 도덕책 18쪽을 보면 '말로써 다른 사람의 감정을 상하게 할 수도 있음을 명심해야 한다…' 다음은 3학년 1학기 국어 교과서 7쪽을 보겠습니다. 여기서 단원의 마무리를 보면 '인간의 격을 떨어뜨리는 불건전한 은어, 속어, 비어, 유행어 등에 휩쓸리지 않고 자기의 언어 세계를 가꾸어 나갈 수 있는 지혜가 아쉽다. 학생은 학생다운 말을, 교사는 교사다운 말을, 부모는 부모다운 말을, 수도자는 수도자다운 말을 할 수 있어야 너도나도 성숙한 인격을 갖춘 품위 있는 가정과 사회를 만들고 또 바랄 수 있을 것이다 …'라고 씌여 있습니다. 교과서는 국가의 방침입니다. 그런데 국가 공무원인 교사가 국가의 교육 방침을 어기고, 국가의 최고 권력을 어기고 있습니다. 그런 교사가 존속할 이유가 있다고 생각하십니까?

학생들 · 아니오.

진선 · 국가의 교육 방침을 따르지 않는 교사는 한마디로 해직되어야 합니다.

학생들 · 맞아요.

진선 · 국가의 교육 방침과 실제는 이렇게 다릅니다. 교과서에서는 학생들에게 바른 말 고운 말을 쓰라고 하고, 다른 사람들의 감정을 상하게 하지 말라고 합니다. 그런데 조금 늦었다고 "이년아 왜 늦었어?" 머리가 좀 길다 싶으면 무조건 머리를 잡고는 "이년아, 왜 이렇게 머리가 길어?" 이렇게 말하는데 인격적으로 상처를 안 받을 사람이 어디 있겠어요? 머리가 길다 싶으면 차라리 자로 재라 이거예요. 자로 재서 그냥 칼로 자르지. 그렇지만 목 좀 짧고, 귀 좀 높게 달린 사람은 이렇게 되겠죠. (웃음) 인격이 형성되는 중요한 시기인 청소년기에 이년아, 저년아, 뭐 ㅇ랄 하네라는 욕을 듣고 자라면서 어떻게 건전한 자아를 형성할 수 있겠습니까? 이런 말들은 신체적 폭력보다도 더 큰 인격적 파괴를 가져오는 명백한 인권 유린 행위이며 범죄 행위라고 볼 수 있습니다. 선생님들은 "다아 니네 잘되라고 이러는 거다"라고 말씀하시지요. 그런데 욕 듣고 맞아 가면서 자라난 청소년들이 다아 잘되었다는 사회 통계가 어디 있습니까? 이것은 교사라는 입장을 이용해서 학생들 개개인의 인격

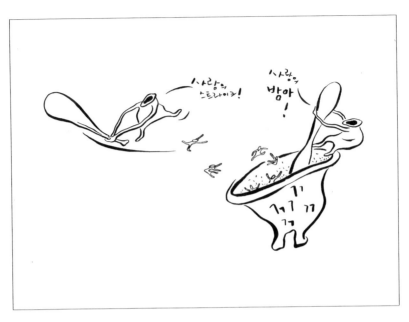

을 무시한 다분히 감정적이고 충동적인 처사라고밖에 볼 수 없습니다. 국가의 교육 방침과 교사의 교육 방침은 일치해야 합니다. 교사도 완벽한 인간은 아니겠지만 학생들 개개인을 하나의 인격체로 생각하시고, 우리의 인격을 좀더 존중해 주시길 바랍니다.

학생들 · (환호와 박수)

사회 · 우리는 학교에 공부를 하러 오는 것이지 선생님께 욕을 배우러 오는 것은 아닙니다. 자, 다음은 선생님들이 우리 머리통이나 얼굴, 뺨을 때리고, 출석부로 내리치시는데, 선생님들은 살짝 때린다고 때리시는 걸지 모르지만 맞는 우리들은 굉장히 아프고 불쾌하지요. 정희 이야기해 주세요.

정희 · 저는 교사 폭력에 대해서 이야기하겠습니다. 저의 경험입니다. 매달 말이면 학교 폭력 등에 관한 설문 조사를 하잖아요, 그런데 그때 그 설문지에 제 이름이 적혀 있었습니다. 제가 특별활동 시간에 3반에 가서 운동화와 돈을 훔쳤다는 것입니다. 그것은 사실이 아니며, 어떤 애들이 다른 일로 나에게 복수를 하려고 한 짓들이었습니다. 선생님은 반성문을 써오라고 하셨습니다. 저는 절대 훔치지 않았다고 하니까 왜 거짓말을 하냐고 하면서 제 머리를 때리

우리학교 저희들은
폭력, 구력 없음 동의합니다.
구.밀.(ㄷ.ㄷ단발, 화장라, 흙엄씀
……

는데, 이것은 정말 장난이 아니었습니다. 그래도 제가 끝까지 아니라고 했더니, 이번엔 주먹으로 뺨을 두 대 때리시더군요. 정말 별이 보였습니다. 저는 너무 억울하고 분해서 눈물이 나왔습니다. 그러다가 계속 맞느니 차라리 돈을 훔쳤다고 쓰고 넘어가는 게 낫다는 생각이 들어 그렇게 했습니다. 결국 ○○○ 선생님께서는 매 안 드는 것만 해도 다행이라고 하면서 집으로 보내 주었습니다. 다음 날 부모님께서 찾아오시고, 담임 선생님의 도움으로 그 문제는 해결이 되었습니다. 그 후에도 ○○○ 선생님께서는 "그까짓 몇 대 맞은 것 때문에 부모님을 모시고 오냐" "나한테 맞아 볼래" "확실히 말하라, 그렇지 않으면 경찰서로 보내고 조치를 취하겠다" 등등의 말씀을 하셨습니다. 저뿐만 아니라 폭력 서클이라고 이름이 적힌 아이들은 제대로 걷지도 못할 정도로 맞았습니다. 우리들의 말도 들어 보지 않고, 증거가 있는지 없는지도 알아보지도 않고 무조건 때리는데, 우리가 무슨 개나 말입니까? 선생님들이 때리는 것을 취미로 삼고 있는 것 같습니다. 이런 교사들의 폭력은 되짚어 보아야 할 문제라고 봅니다. (아이들 박수)

사회 · 정말 선생님들이 심하게 때리시는 것 같습니다. 선생님들이 때리는 장면을 저희가 재연해 보이겠습니다. 미라하고 주현이 나와 주세요. 미라가 학생이고 주현이가 선생님입니다. 등교길에 교문 앞에서 있었던 일입니다.

주현 · 이년이 인사도 안해? 양말 봐라. 누가 양말 올리래? 아니 이년 치맛단 내린 것 봐라?

미라 · (작은 목소리로) 안 내렸는데요.

주현 · (주먹으로 얼굴을 몇 대 때리면서) 신발 좀 빨아 신어라.

사회 · 출석부로 때리는 문제도 그렇습니다. 출석부로 그냥 내리치면 그래도 덜 아픈데요. 출석부를 세워서 모서리로 때리면 너무 아프죠. 이것도 고쳐 주었으면 합니다. 다음은 이렇게 맞고 집에 돌아갔을 때 어머니의 반응에 대해 얘기해 봅시다. 제가 어머니 역할을 맡겠습니다. 미라가 딸 역할을 해주세요.

미라 · 엄마, 나 오늘 학교에서 선생님께 심하게 맞았어요.

사회 · 어떻게 맞았는데?

미라 · 엎어놓고 발로 막 밟고, 따귀를 때렸어요.

사회 · 이렇게 이야기를 하면 엄마들은 처음엔 "네가 잘못했으니까 맞았지." 이렇게 말씀하시지만 돌아서서는 온갖 애간장을 다 태우십니다. 안타까워서 학교에 항의 전화를 하고 싶어도, 그것 때문에 오히려 내 딸이 더 심하게 당할지도 모른다는 생각 때문에 항의를 못하십니다. 그 심정이 오죽하겠습니까? 선생님들 대부분이 말씀을 먼저 하시고 때리는 것이 아니라 폭력을 먼저 행사한 후에 말씀을 하시는 경우가 많습니다. 이미 맞고 나서 누가 선생님 말을 듣겠습니까? 주현이 이야기해 보세요.

주현 · 어떤 선생님께서는 눈 밑의 살을 꼬집고 또 어떤 선생님은 팔을 꼬집고, 얼굴을 꼬집고, 아이들을 밟기까지 하십니다. 우리는 그런 선생님들을 선생님이라고 부르기가 싫어요. 아무리 우리들을 가르치는 선생님이라 하더라도 너무 화가 나서 경찰에 고발하고 싶다는 생각도 듭니다. 교사 폭력 방지법이라도 만들어야 한다고 봅니다.

사회 · 정말 그래요. 선생님들이 한 번 꼬집으면 싹 멍이 들어요. 잘못 꼬집으면 선생님들 손톱 자국이 남기도 하지요. 그리고 눈 밑의 살, 이걸 붙잡고 돌리시기도 합니다. 선생님들께서는 잘못했다간 다칠 수도 있다는 것을 고려해 주시면 좋겠습니다. 다음은 아름이 말해 보세요.

아름 · 문제는 그것뿐이 아닙니다. 지난 주에 있었던 일인데 옆 반 친구가 공부 시
간에 편지 쓰다가 ○○ 선생님께 걸렸다고 합니다. 그 친구는 교실 앞으로
불려 나와 교탁 한 쪽에 얼굴을 댄 상태에서 따귀를 세 대 맞고 복도에 나가
꿇어 앉아 있다가 수업이 끝난 후 남교사 휴게실로 불려갔다고 합니다. 이
정도야 늘 있는 일이지만 문제는 남교사 휴게실에서 ○○ 선생님이 그 친구
의 치마를 들추고 손으로 허벅지를 때렸다는 데 있습니다. 그 옆에는 다른
남선생님이 두 분이나 계셨는데 그 선생님들도 가만히 보시기만 하더랍니다.
그 친구는 너무 기가 막히고 창피해서 교실에 올라 가지도 못하고 엉엉 울었
다고 합니다. 그 선생님은 교무실에서 혼내면 자존심이 상할까봐 남교사 휴
게실로 데려갔다고 하셨답니다. 하지만 요즘처럼 교사의 성희롱이 문제가
되고 있는 이때에 남자 선생님들만 계신 곳으로 여학생을 끌고 간다는 것은
그 자체가 너무 두려울 수 있는 일입니다. 뿐만 아니라 치마까지 들췄으니
그 친구가 얼마나 부끄러웠겠습니까? 차라리 교무실에서 혼나는 것이 백배
낫다고 생각합니다. 아무리 선생님이라고 해도 여학생의 치마를 마음대로
들출 수는 없습니다.

사회 · 정말 도대체 이해할 수 없는 일이군요. 다음은 선생님들의 이런 폭력적인 상
황에 대한 대책을 이야기해 보도록 하겠습니다. 먼저 은경이부터 이야기해
주시지요.

은경 · 이런 여러 가지 문제는요, 선생님과 저희들 사이의 직접적인 문제입니다. 그
러니까 선생님과 우리 모두 함께 모여서 무엇이 문제인지 어떻게 해결해야
할지 의논을 하였으면 합니다. 그런데 막상 그런 회의를 하게 되면 아이들은
걱정을 합니다. 솔직히 이야기를 하면 선생님들에게 찍히지나 않을까 하고
말입니다. 또 아이들이 걱정하는 것은 그 회의가 끝난 후의 일입니다. 회의는
끝났는데도 우리 의견이 전혀 반영되지 않을 수도 있으니까요. 그래서 회의
를 하기 전에 선생님들께서는 먼저 저희의 의견을 받아 주실 것을 약속해
주셨으면 합니다. 그리고 무엇보다도 중요한 것은 선생님들이 저희를 이해
해 주시는 것이라 생각합니다. 그리고 우리들이 하는 이야기를 무조건 무시

하지 않았으면 합니다. 저희도 말도 안되는 것을 가지고 우기면 안되겠지요. 선생님들에게 진짜 원하는 것은 저희의 행동을 이해해 주시는 것이지 선생님들이 어쩔 수 없이 저희를 봐주시는 것이 아닙니다.

사회 · 은경이는 먼저 대화로 문제를 풀어 가자고 했는데, 우리 학교에서는 서로 그렇게 이야기할 시간이 없습니다. 보통 선도 회의나 정·부반장을 통해서 이야기하는데, 예를 들어 공중 전화를 한 대 더 놔 달라든가, 선생님들의 폭력을 자제해 달라고 하면 선생님들은 처음엔 고려해 보겠다, 말은 해보겠다 하십니다. 하지만 이 학교에 들어와서 1학년 때부터 건의한 것은 한 번도 받아들여진 적이 없다고 생각합니다. 더 이야기하시고 싶은 분 말씀해 보세요.

진선 · 선생님들께서도 저희들이 한 이야기를 죽 들어보시면, 저희들이 많은 생각을 하고 있다는 것을 아시게 되었을 것입니다. 지금까지 우리가 이렇게 우리 생각을 표현한 적이 한 번도 없었어요 지금 저희들이 이런 말을 해서 선생님들께서 충격을 받으실 지는 모르겠습니다만, 중요한 것은 우리들은 선생님들에게 인간적으로 대접받고 싶고, 선생님에 대해 애정을 갖고 있으며, 선생님들과 가까워지고 싶지 적이 되고 싶지는 않다는 것입니다. 그렇게 폭력을 써서 저희들이 고쳐지고 나아진다고 생각하실지 몰라도 저희는 더욱더 반작용만 생깁니다. 선생님들이 가지고 있는 가장 큰 문제는 선생님들이 우리를 하나의 인격체로 봐주지 않는다는 겁니다. 선생님들은 그런 저희들은 조금도 존중해 주지 않고 다스리고 밟아야 되는 존재로 알고 있습니다. 이건 선생님들한테도 문제가 있지만 우리들에게도 문제가 있다고 생각합니다. 왜냐하면 우리는 지금까지 이렇게 당하면서도 너무 가만있었어요. 지렁이도 밟으면 꿈틀한다는데 우리는 꿈틀하기는커녕 대자로 뻗어 가지고 (아이들 웃음) 밟고 싶은 대로 밟으라고 그랬어요. 우리는 선생님들한테 우리의 입장을 알려야 된다고 생각합니다. 그리고 선생님들과 대화할 기회도 많이 만들고요. 학교가 정말 인간적이고 좋은 면학 분위기가 조성되었으면 좋겠다는 것이 저의 생각입니다.

사회 · 선생님들이 이 테이프를 보실지 안 보실지 모르겠지만 선생님들 제발 폭력 좀 쓰지 말았으면 합니다. 선생님과 제자와의 시간을 가져서 선생님들이 저희에게 바라는 것, 저희가 선생님에게 바라는 것을 얘기하는 시간을 꼭 가졌으면 합니다. 마지막으로 앞에 나와 있는 학생들 이야기를 한 번씩 들어보면서 이 시간을 마치도록 하겠습니다.

정희 · 저희가 맞았을 때의 기분을 염두에 두셨으면 합니다.

희선 · 저희가 이런 말을 하는 것은 항의하는 것이 아니라 부탁드리는 것입니다.

미라 · 저는요, 머리는 자율화해 주시면 좋겠습니다. 자율화가 안되면, 딱 한 번만이라도 묶을 수 있도록 기르게 해주셨으면 좋겠습니다.

은경 · 사회에서는 지금 어른들 머리 규제 안하잖아요. 저희도 기본적인 것은 지킬 수 있을 만큼 생각이 있으니까 지나친 규제는 하시지 말았으면 합니다. 여러 가지 처벌도 너무 폭력적이지 않았으면 합니다.

경미 · 저희들이 학교에 오는 것 무섭지 않게 해주셨으면 좋겠습니다.

진선 · 자기 자식 한 대 맞았다고 전화하는 학부모들이 소수에 불과하듯이 지금 이렇게 예를 든 선생님들은 전체적으로 볼 때 소수에 불과합니다. 이분들도 인간적으로 좋으신 분들이라는 것도 잘 압니다. 저희가 이렇게 말하는 것을 속된 말로 "어쭈 이것들이 개기는데" 하고 생각하시지 마시고요. 아까 누가 말했듯이 저희는 부탁드리는 입장이니까 저희 입장 조금만 이해해 주시기 바랍니다.

사회 · 여러 선생님들께서는 마음의 문을 크게 열고 저희들을 감싸고 포용하여 받아들여 주셨으면 좋겠습니다. 이것으로 3학년 0반 의견 발표회를 모두 마치겠습니다.

■ 이 학급 토론회는 실제 상황을 녹음하여 풀어본 것이다. 아이들은 자신들의 토론회에 교사들이 참석하길 바랐다. 자신들이 동의하지 않은 여러 가지 학교 규칙에 대한 반발과 더불어 그것을 지키라고 욕설과 매로 강요하는 교사들에 대하여 아이들은 통렬하게 비판하며, 교사들과 한번 허심탄회하게 이야기라도 할 수 있는 자리를 만들어 보자고 간절히 호소한다. 그 현장에서 아이들의 소리를 들었던 교사들은 그 동안 아이들과 교사들간에 골이 너무나 깊게 패인 것에 대해 무척 당황했다. 아이들은 이미 교사들의 체벌을 체벌로 받아들이는 것이 아니라 폭력으로 이야기하고 있으며 자신들을 때리려면 교사도 한번 맞아보고 나서 때리라고 할 정도였다. 아이들과 늘 함께 생활하면서 아이들에게 인격적으로 다가가지 못한 교사들에 대해 아이들은 이해하려고 하지 않는

다. 학생들의 아주 조그마한 실수는 체벌과 욕설로 이어지면서 교사들의 실수는 그냥 넘어가는 현실을 용납하려 하지 않는다. 교사들은 아이들의 이런 마음을 빨리 헤아려 지금이라도 더 늦지 않게 아이들과 서로 대화할 수 있는 자리를 만들어야겠다. 실제로 아이들은 교사 모두를 자신들의 적으로 몰아가면서 급기야 완력을 사용하는 현실을 볼 때 더더욱 그렇다. 시급한 일이라 아니할 수 없다.

추적, H고등학교

글·그림 박동연

이 이야기는 서울의 H고등학교에서 일어나고 있는 일들을 만화로 재구성한 것이다. 이 만화를 통해서 H고뿐만 아니라 비인간적 교육 행태로 아이들을 죽이고 있는 그밖의 모든 학교들을 고발한다.

체벌 1

작가주: 서울의 X공고에서는 '망치'도 쓰인다던데…

체벌 2

**이제
더이상 때리지
말라!**

'잡' / 정리 홍철기

개나 소와 같은 짐승이 말을 듣지 않을
때는 때린다. 사람은 동물임에 틀림없다.
따라서 사람이 말을 듣지 않을 때는 때려
야 한다. — 모 중학 도덕교사

**패닉의
'벌레' 소동을
두고 토론한
기록**

벌레

*벌레 당신이 우릴 잘 다루는 솜씨가 마치 세게 때려 놓고 살짝 쪼개는 당신은 미친
걸레 마치 지는 깨끗한 척 거짓 투성이 눈빛 끝내 뭣같은 너의 생각 엿이나 처먹으
라지

일단 때리기만 하는 또 잘못을 모르는 당신은 더럽고 둔한 짐승 더 때릴 이유도 없
는데 지맘껏 때리고선 슬픈 표정으론 "나도 마음이 아파"

이런 뻐뻔히 보이는 거짓말 한 대 확 처버리고 싶지 저런 냄새나는 것들을 우린 존
경하는 '님'이라 부르고 무릎 꿇어야지 날 싫어해 내가 하는 행동 하나하나 눈에 가
시 난 봤지 미친 눈빛 증오긴 미소

때리지는 않지 그냥 툭툭 건드리며 말 한마디로 내 모든 것 밟아 버리고선 그냥 슬

쩍 가버리지 딱 한번 봐도 노려봐야 시원하지 나도 그런 네가 싫지

*반복

온갖 욕설을 다 퍼붓고 남의 자존심 건드려 놓고 내 모든 걸 박살내 버리곤 한마디 하는 것이 "사랑해" 웃기지 마 그런 거짓말 하지도 마 그 말 한마디면 하 속아줄 것 같니

싫다고 해 네 앞에서 노는 꼴이 역겨워서 날 밟았다고 말해 돈, 놈, 썩은 돈놈과 돈은 떨어질 수 없는 사이 이것 하나면은 원하는 대로 바꿀 수 있지 그들은 왜 받을 수밖에 없는 거지

겉으론 아닌 척 은근히 바라는 이런 내가 보기에도 님이 정말 불쌍한 것들 돈만 주면 이제 편안한 생활 모두 날 부러워하지 어휴 이런

*반복

중학교 고등학교 6년 어디 가나 나타나는 미친 것들 이젠 일어나야 해 무릎을 꿇고 맑은 눈을 곱게 뜨고 존경의 눈빛으로 끄덕끄덕 하지 마 대들어야 해 맞아도 눈을 똑바로 들어 수없이 이유 없이 당해 왔어 우린 하지만 지금 바꿔야겠어.

　　—「패닉」의 김진표 지음

제목 : 이것은 [폭력]이다.

번호 : 8　　보낸이 : 김창훈(gescheit)　　10/19　　10:13　　조회 : 554　　54 line

'저항'이라 하는 것의 의미는 권력을 가지고 약자를 침탈하거나, 억압하는 불의한 세력에 대한 것일 때 비로소 참다운 '저항'이라는 타이틀을 획득한다.

서태지의 그것이 '저항'이라 일컬어질 명분을 얻은 것은 그것이 한낱 선생들에 대한 욕지거리나 반항이었기 때문이 아니라, 이 사회의 거대한 공룡과도 같은 '교육 제도권'에 대한 몸부림이요, 처절한 절규의 저항이었기 때문이다.

안치환이 그러했고, 노찾사가 그러했고 많다. (서태지가 주목받은 것은 또 이들과의 차별성이 있기는 하다.)

하지만 이번의 패닉의 '벌레', '마마' 등을 보면 이런 것을 보고 과연 우리가 '저항'이라고 할 수 있는지 지극한 회의를 가질 수밖에 없다.

쥐꼬리 만한 봉급에 올바른 '노조'조차 결성할 수 없는 선생님들은 분명 이

땅의 약자들이다. 글쎄, 학생들에게는 어떨 때는 강자나 억압자로 보일지 모르지만, 그것은 이 땅의 제도권의 틀 속에 갇혀 있는 우리 교육의 현실 때문이지, 선생님들이 모두 사악하고, 폭압적이라고 그렇다고 누가 감히 이야기할 수 있는가?

소수의 선생들이 실제로 그렇다고 해도 그 소수로 인해서 선생님들을 그렇게 '무참히' 짓밟아 버렸다는 것이 도저히 용납이 되지 않는다.

이 땅이 저항하고 비판해야 할 '강자'들은 얼마든지 많다. 그런데 하필 선생님들을 골랐다는 것은 아무리 생각해도 이해가 가지 않는다. 서태지는 선생들에게 '짐승'이라고 하지 않았다. '됐어됐어' 하는 저항의 목소리를 들으라고 한 존재는 선생들이 아니었다. 이 사회의 시스템, 그 총체적인 조직체를 향한 저항이었다.

패닉은 그런 의미에서 이번에 아주 비겁하고, 잔인한 폭력을 저질렀다고 할 수가 있다. 소위 지식인 출신 가수라는 패닉의 사고가 이 정도밖에 되지 않는다는 점(약자와 강자를, 이 사회의 진정한 억압자와 피억압자를 구별할 줄도 모르는 점)을 개탄하지 않을 수 없다.

뭐 이미 내어놓은 앨범이니 수거하라고 해도 하지는 않을 것이다. 따라서 그런 것은 바라지도 않는다. 그냥 앨범에서 그치고 방송에는 내보내지 말기를 바란다.

그리고 또다시 그런 단세포적인 발상은 하지 말기를 소망해 마지 않는다.

트위스터~~~휘리리릭~~~~쿠쿠쿠쿵~~~

제목 : 사실을 사실대로 말할 권리…

번호 : 12   보낸이 : 황성제(GuanYu74)   10/19   10:34   조회 : 332   46 line

폭력 교사들은 엄연히 이 하늘 아래 존재합니다.

참된 교육자, 진실로 참된 교육자라면 이 노래에 대해서 막연히 분노하기보다는 반성해 보는 태도가 필요하지 않을지…

폭력 교사, 촌지를 받고 성적을 고쳐 주는 교사들을 직접 눈으로 보면서 자란 23살 대학생으로서… 진짜 어른들이라면… 불평하는 학생들을 나무라기 전에 … 그러한 사실이 엄연히 존재한다는 사실을 받아들이고… 고쳐 나가려는 노력이 필요하지 않나 생각해 봅니다.

물론 소수입니다. 소수지요…

그런데 말입니다.

당신이 길을 걷다가 10명의 행인을 만났는데…

그 중에 한 명이 강도였습니다.

그렇다면…

행인의 90%는 강도가 아니므로… 이 정도로 만족하고 즐겁게 세상을 살아가실 수 있겠습니까?

PANIC이 이런한 문제를 이슈화시킨 것은 분명히 이유가 있습니다.

항상… 대안… 이성적이고 올바른 비판을 사람들은 이야기합니다.

그렇다면… 사람은 결코 '투덜댈 수 없는 건가요?'

만약 다소 거칠게 느껴지는 이러한 외침들이 있다면… 그런 외침들을 무조건 클로로포름으로 틀어막으려는 행동은 진짜 이성인이 해야 할 행동이 아니라고 생각합니다. 왜… 그런 움직임이… 그러한 불쾌하게 느껴지는 움직임이 존재하는가 생각하고… 그러한 갈등을 해결해 나가려는 행동이 필요한 것 아닐까요?

제목 : 벌레에 대한 제 생각(한 번 봐주셔요.)

번호 : 298   보낸이 : 이경순(nazarus2)   10/21   01:29   조회 : 80   42 line

벌레는 이 세상의 모든 선생님들을 몽땅 싸잡아. '무진장 더럽고 위선적이며 나쁜 놈'으로 몰아 부쳤습니다. 물론 이런 분들도 계실 것입니다.

하지만 선생님들을 그렇게 만든 건 바로 '학생'입니다.

예를 들어 볼까요. 저의 담임선생님께서는 학교를 갓 졸업하신 분입니다.

학기초에는 학생들의 입장에서 모든 걸 생각하시고 매도 절대 들지 않으셨습니다. 그런데 지금은 선생님의 입장에서 결정하시는 게 많아진데다가 매도 자주 드십니다. 전에 저희를 벌주시면서 너희들이 자꾸 그러니까 자신의 교육관이 혼들린다 하셨습니다. 그리고 국사선생님께서는 너무나 여리셔서 화를 못내십니다. 덕분에 수업시간이 말이 아닙니다. 쉬는 시간보다도 더하죠. 게다가 매를 안 들면 아이들은 제멋대로로 날뛰죠. 그리고 학생들을 이렇게 만든 건 바로 교육제도입니다. 한참 뛰어놀 나이의 아이들을 적성에도 안맞는 거 하루에 8시간씩 시키니 어쩔 수 없죠.

하지만 패닉의 노래에서는 선생님만 '나쁜 놈' 만들었습니다. 잘못된 교육제도에 대해서는 언급하지 않았습니다. 게다가 해결 방안도 제시하지 않았죠.

맞더라도 눈을 똑바로 치켜뜨라 하지만 그건 그냥 반항이지. 해결책은 되지 않습니다.

그냥 학교에 불만 많은 학생이 학교에 죽어라 욕해 대는 것 같죠. 저도 학교가 싫습니다.

무우진장 싫죠. 하지만 이런 형태의 표현은 적당하지 않다고 봅니다.

제목 : 훗… 웃기지도 않아

번호 : 175   보낸이 : 이병민(ylhl)   10/20   07:29   조회 : 48   27 line

패닉이 사회에 준 영향이 뭐 있다고…

청소년들에게 문제?

웃기지 마세요

청소년들…

다들 선생들 욕하고 다닙니다…

엿이나 처먹으라지… 이것보다 더 심한 욕도 합니다…

그걸 노래로 만들었을 뿐이에요.

뭐가 문제라는 건지 모르겠군요.

기껏 해야 선생들 열받는 것밖에 더 있어요?

이렇게 날뛰는 건 소수의 중고등학생들이고…

어른들입니다…

이런 욕 하게 만든 게 누군데…

이제 와서…

그래서 난 어른들이 싫어!

교사는 강자이다. 일반적으로 학교에서 교사는 학생보다 나이가 많고, 사회적으로 스승이라는 존대를 받고 있고, 학생들의 학교 생활을 통제하는 권리를 지니고 있다. 학생은 교사를 강자로 인정해야 하는 이유가 있다. 교사는 지혜라고 말하면 논쟁의 여지가 있는 지식을 학생들에게 준다. 이 지식은 학생들에게 미래의 방향을 정하는 것이기에 학생은 교사를 강자로 인정해야 한다. 또 성적도 교사가 결정하는 것이기에(시험으로 결정한다고 하지만 실기 점수와 생활태도 점수가 상당 부분을 차지한다) 학생은 그를 강자로 인정한다. 사실 교사의 권위에 대해서 더 생각할 여지를 주지 않는 것이 우리 사회 아닌가.

　학생들에게 스승이란 존재는 절대적이다. 자기가 교사를 욕하기는 한다. 그런데 남이 욕하는 것은 어딘지 모르게 건방진 것 같고, 듣기 거북하다. (마치 자기 동생을 욕하던 아이가 옆에서 맞장구치는 친구에게 왜 우리 동생 욕하냐고 화내는 것과 같다.) 모르는 사이에 우리는 교사=스승=존경의 등식을 절대적 진실로 생각하게 되었다. 따라서 교사의 잘못에 대해 누군가 얘기하는 것은 불손한 짓이 되는 것이다. 참된 스승을 존경해야 하는 것은 당연한 것이다. 우리는 군사부일체(君師父一體)라 하여 스승의 중요성을 일깨웠다. 탈무드에는 아버지와 랍비가 동시에 물에 빠졌을 때는 랍비를 구하는 것이 우선이라 하였다. 단지 모든 교사를 스승으로 모셔야 하는지는 잘 모르겠다.

　강자인 교사는 약자인 학생이 학교나 사회가 요구하는 규정을 어겼을 때 학생을 교화하기 위해 두 가지 방법을 선택할 수 있다. 학생과 의사소통을 통해 학생의 생각이 왜 잘못되었으며, 어떤 것이 옳은지를 설명하는 방법이 한 가지 방법이고, 체벌을 통해 '교화'시키는 것이 다른 한 가지 방법이다. 두 방법 중 어느 것이 더 이상적인 방법이냐를 물었을 때, 후자가 이상적이라고 대답할 사람은 거의 없을 것이다. 그럼에도 체벌이 불가피하다면 그 이유는 '현실적인 문제'라고들 답한다. 그 현실적인 문제란 의사 소통을 할 여건이 안된다는 것이다. 한 반에 수십 명이 들어차 있어서 안된다는 말이 먼저 나온다. 그러나 잘못을 저지르는 학생은 언제나 그렇듯이 소수이다. 의사 소통이 수업 시간에만 이뤄져야 할 것은 아니다. 조금의 정성만 있다면 학생들과 얼마든 진솔한 얘기를 나눌 수 있다.

체벌은 교육에 대한 정성이 부족할 때에 하게 되는 것이 아닐까? 50여 명에 육박하는 학생들을 이상적으로 지도하기 힘들기에 복수 담임제를 실시하는 강남의 ㅈ고등학교(담임이 24명 정도를 맡게 된다)에서도 체벌이 난무하는 것을 볼 때, 현실을 탓하기는 힘들 것 같다. 교육을 위해 체벌을 하는 것은 학생에게 갖가지 피해(이런 것은 모두 잘 아실 것이다)를 입히고, 정도에도 어긋나는 것이다. 그러면서도 체벌을 고집하는 것은 강력한 무기를 지닌 교사라는 왕이 약소국 학생의 비행을 명분으로 하여 약소국을 유린하는 것과 다를 것이 없을 것이다. 전통 사회였던 조선시대 세종까지 태형을 금지시킨 이유를 생각해 보라.

문제는 체벌을 반대하는 사람들에게 할말이 부족하다는 것이다. 헌법에 명시된 신체의 자유 같은 얘기나, '학생도 생각하는 주체이다'라는 정도의 원론적 얘기들이 고작이다. (물론 원론적인 것이 중요한데 그들은 이 문제에 대해서 말하길 싫어한다. 이런 얘기를 꺼내면 겉멋이 들었거나 건방진 아이가 된다.) 체벌이 아이에게 끼치는 영향 등 체벌에 대한 갖가지 자료들을 들이대도 아마 소용 없을 것이다. 그들에게 귀에 박힌 말은 '매를 아끼면 아이를 망친다'이다. 자신들도 맞으며 자랐고, 그때는 원망했지만 지금 생각해 보면 다 도움이 되었다는 것이 그들이 하는 말이다. 매를 들 때 학생과 몇 대를 어떻게 맞을 것인지를 정하고,

왜 맞는지 알게 하면 된다는 것이다. 잘못한 것은 주관적인 것이고, 몇 대를 어떻게 맞는다는 것은 상당히 객관적인 것인데 서로 동의를 구하는 작업은 질과 양의 관계를 계산하는 엄청나게 고차원적인 작업이다. 또 무슨 잘못을 했는지 알면 그걸로 끝난 것 아닌가? 만약 모르면 계속 맞아야 한다는 것일까?

벌레에 대해 들끓었던 통신 내 토론의 지배적인 의견은 어찌 감히 스승님을 욕할 수 있는가 내지는 너희가 뭔데 이런 얘기를 하는가 등으로 다분히 부정적인 것이었다. 통신망 내의 주도적인 이용자가 청소년 내지는 얼마 전까지 청소년이었던 사람들인데도 이에 긍정적인 사람들은 소수에 지나지 않았다. 우리가 생각해 보고자 했던 것은 왜 청소년들은 자신들이 체벌의 피해 당사자임에도 이에 대해 언급을 회피하거나 체벌을 옹호하기까지 하는가에 대한 것이다.

한국 현대사에서 큰 획을 긋는 사건 중 누가 주체가 되었던 것일까? 3·1운동, 광주학생운동의 주체가 누구였을까? 4·19의 바탕이 누구였을까? 우리는 그 주체 속에 상당수의 청소년들이 들어 있었다고 들어 왔다. 청소년의 특징은 현실을 고정관념이 아닌 새로운 시각으로 바라보려 하고, 기존의 잘못된 점에 대해 과감히 지적하는 것이다. 그런데 요즘 청소년에게 그런 면을 찾아보기란 쉽지 않다. 지금 부정선거가 자행된다고 할 때 과연 청소년들이 일어날 수 있을까? 우리가 12년간의 초·중·고 교육을 거치며 배워 온 것은 무엇이기에 그런 주체성을 찾기 힘들어진 것일까? 첫째로 들 수 있는 것은 배우는 사람에게 목적 의식을 심어 주지 않는 교육이다. 학생들에게 주어진 유일한 목적은 상급학교에 진학하는 것이었다. 왜 상급학교에 진급해야 하는지에 대해 생각해 보지도 않았다. 왜 공부하는지를 생각해 보지 않은 것은 말할 것도 없다. 상급학교에 진학하기 위해 요구하는 공부를 하기 때문에 자기가 하고 싶은 공부를 할 여지가 없다. 그냥 가르치는 대로 배우면 된다. 그러다 보니 생각하는 공부를 할 기회가 없어졌다. 생각이 없으니, 자신을 둘러싼 상황이 뭔가 이상하다는 것을 느껴도 그냥 지나쳐 버릴 수밖에 없다. '왜'를 따지지 않으니 주체적으로 뭔가를 할 필요가 없다. 지난 4 - 5년간 매년 입시제도가 바뀌었음에도 학생들은 제도에 자신들을 맞추기 급급했다.

어차피 목표는 상급학교 진학이다. 지금 글을 쓰고 있는 나도 마찬가지였다. 고등학교 1학년 때는 본고사의 전성기였다. 수학은 고교과정을 1학년 때 끝장을 봐야 한다. 중3 때 고교 과정을 다 마친 아이도 있었다 한다. 영어는 대학 원서는 뗄 정도의 실력이어야 한다. 그런데 당시 본고사와 내신과 수능은 서로 호환이 되지 않았었다. 같은 과목이라 해도 따로 공부를 해야 하는 것이다. 심지어 국어 학원을 세 군데 다니는 경우도 있었다. 그러다 2학년 때, 본고사의 비중이 다소 줄어들었다. 또 대학을 학부제로 개편한다고 했다. 2학년 때는 과연 내년 입시가 어떻게 될 것인지에 대해 학생들간의 의견이 분분했다. 그리고 본고사가 폐지되었다. 이에 따라 학생들은 수능을 위해 또 우르르 몰려가 학원가를 뒤집어 놓았다. 이번에도 제도를 따라 요령껏 수능 공부를 한 사람은 대학을 붙고, 3년 우등을 받은 내신 전문가는 대학을 떨어졌다. 모두들 틀에 자신을 맞추는 데는 전문가들이 되었다. 아 학생운동하는 대학생들을 봐라, 아무리 고등학교 때 그랬어도 지금은 사람이 됐지 않느냐?라고 묻는 이가 있을 것이다. 그런데 대학생들이 주체적으로 생각하고 행동하는 것인가는 또 생각해 봐야 한다. 대학에 입학하면 입시지옥을 빠져 나온 학생들은 갑자기 전혀 접해보지 못한 대학 문화와 마주치게 된다. 선배가 원샷하라니까 원샷하는 것이고, 대학생이니까 학생운동을 한다. 누구를 타도해야 한다니까 나도 타도한다. '왜'라는 질문을 해볼 사이가 없다. 올해 초 학교에서 논술 수업을 할 때, 총파업에 대한 의견을 쓰는 주제가 있었다. 거의 전부가 국익을 생각치 않는 집단 이기주의라는 투의 글을 썼다. 그런데 몇 달 지나지도 않은 지금은 어떤가? 화염병 들고 있다 큰집 들어갔다가 구속 적부심에서 풀려났다. 그러다 고학년 되면 취업준비하고, 졸업하면 기성세대가 된다. '왜'를 물어본 적이 없으니, '왜'라고 묻기가 겁이 난다. 기존의 틀을 벗어나본 적이 없는 것이다. 이야기의 비약이 컸지만, 어쨌든 이런 분위기 속에서 고교 졸업 때까지 체벌은 당연한 일로 받아들이

게 되는 것이다. 체벌에 대해 이러쿵저러쿵할 능력도 키워지지 못한 것이다.

주체적이지 않은 사람은 책임을 지고 싶어하지 않는다. 체벌을 당하는 것은 책임을 회피하는 좋은 방법이기도 하다. "너는 청소를 이틀이나 빼먹었으니 10대." 흔히 들을 수 있는 말이다. (인쇄매체이기에 언어를 순화하였다.) 청소를 하지 않으면 (청소도 알아서 하는 것이 아니라 시킨 것이다) 교실 안의 학생들에게 피해를 줄 수도 있다.(휘날리는 먼지는 그야말로 고역이다.) 그러나 교실 내의 동료들의 피해가 어떻든간에 청소 안한 것은 맞는 것으로 대체된다. 물론 맞고 다시 하는 수도 있지만 이 경우에도 피해를 입힌 것이 맞는 것으로 대체된다. 숙제 안해서 맞는 경우는 더욱 웃긴다. 숙제는 공부에 도움이 되라고 있는 것이 원칙이고, 하고 안하고는 개인의 판단에 맡겨야 한다. 그런데 그런 일은 없다. 숙제를 안하면 맞아야 한다. 좋은 교사의 조건은 학생의 진학에 도움이 되느냐이기에, 그리고 그 기준은 합격하는 학생의 수이기에, 강제적으로 공부를 시켜야 한다. 학생은 학생 나름대로 남이 시키는 것에 자기가 책임지기는 싫다. 그래서 몸으로 때우는 것이다. 숙제하는 시간에 하고 싶은 것을 하면 되니까. 그런데 일부를 제외하고 하고 싶은 것이 특별하게 없다. 그러니 가는 곳은 자신이 주체가 될 수 있는 공간이라기보단 남들이 만들어 주는 공간이다. 예를 들어 나이트의 경우, 자신은 남들이 추는 춤을 따라 추면 된다. (모두 똑같은 춤 일색으로 일종의 군무가 된다. 춤을 추면서 왜그리 남을 의식하는지… 우리 팀 중 한 명은 이것을 파쇼들의 행진이라고 표현한다.) 그리고 잘나가는 웨이터가 부킹해 주는 대로 손목 잡혀서 돌아다니면 된다. 이런 곳에서는 직접 뭘 하는 것이 없으니까 책임질 필요가 없다. 단지 하나 있다면 학교 성적에 대해 책임을 져야 하는 것뿐이다. 몸으로 때우는 데 익숙해지다 보면, 맞는 것을 일상화하고 당연시 여기게 된다.

일부 뜻있는(?) 교사들은 학생들이 능동적으로 체벌에 참가하도록 유도하기 위해 재미있는 체벌을 마련한다.(누가 많이 하는 말과 비슷하다.) 권투에서 가장 무서운 공격은 무하마드 알리가 사용했듯이 가벼운 잽을 연타하는 것이다. 이를 이용하여, 살살 수백 대를 때리면 점차로 변하는 맞는 아이의 얼굴 표정을 보며, 학생들은 즐거워하게 된다. 겨울에 난로를 뗄 경우 학생의 바지를 당겨서 살에 붙인 후 난로에 일정거리를 유지하여 세워 놓으면 상당한 고통을 받는다. 물론 이 경우에도 보는 사람은 즐겁다. 여름에는 맞지 않으려는 아이들에 의해 음료수가 쌓이게 된다. 음료수를 미처 준비하지 못한 학생들은 음료수로 물고 문을 당하게 된다. 팬티 고무줄을 다리에 묶어 놓고, 힘껏 잡아당겼다 놓는 방법이 있다. 자동변속기라 하여 손가락 사이에 필기도구를 껴 놓고 돌리는 방법이 있다. 그외에도 다양한 방법이 있지만 거의 독립운동가들이 받던 고문의 수준이라 생략하겠다. 어쨌든 이런 방법은 잔인하지만 보는 사람으로 하여금 재미를 준다. 마치 고대 로마의 경기장이 다른 이의 고통스런 죽음을 즐기던 사람들로 꽉 찼던 것과 같은 것이다. 몸으로 때우기와 재미 있는 체벌은 서로 보완작용을 하여 체벌에 대한 반감을 사라지게 한다.

요즘 군대를 가고 싶어하는 친구들이 예상 외로 많다. 군대라면 억압과 타율적 생활, 그리고 상당히 오랜 시간을 허송 세월하게 되는 것이 떠오른다. 공부를 하든 직장을 다니든 하던 일의 맥이 끊기는 등 피해가 막심한 것이 입대이다. 그런데 군대를 가고 싶어하는 이유는 어디 있을까? 남들이 다 거쳐 가는 인생에의 과정으로 그냥 받아들여 버리기 때문이다. 체벌도 일반 학생들에게 학생 신분으로 거쳐야 할 통과 의례쯤으로 생각되게 된다. 12년의 터널을 지나온 사람들은 후배들에게 그때는 원망스러웠지만 지금의 내가 있기까지 애정어린 사랑의 매는 큰 도움이 되었다고 말하곤 한다. 마치 월남전에서 베트콩들과 싸운 람보의 경험담처럼, 가장 악독한 교사에게 문초를 당하던 것이 자랑스러워지는 것이다.

사실 교내에서의 폭력이 교사의 전유물은 아니다. 더욱 절실한 문제랄 수 있는 것이 선배의 실력 행사이다. 솔직히 본인의 경우에 체험한 것이 없고, 단지 들은 것만이 있다. 언론 쪽에서 선배의 후배 길들이기에 대한 얘기들이 나오고, 심지어 죽기까지 하는 사건들을 보며, 무언가 잘못되었다는 생각이 든다. 도대체 무얼 길들인단 말인가. 역시 후배는 짐승이란 말인가? 후배가 된 것은 순전히 우연일 뿐이다. 좀더 일찍 학교에 들어왔다는 이유만으로 선배를 모셔야 한다는 것이 좀 이해가 안된다. 선배가 베풀지 않느냐란 질문이 있을 수 있다. 그런데 후배를 폭력으로 휘어잡는 선배가 뭘 베풀 수 있을까? 이런 문제는 조치를 취해야 한다. 교사의 체벌과 달리 선배의 폭력은 논쟁거리조차 되지 못하는 것 아닌가? 한 가지 교칙과 같은 제도로 접근하는 것은 한계가 있다. 학교에 대해 어색한 신입생, 다시 말하면 아직 학교에 적응하지 못한 약한 이들에게 폭력을 가하는 것이 떳떳하지 못한 ― 비겁한 ― 행위란 것을 알아야 하고, 동급생들은 제지해야 한다. 당하는 쪽은 알려야 한다. 해꼬지를 당할까봐 걱정하지 말자. 얼마든지 선생님들과 부모들의 노력, 학우들의 합심으로 해결될 수 있는 것이다. 가장 중요한 것은 당한 만큼 보복하는 것은 없어야 한다. 세상에서 가장 치사한 것이다. 옳지 못한 고리를 끊는 것은 자신이 먼저 나서야 하는 것이다. 단지 우리는 인정할 필요가 없는 이른바 '전통'에 대해서 너무나 관대하다.

고등학교에서는 기존 질서에 대해 어떻게 발언하든지간에 건방진 놈이 된다. 따라서 무슨 문제에 대해 발언하고 싶어도 참아야 한다. 정치권에서 보듯이 반대를 위한 반대를 하는 것이 일반화되어 있고, 남을 꺽는 것이 그의 능력을 인정받는 것으로 생각하기에 남의 손을 들어주기를 꺼려 한다. 괜히 뛰었다가 찍히기보다, 조용히 있는 게 상책인 것이다. 남이 뭘 말하든 자신이 듣기 싫으면 그만인데, 말을 흘려듣지를 못하는 것이다. 체벌에 대해 반발을 하는 사람이 있을 수도, 찬성하는 사람이 있을 수도 있는 것이 아니라 모두 의견이 통일이 되어야 하는 것이다. 완벽한 말이 아니면 입밖에 낼 수 없고, 좋은 말이라도 늘 약점을 잡는 풍토에서 누가 테이프를 끊을 수 있을까?

연예인은 청소년에게 큰 영향을 미치고 있기에 청소년에게 부정적인 영향을 끼치는 것은 안된다고 한다. 그러나 그 부정적인 영향이라는 것이 과연 실제적인 것인지는 모르겠다. 「벌레」에서 김진표가 '씹는 가사'보다 더 험악한 말이 교내에서 난무하고 있는데, 더 나쁜 영향을 끼칠까? 집에 불이 나서 타고 있는데, 성냥불을 던진다고 불이 커지고 작아지고 할 것은 없지 않을는지 모르겠다.

학생들에게 가장 필요한 것은 스스로 하고 싶은 것을 찾아 해보는 것이고, 할말을 그냥 해보는 것이다. 그리고 남의 말을 열린 마음으로 들어줄 수 있으면 된다. 사회가 바뀌지 못하는 것도 하고 싶은 말을 못하는 풍토 때문이 아닐까? 이번 패닉의 벌레에 대한 '소동'도 패닉이 한마디 던진 것에 대해 너무나도 민감한 반응을 보인 것 같다. 그들은 그냥 자기가 하고 싶은 말을 했다. 그냥 좀 할말 하면서 살자. 이제 더이상 때리지 말라!

■ 이 글은 또 하나의 문화 대학생 모임 '잡'에서 몇 가지 문제에 대해 얘기를 한 후 정리한 것이다. 아마 이번이 '잡'의 모습을 처음으로 드러내는 기회가 아닌가 하여 일원들을 알릴까 한다. 정이기, 재유니, 영회, 훈서비, 우서니, 정규, 지워니, 철기, 윤정이가 구성원들이고, 희옥스가 돕고 있다. 각자 다양한 성격과 관심을 갖고 있는 바탕에서 공통점을 찾아내는 노력을 하고 있다.

어느 특별한 피아니스트의 이

WILLIAM SHAKESPEARE'S
ROMEO + JULIET

탈출구 없는 세대의 탈출

우리는 간접적으로 소외된
청소년들의 아슬아슬한 추락을
지켜보았고, 그것에 이미 역행할 수
없는 가속과 방향이 주어졌다면 남은
문제는 그들의 안전한 착지를
고민하는 일뿐이다.

홍지영

"마천루에서 떨어진 사람 이야기 들어본 적 있어?… 한 층 한 층 떨어질 때마다 그는
이렇게 말했지. 아직까진 괜찮아, 아직까진 괜찮아… 땅에 거의 다 닿았을 때 그는
이렇게 말했어. 추락하는 것은 중요하지 않아. 착륙하는 것이 중요해…"

영화 '증오(La haine)'의 프롤로그에 나오는 이 유명한 일화는 해석하기에 따라
서 우스운 자가당착의 변명이 될 수도 있고, 역설적이게도 끝까지 절망하지 않
는 희망의 표현일 수도 있다. 흔히 요즘 젊은이들이 겪는 출구 없는 절망의 고
통과 그 가벼움이 폭주 기관차를 탄 청년문화라는 이름으로 정리되곤 하는데,
전자의 해석 — 추락에 대한 자가당착적 변명 — 은 바로 이런 관점과 일맥상
통한다. 그러나 과연 전망이 불투명한 이들의 나름대로의 항변은 그야말로 늘
무시해도 좋을 볼멘 소리에 불과한가? 이제 기성인의 문턱에 막 들어선 필자에
게 처절하리만치 이런 아집을 부숴준 영화들이 있다. 상아탑이라는 이상향과
모범생이라는 주위의 치하가 힘이 되었던 평범했던 청소년 시절을 다시 돌아
보게끔 하는 영화들! 비교적 낭만적인 학창생활과 입시에의 부담 정도가 청소
년기 세계의 전부일 거라고 알고 있는 이들에게 이제 소개할 7편의 영화는 이
세계가 둥글다는 너무나 당연한 사실을 몸으로 절감하게 한다.

고개를 돌리지 않고 인간이 포착할 수 있는 눈의 화각 범위가 180도에 불과하다는 한계를 인정하는 것으로부터 얘기를 시작해 보자. 이제 우리가 이 영화들을 통해 들여다 볼 세계는 기성인이라는 명패를 가슴에 달게 되면서 부지불식간에 뻣뻣해져 버린 목의 근육을 풀어줘야만 볼 수 있는 세계이다. 눈에 보이는 평면만을 세상의 전부라고 아직도 믿고 있는 이가 있다면 그것은 정확히 반쪽에 대한 이해였음을 인정하게 될 것이다.

첫번째로 소개할 영화 Kids(키즈/비출시)는 래리 클락이라는 50세 넘은 미국의 사진작가가 만든 작품으로 성(sex)에 탐닉하는 10대들의 이야기를 다룬 영화이다. 이야기는 크게 두 축으로 전개되는데 하나는 텔리와 캐스퍼라는 별명을 가진 남자아이가 벌이는 하루 동안의 행각을 중심으로, 또 다른 축은 텔리와 단 한 번의 성관계를 가졌다가 에이즈에 걸린 제니라는 여자아이가 텔리를 찾아 헤매는 행적을 따라 극의 긴장 관계를 구축한다. 이 영화는 특히 카메라 워킹이나 상황 설정이 다큐멘터리의 형식을 띠고 있기 때문에 관객으로 하여금 관망자의 입장이 아닌 극의 주인공들 무리 속에 한자리 차지하고 있는 조연급 배우라는 착각을 불러일으킨다. 영화의 마지막 씬에서 주인공 텔리가 자기고백적으로 관객에게 토로하는 나레이션을 통해 우리는 그들의 혼란스런 정서를 읽을 수 있다.

두번째 영화 Menace II Society(사회에의 위협 / 휴즈 브라더스 감독 / 출시)는 청소년 문제를 가장 계급적인 관점에서 풀어낸 영화로 미국이라는 특정 사회에서 가난한 흑인이 가지는 열악한 입지를 죽음이라는 비극적 결말을 통해 표현했다. 약물의 상습적인 복용이나 판매, 총기 난사 등의 극악한 범죄의 근거를 인종 차별과 환경 세습이 존속하는 계급 사회라는 외부적 요소에서 찾는다.

L'appat(라빠 / 버트란드 타버니에 감독 / 출시)는 살인 동조를 시인하는 자술서를 쓰고 나서 천연덕스럽게 이제 집에 가도 되냐고 물어보는 나탈리라는 소녀의 도덕불감증이 충격을 안겨다 주는 프랑스 영화다. 베를린 영화제 은곰상 수

상이라는 공신력을 얻을 수 있었던 배경 탓인지 다른 영화들과 비교해 볼 때 청소년의 정서에 접근하는 방식에 차이가 있다. 이 영화에서 나탈리와 함께 강도살인 행각을 벌이는 두 청년들은 특히 범행 사실을 제외하고는 오히려 사회 순응적이며 상업적인 이득에 눈이 먼 어른과 별반 다를 바 없는 캐릭터를 취하는 아쉬움을 남긴다.

라빠가 제도권 내 영화라면 같은 프랑스 영화로서 그 제도권을 벗어나기 위한 자유로운 정신이 엿보이는 영화로 La haine(증오 / 마띠유 카소비츠 / 비출시)를 들 수 있다. 주제 의식에서뿐만 아니라 영화적인 요소 — 편집, 촬영, 배우의 연기 등 — 면에서 높은 완성도를 보이는 작품으로 거울을 향해 자조하는 주인공의 어투나 TV방송으로 대표되는 언론과 공권력의 표상인 경찰에 대한 명분 있는 반항이 현실을 있는 그대로 보여주는 것 이상의 의미를 갖게 한다. '세상은 너희 것이다'라는 문구 대신에 '세상은 우리 것이다'라고 당당히 선언하는 주인공들의 삶에 대한 태도나, 하물며 그것이 하찮은 에스컬레이터일지라도 시스템 속으로 종속되기를 거부하는 그들의 독립적인 행위들은 영화의 메시지 전달에 힘을 더한다.

엄밀한 의미에서 '사회에의 위협'이나 '라빠', '증오'의 주인공들은 모두 고등학교를 갓 졸업한 사회 초년생이므로 우리나라 실정에 맞추어 보면 넓은 의미에서만 10대 청소년의 범주에 속하는 이들이다. 그런 면에서 어디로 튈지 모르는 스프링 같은 존재들, 가장 민감하고 접근하기 힘든 10대 정수들의 얘기를 솔직하게 엮은 '키즈'가 부각될 수 있다. 당혹스럽기에 부정하고 싶은 아이들의 모습을 그들만의 세계 내에서 충실하게 풀어낸 기지는 특히 연출가의 역량이 확연히 드러나는 부분이다. 또 다소 관념적이기는 하지만 자기자신에 대한 솔직한 인정이 있고 자신의 행위에 당위를 부가할 수 있는 주인공들의 도전적인 행위 양식이 드러나는 '증오' 역시 주목할 만한 작품이다.

가장 최근에 개봉된 영화인 Trainspotting(트레인스포팅/ 대니 보일 감독)은 자신들을 낙오자라고 규정하며 무심함과 패배의식 속에 스스로를 방치함으로써 세상의 완강한 벽들에 부딪히는 청소년의 자화상을 그려낸 영국 영화이다. 주인공 렌튼은 주의도 주장도 없는 인물이다. 주변 현실에 대해서건 자기자신에 대해서건, 그는 오직 "인간으로서 가장 성실하고 솔직한 나쁜 습관"에 빠져 지낼 뿐이다. 그러나 시간이 흐르고 어른이 되면서 그는 점점 친구들과 자기를 다르게 생각하기 시작한다. 이런 그의 내면 갈등이 기괴한 미술 효과나 도발적인 음악 등과 어우러져 영화 오프닝의 숨가쁜 질주 씬에서 표현된다. 리얼리즘을 주된 기조로 깔고 있으면서도 초현실주의의 세계를 영화 곳곳에 배치하여 혼미한 랜튼과 그 주변 인물의 캐릭터를 살렸다.

인상적인 오프닝 씬에서 랜튼의 인생관 — 자기에게 주어진 것은 아무것도 바라지 말자 — 이 그의 나레이션을 통해 드러나는데, 바로 이 지점에서 우리는 임순례 감독의 세 친구를 청소년의 정서에 접근하는 관점의 차이 면에서 이 영화와 견주어 비교해 볼 수 있다. 트레인스포팅에서 랜튼은 자신의 삶의 질곡에서 어떤 경로를 통해서건 탈출했지만 우리의 세 친구는 석양을 바라보며 옥상에 주저앉아 버렸다. 랜튼의 질퍽거리는 생활의 나른함은 그에게 책임을 물을 수 있지만 세 친구의 절망은 사회가 떠맡아야 할 숙제로 남는다. 논리적인 설득이 불가능하다는 점에서 서로간의 의사소통이 원활하지 못하다는 사실이 오늘의 청소년 문제 해결이 쉽지 않다는 것을 입증해 주는데, 세 친구는 모든 원인을 가족과 사회 환경 탓으로 돌려 버렸다.

그런 의미에서 아직 제작 단계에 있긴 하지만 열린 영화를 주창해온 장선우 감독이 시나리오나 콘티 없이 전혀 새로운 방식으로 만들 나쁜 영화에 기대를 걸어본다. 이 영화에서 카메라는 아이들의 놀이를 그저 옆에서 지켜보는 평범한 이의 무심한 시선일 뿐 그 이상의 의미를 두지 않는다. 인정할 수밖에 없는 삶의 유형들로 흔히 말하는 나쁜 아이들의 일상을 담아낼 이 영화의 전체적인 느낌을 비애 이상으로 기대함은 유독 감독만의 바람이 아니다.

이처럼 몇년 전부터 청소년을 소재로 한 영화의 제작 횟수가 늘고 국내에서도

'나쁜 영화'가 촬영 전부터 주목받으면서 마약과 폭력, 돈과 연결된 범죄로 일 상화된 청소년들의 문제가 공론화되기 시작했다. 그런데 문제는 이러한 조류를 타고 개봉된 영화들이 공통적으로 드러내는 사실, 즉 어떤 형태로든 —그것이 도덕적으로든 법적으로든 인정을 받게 되건 그렇지 못하건 간에 — 청소년들 은 그들 나름의 삶 속에서 비상구를 필요로 한다는 사실이 기성세대의 논리와 상응하지 못하는 데 있다. 즉 그 비상구를 트는 통과제의로써 기성세대들은 청 소년들에게 일률적으로 기준을 제시하게 되는데 그 기준의 근거 자체가 더이 상 설득력이 없다는 것이다. 예를 들어 우리나라의 경우 성년과 미성년을 가르 는 기준을 물리적인 나이나 학력에 둠으로써 부담하게 되는 무리수의 폭이 점 점 커지고 있다. 게다가 입장의 차이를 조율할 때 한쪽이 그 지위의 힘을 빌어 일방적으로 권위를 싣게 되면 갈수록 폭이 넓어지는 평행선을 그리게 된다. 결 과적으로 10대의 반은 순응 쪽을 택했고 나머지 반은 정해진 기준치를 넘어서 는 길을 택했다. 결국 완고한 기성세대와 고집센 10대 사이에서 접합점을 기대 하기 어렵게 된 것이다. 위에 열거한 영화들은 모두 육지에서 떨어져 나간 섬처 럼 본토에서 소외되어 부유하고 있다. 필자는 이러한 영화적 현실 속에서 중독 된 편견의 유령들을 본다.

필자가 보기에 단지 10대이기 때문에 안된다는 기성세대의 청소년 규율 논 리는 더이상 효력을 갖지 못하며, 10대의 솔직함도 기성세대의 위선과 상반되 어 갖는 장점에 힘입더라도 모든 행위의 방패가 될 수는 없다. 청소년이건 기 성세대건 양자 모두 서로에 대한 편견에 사로잡혀 있음을 인정해야 한다. 청소 년을 향한 필자의 설득 근거는 그들의 행위가 기존질서나 가치관에 대한 도전 이기 때문이 아니라 잔인한 자해 행위이기 때문이다. 청소년들은 그 누구보다 도 잘 알고 있다. 그들의 절망의 끝은 결국 고통이지 쾌락이 아니다. 기성세대 는 위선과 기만으로 미래에 대한 청사진을 제시한다거나 상황에 따라 조언하 는 명예를 잃었지만 마치 대안 없는 비판이 늘 무력하지 않듯이 여전히 힘을 갖는다.

필자가 처음에 마천루 이야기를 끌어들인 것은 추락을 제어할 수 있는 낙하산을 제시하기 위함이었다. 우리는 간접적으로 소외된 청소년들의 아슬아슬한 추락을 지켜보았고, 그것에 이미 역행할 수 없는 가속과 방향이 주어졌다면 남은 문제는 그들의 안전한 착지를 고민하는 일뿐이다. 필자는 개인적으로 위 영화들을 통해 가진 것 중 반을 잃었고 그 빈 반을 다시 채웠다. 잃은 건 필자가 경험한 세계가 양적으로 주류이고 질적으로 정상이라고 생각한 착각이고, 얻은 건 필자가 보지 못했던 나머지 반쪽 세계에 대한 어렴풋한 이해이다.

　어릴 때는 문제거리가 많지 않다. 관심거리가 생기면 그게 전부가 된다. 밤에 잠이 들면 꿈을 꾼다. 깨도 마찬가지다. 여전히 자기는 자기일 뿐 거기서 벗어날 수 없다. 어떤 때 어린 시절의 유일한 탈출구는 자기자신의 내부가 된다. — 영화 「Kids」중에서 주인공 텔리의 마지막 나레이션.

■ 글쓴이 홍지영은 연대 철학과를 졸업하고 '영화 아카데미'에서 영화를 만들 준비를 하고 있다.

『학교를
거부하는
아이아이
를거부하는
사회』를 읽고

김윤민선 · 장윤영

1.

서양에서는 식사할 때 다른 모든 것에 관해서는 대화를 해도 종교와 정치 문제는 절대 거론하지 않는다는 얘기가 있다. 그만큼 정치와 종교는 민감한 부분이며 각 개인간의 의견차가 크고 복잡한 주제이다. 나에게도 이 비슷한 습관(?)이 있다. "사람들이 모인 곳에서 흥을 깰 생각이 아니라면 절대 여성 문제나 교육 문제를 이야기하지 말 것"이다. 여성 문제야 잘못 시작되어 여성과 남성, 두 편으로 갈라져 감정적 말싸움으로 발전할까 봐 피하는 것이지만 교육 문제는 모두 이구동성으로 "우리 교육 제도는 잘못되어도 한참 잘못되었어. 뜯어 고쳐야 해"라고 할텐데 왜 회피하는 걸까? 답은 '끝이 안 보이기' 때문이다. 촌지, 체벌, 남녀 차별, 낙후된 시설, 잘못 씌여진 교과서, 교사의 자격 요건, 입시 위주의 시간표, 콩나물 시루 교실 등 하나둘씩 문제를 들추어 나가다 보면 눈앞이 캄캄해진다. 우리의 교육 문제는 마구 얽힌 커다란 실뭉치와 같다. 느슨해 보여서 풀기 시작하면 끝없이 두 개, 세 개의 매듭이 나타나고 각 매듭에는 여러 다른 매듭들이 얽혀 있다. 어느 한 매듭부터 풀기 시작해 차례로 하면 풀릴 것 같은데 아무리 풀려고 해도 한 뭉치로 꽁꽁 묶여서 절대로 풀리지 않을 것 같은 실뭉치다. 매듭 하나를 풀고 나면 그로 인해 또 다른 새로운 매듭이 생겨난다. 이실, 저 실 한두 번 당겨 보다가 결국 포기한 채 내버려 둔다. 그냥 놔둔 채 기적이 일어나서 저절로 풀리거나 더 나아지기를 은근히 기다린다.

모두가 우리의 교육 제도에 관해 떠드는 것에 지쳐 버리다 못해 이제는 모두 슬금슬금 피한다. 어쩌면 일단 어른들 자신은 그 문제의 시기를 이미 지나 왔다고 생각하기에 그럴지도 모른다. 하지만 내가 보기에 우리의 모든 문제의 시작은 교육에 그 뿌리를 두고 있다. 교육은 한 사람을 이 사회에서 진정으로 살아갈 수 있는 인간으로 만드는 과정이므로 현재 우리가 가지고 있는 모든 문제들과 밀접한 관계를 맺고 있다.

『학교를거부하는 아이아이 를거부하는사회』를 처음 손에 쥐었을 때 내 관심을 끈 것은 책제목이었다. 더 정확히 얘기하자면 책제목인『학교를거부하는 아이아이 를거부하는사회』가 씌여 있는 방식이었다. 처음에는 '내가 파본을 잘못 샀나?'하고 생각했지만 책을 다 읽고 난 후 다시 보니 책 내용과 통하는 것 같았다. '학교를 거부하는 아이, 아이를 거부하는 사회'가 아닌『학교를거부하는 아이아이 를거부하는사회』의 외향적 의미는 '아이가 학교를 거부하고 그런 아이를 사회가 거부한다'는 뜻이다. 그러나 시각적으로 보았을 때 '학교를거부하는'과 '를거부하는사회'는 다닥다닥 붙어 있고 '아이아이'만 가운데 덩그라니 놓여 있다. 마치 눈만 크게 뜬 아이들이 사회와 고립되어 자신들만의 섬을 만든 것 같은 느낌이다. 또한 '학교를거부하는'과 '를거부하는사회'는 받침이 들어가는 글자가 많아 꽉 차고 복잡하게 보이는 반면 아무런 받침이 없이 단순히 '아이아이'만 씌어 있는 아이들은 복잡한 글씨들에 의해 거부당하는 듯하다. 조금도 비집고 들어갈 틈이 보이지 않는다. 그래도 '아이아이'는 자신들끼리나마 힘을 합쳐 눈을 크게 뜨고 뭔가 해보려는 듯하다. 하지만 그 주위의 벽이 너무 높고 단단해 보이는 데 반해 그들은 너무 약해 보인다. 어른들의 언어, 즉 사회가 약속한 기호로써의 이 책제목은『학교를 거부하는 아이, 아이를 거부하는 사회』이다. 그러나 시각적으로는 소외된 아이들과 이들을 허용치 않고 더욱 견

고히 고립시키는 사회를 말하는 것같아 섬찟하다. 서울시 교원 연수원 특강에서 "왜 우리가 청소년들을 이해해야 하는가? 옛날부터 세대 차이는 늘 있었다"라고 얘기한 교사가 이 책을 본다면 아마 "누가 썼는지 문법도 제대로 못 배운 사람이 책을 다 썼군"이라고 생각할 것이다. 이 책이 '아이들'과 이들을 거부하는 '어른들'의 이야기라는 이분법적 구조를 갖고 있다고 말하려는 것은 아니다. 다만 이 책의 제목을 읽어내는 것에서도 여러 가지 시각의 차이와 해석 방법이 있음을 말하고 싶다. 서로의 입장과 견해 차이를 좁혀 가는 문제는 둘째고 우선은 서로의 시각 차이와 다양성을 인정하고 문제의 심각성을 깨닫는 데서부터 차근차근 시작해야 할 것이다.

이 책에서 '입시 드라마'라는 표현이 나온다. 가족, 학생, 학교, 사회, 정치, 경제 등 모두가 이 드라마에서 한몫을 하고 있다. 여기에는 거대한 무언의 압력이 존재하며 모두 이를 의식하고 적당히 '알아서 기거나' 혹은 '개긴다.' '알아서 기는' 경우에는 이 한편의 드라마에 계속 출연할 수는 있으나 계속해서 '기어야' 한다. 반대로 '개기는' 경우에는 이 드라마에서 잘리나 갈 곳이 전혀 없다. 모든 것들이 톱니바퀴처럼 꽉 맞물려 돌아가기 때문에 비집고 들어갈 틈도, 빠져 나올 틈도 없어 보인다. 이 책은 이 입시 드라마의 숨막히는 학교에 몸만 있고 마음은 이미 그곳을 떠난 이들, 학업 의욕을 상실한 이들을 '잠재적 중퇴자'라고 정의한다. 이 단어가 현재 대부분의 학생들을 설명해 준다고 본다. 이럴 바에야 일찌감치 자신의 적성에 맞는 일을 찾아 나서는 것이 더 낫다. 그러나 우리 사회는 그나마 자기 소신을 가지고 살려는 '아이들'을 감싸안지 못한다. 그렇기에 더욱 '아이들'은 적극성을 잃어버리고 있다. 차라리 '아이들'이 모두 들고 일어나 학교를 거부할 수 있다면 좋겠다. 그러면 '어른들'이 문제의 심각성을 진정으로 깨닫게 되는 계기가 되지 않을까라는 엉뚱한 상상도 해본다.

이 입시 드라마의 숨막히는 틀을 나름대로 비집고 들어가 조그마한 틈이나마 만들려는 이들이 실험 학교를 만들었다. 여러 실험 학교 이야기를 읽으면서 그 학교들이 안팎으로 얼마나 많은 압력에 시달렸을까 생각해 본다. 대단한 용기라고 생각한다. 사실 모두들 '교육이 문제야'라고 말만 할 뿐 누구도 선뜻 앞장서는 이가 없다. 일본에는 이지메를 당해 학교를 중퇴한 학생들을 위한 학교가 있다고 들었다. 한국에도 이런 대안 학교가 아주 없지는 않다는 사실이 무척 기쁘다. 그러나 퇴학을 당한 아이들이 갈 곳은 더욱 없다. 2-3년 전에 TV에서 본 한 학교가 생각난다. 기존의 학교에서 퇴학당한 소위 '문제아' 학생들을 위해 만든 작은 학교로 산속에 있으면서 함께 생활하는 기숙학교였다. 체벌이나 규칙 없이 아이들 스스로 모든 것을 결정하는 자율적 학교여서 참 좋아 보였던 기억이 있다. 한국에 저런 좋은 학교와 교사들이 아직까지 남아 있다는 사실이 기뻤다. 그러나 마지막 장면에서 한 착실한 학생이 주말에 집에 가는데 가족들이 그가 그런 비정상적인(?) 학교에 다닌다는 이유로 창피해 하기 때문에 밤늦게 이웃들의 눈을 피해 집으로 들어가는 것을 볼 때 가슴이 아팠다. '아, 우리는 이렇게밖에 못하나'라는 죄책감이 들었다. 앞으로 이런 실험 학교와 대안 학교가 활성화되려면 많은 이들의 용기와 노력, 그리고 무엇보다도 우리의 인식 전환이 이루어져야 한다.

내가 생각하는 진정한 교육이란 한 사람이 자신을 있는 그대로 사랑할 수 있게 되고 자신의 인생을 살아가는 데 있어서 필요한 결단력과 판단력을 키워 나가는 과정이다. 학교도, 사회도 이러한 기능을 전혀 못하고 있는 지금, 차라리 아예 사람이 독립해 혼자 살아가는 데 꼭 필요한 구체적인 것들을 가르치는 것이 낫지 않을까? 전구를 갈아 끼우는 법, 퓨즈 바꾸는 법, 자신에게 맞는 보험이나 저축 상품을 고르는 법, 막힌 하수구 뚫는 법, 집이나 방 계약서 체결하는 법, 기본적인 요리법, 전화 신청 하는 법, 갖가지 생활 법규, 간단한 응급처치법, 물건값 깎는 요령 등 끝도 없다. 앞으로 바다에 나아가 살 아이들에게 수영을 가르치지 못하고 있다면 적어도 배를 얻어 타는 법이나 튜브를 살 수 있는 가게, 날으는 법, 수상 스키 타는 법은 알려 주어야 하지 않는가? 어른들은 자신들이 예전에 물이 무서워서 수영을 배우기가 어려웠던 것만을 기억한 채 아이들에게 무조건 용기를 갖고 물에 뛰어들 것을 강요한다. 그러나 아이들 중에는 물이 무서워서가 아니라 숨이 차서, 엉덩이가 무거워서, 발이 안 움직여서, 팔이 아파서, 쥐가 나서, 귓병이 나서, 혹은 생리중이라서 수영을 빨리 못 배우는 경우도 있을 것이다. 이제는 어른들이 한번쯤 그들의 의사를 묻고 그들의 이야기에 귀를 기울일 때다.

앞에서도 이야기했지만 교육을 논하다 보면 언제나 비판만을 거듭하다가 흐지부지하게 된다. 솔직히 말하자면 나는 교육 문제에 있어서 별 기대를 하지 않는다. 그러나 억지로라도 희망을 갖고 싶고 또 갖아야 한다. 교육에 아이들의 현재와 미래가 달렸고 이들의 현재와 미래는 바로 우리의 현재와 미래이기 때문이다. 다음은 내가 내 나름대로 이 책의 내용에 덧붙여 교육 문제에 대해 고민해 본 내용이다.

우선 교육 문제에 대해 얘기하기 전에 꼭 합의가 이루어져야 하는 부분이 있다. 바로 교육 문제가 우리 자신들의 미래와 직결되어 있다는 것이다. 왜 우리는 교육 문제가 심각하다고 떠들면서 악순환을 계속하는 것일까? 나는 모든 이들이 교육 문제는 심각한 '우리의 문제'라고 생각하는 것이 사람들로 하여금 이 문제에 있어서 수동적으로 반응하게 한다고 생각한다. '우리'란 좋은 공동체적 단어이지만 '우리' 안에서 '나'는 한 부분일 뿐이며 일정한 거리감이 있다. 그렇기 때문에 '우리의 문제'에 대해 '나'는 아니지만 '우리' 중 누군가가 문제 해결에 적극적으로 나서기를 기대하게 된다. 교육은 '우리들의 문제'이기 전에 '나의 문제'이다. 모든 개인이 '나의 문제'라고 인식했을 때야 비로소 '우리의 문제'가 된다. 그러나 이러한 과정 없이 처음부터 '우리의 문제'라고 막연히 생각한다면 영원히 지금의 상태 혹은 더 악화된 상태가 유지될 것이다. 우리가 살고 있는 사회 구성원들을 키워내는 것이 교육이므로 교육 문제에 관심을 갖는 것은 우리의 인적, 문화적, 사회적 환경에 관심을 갖는 것과도 같다.

교육 문제에 관해 좀더 구체적으로 몇 가지 단편적으로 생각해 보았다. 우선 학교에서의 체벌이 없어져야 한다. 법으로 제정하는 것이 불가능하다면 적어도 학교와 사회 내에서 토론 등을 통해 이를 반대하는 여론을 형성하여야 한다.

(아주 강력한 체벌 반대 분위기를 만들지 않는 한 별소용이 없을 것이나 한국의 정서상 당장 이를 법으로 제정하는 것은 힘들 것이다.) 체벌의 끔찍함은 새삼스럽게 더이상 이야기할 필요가 없을 정도다. 교무실에 가면 야구 '빳다,' 대나무 지팡이, 자, 대걸레 자루, 몽둥이 등 '쫘악' 전시되어 '입맛'에 따라 고르게 되어 있다. 그래도 '도구'를 이용하는 경우가 손으로 뺨을 때리거나 벽에 머리를 부딪히는 것보다는 낫다. 때리는 부위도 엉덩이, 손바닥, 발바닥, 뺨, 머리 등 다양하다. 어떤 이들은 '사랑의 매' 운운하며 체벌을 옹호할지 모른다. 그러나 우리 교육제도에서의 체벌은 이미 '사랑의 매'의 수준을 넘어선 지 오래다. 아이들은 더이상 매를 무서워하지 않는다. 더이상 효과가 없다. 숙제를 안해 와도, 성적이 떨어져도, 친구와 싸워도, 교복을 안 입어도 '몸으로 때우지 뭐'다. 이러니 체벌의 강도만 갈수록 세어진다. 체벌을 하는 교사도 인간이므로 대부분의 경우 감정이 다분히 들어간 매를 들게 되고 설사 그렇지 않다 해도 받아들이는 쪽에서 교사가 자신의 감정을 못이겨 때린다고 생각하는 경우가 많아 신체적 정신적 피해를 준다. 아이들이 TV와 영화에서 폭력을 배운다고 걱정할 것이 아니라 우리의 '체벌 문화'를 더 자세히 살펴봐야 할 것이다. 그래도 체벌의 효과에 매달리려는 사람이 있다면 모르핀의 예를 들고 싶다. 모르핀은 엄청난 고통에 있는 환자를 도와줄 수 있는 약이 될 수도 있으나 대부분의 경우 마약 중독이 되기 쉽다. 그러므로 꼭 필요한 상황이 아니면 쓰지 않으며 쓰더라도 필요한 만큼의 미량만을 사용한다. 이와같이 체벌도 효과적이기보다는 비효과적인 면이 더 많으며 더 나아가 많은 역효과를 냄으로 체벌은 금지되어야 한다고 생각한다.

사실 나는 '교육' 하면 남녀 공학을 가장 먼저 떠올리는 편이었다. 그런 나의 의견이 이 책을 읽고 잠시 주춤하였다. 남녀 공학에서 여학생들과 남학생들의 성구분적 행동이 더욱 강화된다는 사실에 놀랐다. 마치 현재 대학생인 내가 속해 있는 공간을 보는 것같아 속이 뜨끔하다. 그러나 장기적인 안목으로 볼 때 남학생과 여학생 간의 신비감을 부추기는 남녀 분리보다는 남녀 공학이 더 좋을 것이라 생각한다. 옳지 못한 성구분적 역할 분담을 없애는 것도 교육의 한

과정이라 본다. 다만 학부모와 학생, 교사 간의 충분한 토의를 거쳐 점진적으로 실시되어야 할 것이다. 교사들부터 성구분적 역할 분담에 대한 인식을 바꾸어 무의식 중에라도 남녀를 차별하는 '암시를 주는 교육'을 하지 않도록 해야 할 것이다. 또한 남녀를 자연스럽게 만나도록 함으로써 성에 대한 관심과 무지에 대처해 나아가게 되리라 믿는다.

청소년들이 양성적인 아르바이트를 할 수 있도록 하는 것도 교육의 한 부분이라고 생각한다. 노동을 통해 돈의 가치도 알게 되고 이를 소중히 하는 마음을 갖게 될 것이다. 자신이 번 돈을 얼마나 효율적으로 어떻게 쓰느냐 하는 문제에 대한 연습도 될 것이다. 이 부분은 특히 학교와 사회가 연결되는 부분으로써 학교에서 배운 가치판단 능력을 실제 사회에서 시험해 볼 수 있는 기회가 될 것이다. 이러한 사회 경험에 의해 자신들이 받고 있는 교육이 어떤 면에서 도움이 되며 어떻게 더 나아질 수 있는지 느낄 수 있을 것이다. 이를 위해서 학교와 사회는 아이들이 좋은 경험을 할 수 있도록 여러 가지 좋은 아르바이트를 제공해야 한다. 한 예로 대학에서 간단한 아르바이트를 중고생을 위해 마련해 주거나 각 기업들이 미래에 투자하는 기분으로 이를 행해도 좋을 것이다.

■ 글쓴이 김윤민선은 1974년에 태어났다. 운좋게 좋은 부모님을 만나서 좋은 교육을 받을 수 있는 기회를 가졌다. 최근에는 김민선이 아닌 김윤민선으로 살아가기가 얼마나 어려운지를 실감하며 살고 있다.

2.

이 책은 발로 뛴 현장 연구를 토대로 청소년의 문제, 그리고 교육 개혁을 강력히 촉구하고 있다. 책을 읽고 이 문제를 나의 현장에서부터 생각해 본다. "엄마는 겁도 없어, 어떻게 이런 세상에 아이를 낳을 생각을 했지?"라고 했다는 한 아이의 말은 내가 가끔 하던 말이다. 한 곳만 보며 매진하던 고등학교 때가 그래도 편했다는, 자아를 포기한 그 힘없는 소리도 슬프지만 내가 동감하던 말이다.

놀지 않고 자유롭고자 하는 욕망을 스스로 잠재우며 대학 문턱에 입성했지만 된서리에 더욱 단단해진 '복수'의 목소리는 주위 누구도, 심지어는 내 자신도 듣지 못하고 있었다. 그것은 다름 아닌 이 썩은 사회에 맘껏 저항해 보리라, 그래서 마침내 바꿔 놓으리라는 호기 어린 젊음의 아우성이었을 것이다. 그런데 마침내 입성한 대학에는 그 호기 어린 젊음을 불태울 선배도, 동지들도 없었다. 복수를 통해 사회를 뒤집어보자는 '희망'은, 판도라의 상자에 마지막으로 남은 희망은 나를 기다리고 있지 않았다. 내가 만난 복수의 모습은 다름아닌 '실컷 놀아보자'는 강렬한 욕구였다. 그러나 놀이도 만만치 않았다. 함께 어울려도 푹 빠져들도록 즐겁지 않았으며 유희의 방법을 익혀 나갈 기회를 상실한 탓이었다. 억제되었던 욕망을 풀어버릴 기회를 만나도 그것이 그리 만족스럽지 못함은 더욱 큰 불만을 쌓아만 갔다.

지금 내가 기억하는 고 3 시절의 즐거웠던 시간은 시험에 단골로 나오는 단편소설을 읽던 때이다. 학력고사 세대로 콩 볶듯 달달 외우기에 이력이 나 있던 내게 손에 잡힌 그 소설들은 비록 시험 대비용이기는 하나 혹은 아름다워서 혹은 서럽도록 슬퍼서 그 문장들로 인해 가끔 밤을 설치기도 했다. 바로 그 순간에 "내가 왜 이런 입시 지옥에 시달려야 하나" 하는 회의가 꾹꾹 눌러 둔 욕망 안에서 고개를 쳐들곤 했다.

이제 대학 와서 과외를 하면서 만나게 되는 아이들. 그 중에 자신의 목소리를 들을 줄 아는 아이, 적어도 자신을 탐색하는 데 열중하는 아이를 만나면 즐겁고 대견하다. 공부를 못해도 좋다. 그 아이의 얘기에 귀기울이는 것이 신나고 마치 내 일인 양 흥분하기도 일쑤다. 그러나 그런 아이는 거리에 더 많다. 책상을 사이에 두고 마주 앉은 과외를 받는 학생은 이른바 '범생이'들이다. 대개가 부유층인 그 아이들은 부모님 말씀에 따라 착실히 공부하고 대학만을 목표로 하는 아이들이다. 과외로 만난 아이들 중 2명만이 나의 호기심을 자극하고 눈과 귀를 즐겁게 해주던 '이쁜' 아이들이었다.

특이한 것은 이 활기찬 아이들, 이것저것에 호기심이 많고 잔재주가 많은 아이들은 부모와의 관계에서 상하종속적이지 않았다. 부모와 의견을 교환하고 옳지 않다고 생각되면 조목조목 따지기도 하고 큰소리로 대들기도 하는 '막되먹은' 아이들처럼 보였다. 그러나 그것은 이 시대에 그전 형식만으로 유지되는 아니, 그 형식만이라도 부여잡으려는, 효라는 도덕의 잣대로 가늠된 생각이다. 나는 그들의 지갑이나 방에 제법 크게 걸어 놓은 제 부모님의 사진을 보았다. 그들은 자랑스레 자신이 간직하고 있는 젊은 날의 엄마, 아빠 모습을 보여주었다. 단언컨데, 그들은 제 부모를 사랑하고 있었다.

교육의 부조리를 체험하지 않은 사람들은 없을 것이다. 그래서 모두 교육 개혁을 해야 한다고 목소리를 모은다. 그러나 변하지 않고 있다. 교실 풍경이 예전과 달라진 것이 있다면 변화의 주체는 교육 관계자가 아니라 바로 교실의 아이들이라는 점일 것이다. 그들에게 가장 큰힘이 되고 위안이 되어준 사람은 어른 세대에게는 딴따라에 불과한 서태지와 아이들이었다. 그리고 엇비슷한 색채로 뒤이은 가수들이었다….

어둡고 눅눅한 교육 현실로 인해 생긴 균은 아이들과 교사, 학부모에게 번져가고 있다. 어른들은 보균자 아이를 격리하려 묘안을 짜내고 위협을 가하지만 그 균은 그 풍토에 맞게 자생한 것이라 근본적인 풍토 개선이 있지 않고서는 없어지지 않는다.

자퇴나 가출을 선택한 아이들에게 어른들은 받아 줄테니 돌아오라고 말한다. 큰 맘먹고 베푸는 그들의 말에 아이들은 웃는다. 그런 어른들이 그들에게는 '멍청'한 존재일 뿐이다. 그들은 돌아갈 마음이 없다. 이들은 가정이나 학교보다 자신들을 따뜻이 맞아주는 곳을 찾아 떠났다. 관심사가 맞고 통하는 이들끼리 모여 서로를, 자신을 '물버려' 간다. 자신이 호흡할 곳을 찾아 제발로 나선 이들이 자아정체성을 획득하며 삶에 희망과 용기를 구할 진정한 일터, 쉼터가 없다는 것, 이것이 마음 아프다.

새로운 뿌리를 내릴 곳, 자신을 꽃피울 장소를 찾아 헤매는 이들은 아무런 규제가 미치지 않는 장소를 찾아 자기만의 세상을 만들기도 한다. 이 세상은 그들이 만든 새로운 세상을 인정하려 않는다. 새 세계가 싹트는 것이 두려워 규제와 통제의 고삐를 죌 뿐이다. 어느 곳으로도 살 수 없는, 갈 곳 없는 위기에 빠진 이들이 절망할 때까지… 모두 다같이 물에 빠져 죽어야 한다고 어른들은, 그 중에서도 교육자들은 굳게 믿고 있는 모양이다.

■ 글쓴이 장윤영은 연세대 컴퓨터 공학과 93학번이다. 졸업을 앞두고 있는 요즘 재미나게 사는 방법을 생각하고 있다.

창작

교실 이데아

극단 한강

때: 1990년대 여름

장소: 서울 강북의 한 고등학교

등장 인물: 보라 ─ 18세, 학생, 반장, 일명 공주

란희 ─ 18세, 학생, 서태지팬

지원 ─ 18세, 학생, 조각가를 꿈꾸는 아이

혜원 ─ 18세, 학생, 날라리, 폭주족

미자 ─ 18세, 학생, 체육 특기생

정영 ─ 학생1, 여

운섭 ─ 학생2, 남

담임 선생

국어 선생

교장

음악 선생

형사

#1. 프롤로그

무대 위에 교장이 유격 조교 복장으로 서 있다.

음악 무대 뒤에서 "학교 종이 땡땡땡 어서 모이자. 선생님이 우리를 기다리신다." 무대 양옆에서 '학교 종이 땡땡땡'을 부르면서 한 명씩 짝지어 등장한다.

무대 위에서 '학교 종이 땡땡땡'에 맞추어서 정지 동작 2회.

교장 · 최고의 합격률과 명예와 전통이 빛나는 한강 고등학교에 입학하신 것을 진심으로 환영합니다.

배우들 순번대로 반복적인 동작과 대사

란희 · 창살 없는 / 감옥
미자 · 순종 천국 / 반항 지옥
지원 · 왜 사니 왜 살아 / 대학 가려고 살지
혜원 · 별 보고 학교 가고 / 별 보고 집에 오고
보라 · 졸음 / 참아야 하느니라
정영 · 학교 종이 땡땡땡 / 엿 바꿔 먹자
교장 · 학부형 여러분! (배우들, 하던 동작 정지) 학부형들께서는 학교의 명예와 전통을 믿으시고 안녕히 돌아가십시오! 감사합니다.

신입생들의 두리번두리번거리는 풍경

교장 · (호루라기로 명령을 한다) 야, 이 새끼들아, 여기가 니집 안방인 줄 알아? 차렷. 동작 봐라.(호각에 따라 움직이는 아이들. 얼차려) 열중 쉬엇, 차렷, 열중 쉬엇, 차렷, 앉어, 일어서, 앉어, 일어서, 앞으로 취침, 기상, 앞으로 취침, 좌로 굴러, 우로 굴러, 기상. 니들은 오늘부터 3년간 인간이 아니다. 알겠어?

아이들 일제히 「국민 교육 헌장」 낭독, 애국가 제창.
(다시 호각 소리 나면 아이들 호각 소리에 맞춰서 제자리 걸음, 좌향 앞으로 가, 줄지어서 행진한다. 이때 경찰차 소리) 아이들 대열이 흐트러진다.

교장 · (누군가에게 연락을 받은 듯) 뭐야! 야, 이 새꺄, 누구 모가지 잘리는 꼴 보고싶어서 그래? 시체 당장 치워! 병신 같은 자식들, 어떤 새낀지 내가 찾아 내고야 말겠어.
란희 · 죽었대!
혜원 · 죽었대? 죽었대!

정영 · 죽었대!

미자 · 누가? 꼰대?

란희,혜원,정영 · 야, 선생님!

미자 · 죽었대!

보라 · 죽었대!

지원 · 죽었대! 누가?

란희 · 선생님!

정영 · 왜?

혜원 · 언제?

미자 · 어디서?

보라 · 어떻게?

지원 · 누가 죽였지?

　　　아이들, 란희에게 의심의 눈초리를 보낸다.

란희 · 나 아니야, 나 아니라니까? 니네 왜 그래?

　　　아이들, 지원에게 의심의 눈초리를 보낸다.

지원 · 나 아냐. 나 아냐. 이씨, 나 아냐

　　　아이들, 관객들에게 의심의 눈초리를 보내며 다가간다.

아이들 · 너지? 너구나? 너야! 너 맞아….

교장 · 너지! 너 맞지! 너 이 자식!

　　　'우리들은 새싹들이다' 음악 나오면 배우들, 서로를 보면서 쑥스럽다는 듯이 웃음을
터뜨린다.

#2. 아침 조회

아이들, 큐빅을 교실 대형으로 옮기면서 자명종 소리를 낸다.

보라 · 아침이다. 아침이다. 일어나, 잠꾸러기야. 기상! 기상!

아이들 · 각자 자명종 소리 (삐리리릭, 기상나팔소리, 뻐꾹뻐꾹, 허리업 등등)

란희, 미자, 혜원은 무대 밖으로 퇴장하고 나머지만 큐빅에 앉는다. 잠시 후, 담임 선생이 등장하고, 란희, 미자, 혜원 왁자지껄 등장한다.

담임 · 꼭 공부 못하는 년들이 지각해.

들어오는 아이들을 때린다. 한 대씩 맞는 아이들, 조용히 자리에 앉는다.

방송 · 오늘은 우천 관계로 실내에서 애국 조회를 하겠습니다. 먼저 국민의례가 있 겠습니다. 모두 자리에서 일어나 주십시오. 국기에 대하여 경례.

담임과 아이들은 국기에 대하여 경례를 한다. 장엄한 애국가가 흘러나오다가 경쾌한 리듬으로 바뀐다. 아이들의 상상이자 바람이다. 담임은 계속 경례 자세로 서 있고 아 이들만 자유롭게 춤추며 논다. 음악이 끝나면 아이들은 다시 제자리로 돌아와 서 있 는다.

방송 · 바로! 다음은 교장 선생님 말씀이 있겠습니다. 모두 자리에 앉으십시오.

교장 · 불철 주야 공부하느라 고생이 많습니다. 그러나 지금의 고생이 평생의 행복 을 안겨 준다는 사실을 명심하고 더욱 머리띠를 졸라매고 공부에 임할 수 있기 바랍니다. 여러분이 놀 때 다른 학교 학생들은 공부하고 있다는 사실을 명심하고 우리의 경쟁자는 누구인가 주위를 살피면서 임할 수 있도록 하십 시오.

교장의 훈화가 속도의 변화로 진행되는 동안 아이들 졸고 공부하고 손톱 소제를 하는 등 각자의 행위를 하고 담임은 돌아다니며 아이들을 감시한다.

담임 · 이따위 정신 상태로 대학갈 수 있겠어? 아무튼 지각하는 년들은 정해져 있어. 어디 종례 시간에 보자고! 불우 이웃돕기 성금, 방위 성금, 등록금 오늘까지 다 내! 우리 반이 꼴찌야, 꼴지. 못사는 놈들만 모여 가지고… 오늘 성적표 나오는 것 알지? (웅성거리는 아이들) 평균 1점당 10대씩. 에누리 없다! 이상!

반장 · (힘없이) 차렷.

담임 · (출석부로 교탁을 '탕' 내려친다.)

반장 · 전체 차렷! 선생님께 대하여 경례!

아이들 · 감사합니다.

담임 · (인사도 안 받고) 대가리에 똥만 들어 가지고. 종례 시간에 보자구.

담임, 못마땅하다는 듯 노려보며 나가면 아이들, 모두 해방의 한숨과 담임에 대한 야유. 란희가 벌떡 일어선다.

란희 · (담임 흉내) 대가리에 똥만 들어 가지고….

아이들 · (깔깔거린다.)

운섭 · (급히 등장) 야, 나 도저히 선생 못하겠어.

란희 · 야, 너 왜 그래?

운섭 · 나 심성이 너무 착해서 도저히 못하겠다.

미자 · 야, 이 다음에 좋은 선생 나오잖아.

운섭 · 좋긴 뭐가 좋아 살벌하게 공부만 가르치는 선생이….

혜원 · 왜? 대학 가라고 열심히 가르치시는 게 어때서?

운섭 · 좋으면 네가 해. 난 싫어.

아이들 · 어휴, 이걸. 바꿔줘. 갈러, 갈러. 가위 바위 보.

정영 · 이씨, 두고봐.

운섭 · 자자, 이번에는 2학년 3반의 뚱태지 이란희의 살시아를 듣겠습니다.

아이들 · (환호하며) 살빼줘, 살빼줘, 살빼줘! 완.투.완.투.쓰리.포.

란희 거부하다가 못이기는 척 장난스럽게 노래한다. 아이들 춤추며 노래한다.

란희 · 이 세상 그 누구도 너보다는 날씬해

운섭 · 난 매점에 안갈 꺼야

란희 · 나 역시도 이제는 매점 가지 않겠어

혜원 · 나의 날씬함을 위해

합창 · 살빼 봐요 (제자리 돌기춤) 17년 쌓인 내 뱃살 (배춤) 과감하게 대패로 밀어
버려요 (보디빌딩 자세) 막 굶어요 쓰러지세요 당신은 남은 살이 있으니 다음
에야 날씬해 있는 널 볼 수 있어. 꿀돼지 (에브리바디) 꿀돼지 (원모타임)

아이들의 광적인 춤과 여음구

#3. 국어 수업

국어 선생 등장, 아이들은 자리에 앉고 란희만 아직도 "꿀돼지"를 외친다. 선생이 교
탁을 탁탁 치면 란희, 그제서야 선생을 발견하고 자리에 앉는다. 란희에게 손을 내미
는 선생.

국어 · 줘요. (란희는 선글라스를 벗어 선생에게 준다)

국어 · 압수에요. 반장.

보라 · 차렷. 경례.

아이들 · 안녕하세요

국어 · 출석 부르겠어요.

아이들, 차례대로 손을 들고 번호와 이름을 대는데 왼손으로 오른쪽 겨드랑이를 가린
다. 그러고 나서 각자 자기 소개. 이때 국어 선생과 나머지들은 정지 동작.

국어 · 1번 서보라.

보라 · 네, 1번 서보라. 아이 지저분해. 책상에 먼지까지! 도대체 얘네들은 반장인
내가 시켜야지만 청소를 하니. 어디서 생선 썩는 냄새가 나네? 어휴 앤 머리
도 안 감고 옷도 안 갈아입고 다니나 봐. 넌 니네 엄마가 오뎅 장사라는 걸
꼭 티내야겠니? 얜 무슨 공부를 이렇게 열심히 하는 척이야? 맨날 4-50등만
하면서… 도대체 나같이 예쁘고 똑똑한 애가 이런 데서 공부를 해야겠어? 말

이 나왔으니 말인데 앞으로는 '거기 예쁜 애' 하지 말고 그냥 콕 찍어서 '보라 너'라고 해주세요. 감사합니다. (공주처럼 인사) 네! (손을 들면 나머지 정지 동작이 풀린다. 이하 동일)

국어 · 2번 이란희.

란희 · 네, 2번 이란희. 이 노래 들려? 너 이 노래 알아? 난 이 노래만 들으면 미쳐 버릴 것 같아. 무대에서 노래하는 내 모습이 보여. 머리를 파랗게 물들이고 무대 위를 막 뛰어 다니면서 노래하는 거야. 그러면 사람들은 내 노래 소리에 맞춰서 울고 웃고 소리 지른다. 하지만 음악이 끝나면 난 아무것도 아니야. 공부도 못하고 재주도 없고 못생기고 뚱뚱하고. 난 주인공이 못되나 봐. 너도 나한테 관심없지? 네!

국어 · 3번 최지원.

지원 · 네, 3번 최지원. (조각칼을 들고 벌떡 일어서 앞으로 나간다.) 나는 이 다음에 커서 이 조각칼로 우리 엄마를 예쁘게 만들…

국어 · 3번 최지원. 저 혼자 칼 들고 뭐하는 거야?

아이들과 선생님 어리둥절해서 지원을 바라본다.

국어 · 앉아.

지원 · 네.(억울하다는 듯 자리에 앉는다.)

국어 · 4번 최혜원.

혜원 · 네. 4번 최혜원. 너희들 오토바이 탈 줄 알아. 난 오토바이 되게 잘 탄다. 대학로에서 성남까지 150 놓고 우와 달리면 머리가 텅 비는 것 같고 가슴이 탁 터질 것 같고 아무 생각도 안 나. 난 하루종일 오토바이만 타고 놀고 싶다. 너희들 중에 오토바이 있는 애들 나한테 연락해. 내 삐삐 번호는 공일오 비풍초에 똥팔사구야. 네.

지원 · (다시 일어서서) 나는 이 조각칼로….

국어 · 최지원, 대체 너 왜 그래? 아프면 양호실에 가든지?

지원 · 아니에요.(자리에 앉는다.)

국어 · 5번 현미자.

미자 · 네, 5번 현미자.(겨드랑이를 가리지 않고 팔을 번쩍 든다.)

국어 · (안경을 고쳐 쓰며 유심히 쳐다보며 다시 부른다.) 5번.

미자 · 네, 5번 현미자.

아이들 · (겨드랑이 가리는 시늉을 한다.)

국어 · 넌 뭐야? 왜 겨드랑이 안 가려? 조신하지 못하게. 선생님이 뭐라고 그랬어? 여자는 정숙해야 한다고 그랬잖아. 손을 들 땐 겨드랑이털을 꼭 가리도록. 다시 5번 현미자.

미자 · 에이 씨, 내가 무슨 인형이야?

국어 · 뭐? 너 방금 뭐라고 그랬어?

미자 · 예? 아니, 진도 나가자구요.

국어 · 수업 시작도 하기 전에 분위기 흐리지 마. 다시, 5번 현미자.

미자 · (겨드랑이를 가리면서) 네, 5번 현미자. (담배를 피운다.) 개새끼 씹새끼 별 지랄 같은 놈. 그래 나 잘하는 거 없다, 새꺄, 뭐 보태줬어? 옛날엔 달리기만 하면 되는데. 이게 뭐냐? 어디 가서 확 뒈져 버렸으면 좋겠네. 뭘 봐? 담배 피우는 거 처음 봐. 네.

국어 · 현미자, 넌 아무 말 안할 테니까 엎드려 잠이나 자. 너 같은 애 때문에 힘 빼기 싫으니까. 6번 신운섭. 6번 신운섭. 넌 왜 대답 안해?

운섭 · 선생님, 전 얼굴에도 털이 있고 겨드랑이에도 털이 있고 다리에도 털이 있는데 어딜 가려야 하죠?

국어 · 남자의 털은 가릴 필요가 없어요. 남자의 털은 당당하게 드러내고 자랑해도 되는 거예요. 자, 6번 신운섭.

운섭 · 네 6번 신운섭. 저, 선생님. 저 여기에도 털이 있는데요! (?를 가리킨다)

아이들 · (야유한다)

국어 · 응, 거긴 됐어요. 자, 반장, 어디 할 차례지? 27페이지? 이 반은 다른 반보다 진도가 너무 늦어. 자, 빨리빨리 합시다. 책 펴. 박목월의 나그네. 이 시는 1920년대로서 이 시의 주제는

'잘살아 보세' 음악에 아이들은 제자리 100미터 달리기. 서로 먼저 앞서려고 밀치고

넘어뜨리고. 선생이 앞쪽에서 대학이라고 써 있는 깃발을 들고 학생들을 지휘한다. 마침내 모든 아이들을 제치고 보라가 깃발을 잡는다. 선생과 보라는 힘차게 깃발을 흔들고 나머지들은 넘어진 채로 투덜투덜

국어 · 오늘 배운 것 다시 한번 정리해 보겠어요. 정리!

보라 · 1연의 주제. 나그네의 등장

란희 · 2연의 주제. 나그네의 초월감

혜원 · 3연의 주제. 나그네의 고독과 애수

미자 · 4연의 주제. 첫날밤의 황홀감 (아이들이 킥킥거린다.)

국어 · 방금 너 뭐라고 그랬어? 신운섭. 4연의 주제.

운섭 · (컨닝) 나그네의 비극적 황홀감

국어 · 그렇지. 자, 책 펴요

란희 · 선생님, 질문 있는데요. (아이들, 탄성) 일제 시대엔 밥 먹고 살기도 힘들었다는데 어떻게 마을마다 술을 익히죠?

아이들 · 우와, 질문했어!

국어 · (출석부를 뒤적이며) 2번, 이란희?

란희 · 네, 2번 이란희.

국어 · 이리 나와. 너 저번 시험 몇 점이야? (아이들, 킥킥거리고 란희는 어쩔 줄 몰라한다.)

보라 · 40점이래요.

국어 · 40점 받는 애가 그런 건 왜 물어봐. 가르치는 거나 똑바로 공부할 것이지.

란희 · 선생님, 그냥 궁금해서요.

국어 · 궁금하긴 뭐가 궁금해? 그렇게 궁금한 거 많은 애가 국어 점수를 40점 받아?

란희 · 아니요, 누가 그러는데요, 박목월 친일파라구요, 그래서 이상….

국어 · 누가 그래? 박목월은 친일파가 아니라 청록파야. 괜히 튈려고 하지 말고 남들하고 똑같이 행동하도록 해. 들어가! (란희 고개 숙이고 들어가자) 다시 나와! 다시 들어가 봐! (란희, 꾸벅 인사를 하고 들어간다) 그건 반어법이에요. 반어법. 이런 건 시험에 안 나와. 작년에도 재작년에도 지난 10년 동안 안 나왔어. 자

책 봐. 내가 2연의 주제와 5연의 주제가 같다고 그랬지? (칠판에 필기한다.)

미자 · 야, 이란희! 왜 나서서 쪽먹고 그러냐? 그리고 너희들도 쓰지 마, 참고서에 다 나와 있어. (선생 흉내) 반어법이에요. 에?

국어 · (필기하다가 뒤를 돌아보고 미자에게 분필을 던진다.) 조용히 해. 넌 잠이나 자라 고 했잖아! 자, 서보라. 한번 읽어 보세요.

보라 · (시를 읽는다.) 강나루 건너서 밀밭 길을 / 구름에 달 가듯이 가는 나그네 / 길 은 외줄기 남도 삼백리 / 술익는 마을마다 타는 저녁놀 / 구름에 달 가듯이 가는 나그네 (미자는 선생이 던진 분필을 주워서 아이들에게 장난친다.)

보라 · 아유, 도대체 왜 그래? 공부를 못하겠네.

국어 · 너 왜 그래? 계속 수업 방해할 꺼야? 공부하기 싫으면 나가.

미자 · 저도 이 학교 학생인데요. 수업 받을 자격 있는 거 아니에요?

국어 · 우리 학교는 전통과 명예가 있는 학교야. 작년에도 80%가 대학에 갔어. 그런 데 네가 우리 학교 명예에 똥칠을 할 거야? 대학 갈 맘 없으면 너 혼자 조용 히나 있어.

미자 · (혼잣말 하듯이) 대학 못가면 사람도 아니겠네.

국어 · 그래, 나는 대학 안가는 학생은 가르치지 않아. 너! 체육 특기생이 체육을 못 하게 됐으면 다른 학교로 전학을 가든지. 넌 양심도 없어?

미자 · 대학 못가는 애는 학생도 아니다? 그래요, 저 대학 못가요.

국어 · (무시하고) 이란희, 다시 한번 읽어봐요.

미자 · (아이들, 무겁게 시를 읽는다.) 그래요, 저 대학도 못가고 이젠 더이상 달리지도 못해요. 이제까지 못한 공부, 아무리 발버둥쳐 봤자 따라갈 수 없다는 거 잘 알아요 귀에 못이 박히게 들었으니까. 질문 한번 했다가 벌레 취급당했어요 다 아는 것을 왜 물어 보냐고? 그래 좋아, 깨끗하게 포기했어. 내가 누구 때 문에 다쳤는데! 선생한테 맞아서 다쳤단 말야. 니들도 조용히 해. (아이들, 읽 기를 멈추고 조용) 달릴 수 없는 것도 억울한데 이제는 필요 없으니까 꺼져라?

국어 · 시끄러. 이 시의 주제는 세속을 초월한 달관자의 고독과 애수이고 전체적으 로는 점층법, 술익는 마을은 반어법이야. 모르면 무조건 외워. 시건방지게 질 문하지 말고. 무조건 외워. 외워. 1연의 주제.

핑크 플로이드 음악이 흐르기 시작. 점점 커진다.
가방을 든 미자는 무대 밖으로 나가 서 있는다.

아이들 · 나그네의 등장

국어 · 2연의 주제.

아이들 · 나그네의 초월감

국어 · 3연의 주제.

아이들 · 나그네의 고독과 애수.

국어 · 4연의 주제.

아이들 · 나그네의 비극적 황홀감

국어 · 5연의 주제.

아이들 · 2연의 반복, 강조적 마무리

국어 · 전체적으로 중요한 건

아이들 · 점층법 점층법

음악 그치고 아이들, 모두 편한 자세, 미자도 다시 무대로 들어온다. 정영이만 혼자서
1연의 주제, 2연의 주제를 외친다. 아이들 정영에게 끝났음을 알리며 모두 웃는다.

#4. 숨바꼭질(심문)

무대 한쪽에 형사가 담배를 피워 물고 타이프를 치고 있다.

형사 · 경찰 생활 10년만에 이런 사건은 또 처음이네. 학생이 선생을 죽여?

정영 · 꼭꼭 숨어라, 머리카락 보일라. 꼭꼭 숨어라, 옷자락이 보일라. 됐니?

아이들 · 아직도 (분주하게 자리를 옮긴다.)

정영 · 꼭꼭 숨어라, … 됐지?

아이들 · 아직도

정영 · 꼭꼭 숨어라, … 됐니? 됐니? 어딨어? 어딨니?

형사 · 아무리 숨어 봤자 소용없어. 솔직히 털어 놓는 게 좋으니까 어서 말해 봐.

정영 · 니들이 말 안해도 니들 어딨는지 난 다 알아!

란희·공부 못했다고

정영·죽도록 때렸지?

미자·수업 방해한다고

정영·야구 방망이로 때렸지?

지원·가난하다고

란희·못생겼다고

정영·무시했지?

혜원·술 따르라고

보라·오팔팔 가라고

정영·쌍보라 해댔지?

미자·저 정말 공부 못해요.

지원·가난이 죈데요, 뭐.

혜원·저 진짜 날라리 맞아요

미자·(고개를 내밀어 주위를 살피다가 큐빅 위에 앉는다.) 야 니들 선생 죽이고 싶다고 그랬잖아. 솔직히 저번엔 너무 심하지 않았냐? 때릴 데가 어뒀다고….

형사·이거 완전히 선생이 아니라 깡패구만.

미자·어유, 개새끼.

정영, 미자의 등을 탁 치고 술래가 되었음을 알린다.

미자·꼭꼭 숨어라 머리카락 보일라! 됐지? 어디 숨었지? 지원아, 어디 숨었는지 나한테만 살짝 얘기해 줘. 넌 술래 안 시킬게. 란희야, 나한테만 얘기해 달라니까 혜원아!

형사·니 친구가 다 불었어. 사실대로 얘기하면 너는 봐줄께.

혜원·정말?

지원·정말!

란희·거짓말!

형사·그런 새끼는 죽어도 싸. 그러니까 말해 봐.

지원 · (눈치보며 살며시 일어나 큐빅에 앉아) 이건 비밀인데 지난 방학 때 선생님들 동남아로 연수 보내려고 어머니회에서 돈을 걷었대. 글쎄.

란희 · 어머니회 1인당 몇십만 원씩이면 그 돈이 얼마야?

정영 · 게다가 연수 가시는 선생님은 열 분도 안된다면서요?

혜원 · 게다가 동남아로 무슨 연수야?

란희 · 동남아는 섹스 관광하러 가지 않아요?

보라 · 이것도 비밀인데, 작년에 졸업한 선배들은 이런 말도 들었대.

혜원 · 이번에 너 대학 보내려고 선생님이 고생 많이 했다.

지원 · 아휴, 겨울에 입을 옷이 있어야지… 원.

혜원 · 우리 아버님이 도자기를 워낙 좋아하셔서

정영 · 너희집 별장이 그렇게 좋다면서? 다 알아 봤지 얘.

란희 · 이번에 니 동생도 우리 학교 입학했다면서?

모두 다 · 아니 뭐 달라는 게 아니라….

형사 · 씨발, 나도 선생질이나 할걸 (쾅!) 그래서 죽였어?

혜원 · 선생님도 집에 가면 가장인데

지원 · 돈 쓸 데가 오죽 많겠어요.

미자 · 박봉에 차 굴려야지.

정영 · 여름 방학

보라 · 겨울 방학에

란희 · 식구들과 여행도 다니셔야죠.

형사 · 에이 쌍년들이 학생이라고 좋게 좋게 넘어가려고 했더니. 니들 정말로 뜨거운 맛좀 볼래? (바지 지퍼를 내린다. 무대 위의 아이들 겁먹은 표정, 하지만 똥그랗게 뜬 눈을 강조하며) 좋은 말로 할 때 부는 게 좋은 거야. (바지 속에서 홍당무를 꺼낸다.) 정말 말 안할 거야? (한입 베어 물고) 야, 이거 진짜 맛있다. 그러니 여자들이 이거 없으면 죽고 못살지.

아이들 · 야, 그거 먹어 버리면 어떻게 해?

#5. 성희롱

어둠 속에서 '퍽퍽퍽' 두들겨 맞는 소리 나고 조명이 들어오면 정영이 엎드려 뻗쳐를 하고 있다.

교장 · 이래도 말 안해? 누구야, 누가 피웠어?

정영 · 전 정말 몰라요.

교장 · 이게 그래도… (발로 밀어내며) 꺼져 이년아! 다음 년 빨리 안 들어와? (란희, 벌벌 떨며 들어온다.) 다시 한번 묻겠어, 지하 2층 무용실 앞에서 누가 담배 피웠어?

란희 · 전 몰라요. 전 담배 안 피워요, 선생님.

교장 · 이년아 누가 피운지는 알 거 아냐?

란희 · 전 정말 몰라요.

교장 · 그래? 너희 같은 것들은 때릴 필요도 없어. 너 저쪽에서 물구나무 서고 있어.

란희 · (놀라며) 예?

교장 · 내 말 안 들려? 물구나무 서라고.

란희 · 선생님, 어떻게….

교장 · 너 팬티 안 입었어?

란희 · 아뇨.

교장 · 근데 왜?

란희 · ….

교장 · (빙그레 웃으며) 꼴에 여자라고… (다가서며) 너 브래지어는 찼어? (가슴 쪽을 만지려 한다. 란희, 악하고 비명을 지른다.) 일어나. 너도 이제 시집 갈 나이야. 그러니까 브라자 같은 건 꼭꼭 차고 다니라는 거야. 가 봐. 아, 참, 누가 담배 폈는지 적어 와.

란희 퇴장, 보라 들어온다.

교장 · 보라구나. 여기 앉아라.

보라 · 괜찮아요.

교장 · 아니야. 앉아. 누가 담배 피웠니? 반장은 그런 것도 다 알아야 되는 거야. 보
라 같은 모범생은 담배 안 피우지? 담배를 피우면 손가락에서 담배 냄새가
나요. (손가락에 얼굴을 갖다대고 냄새를 맡는다. 보라, 손을 빼낸다. 교장, 술잔을
갖고 온다.) 술 한잔 할래?

보라 · 아니에요. 저 술 못 마셔요.

교장 · 아니야. 애들이 어른들 몰래 마시니까 문제가 되는 거지. 선생님이랑 먹는
건 괜찮아. 자. (억지로 술을 먹인다.) 애들이 다 보라 같은 모범생이면 선생님
이 얼마나 좋을까? (보라를 끌어안으려 하고, 보라는 선생을 밀어 낸다. 선생, 나동
그라진다.) 이런 쌍! 귀여워 해주니까. 하여튼 요즘 애들은 버릇이 개판이야!

보라 · 죄송합니다.

교장 · 니 담임이 그렇게 가르치든? 아니면 부모님이 선생님한테 그렇게 함부로 하
라고 가르치든? 보라 그렇게 안 봤는데 버릇이 없구나.

보라 · ….

교장 · 잘못했지? 그러면 안돼, 응? 선생님이 보라 귀여워서 그러는 거야. (보라를 껴
안는다.)

배우들, 교장과 보라 주변에서 둘을 구경하다가 역겹다는 반응에 보라, 뛰쳐나오며
투덜거린다. '우리들은 새싹들이다' 노래에 맞춰 음악 시간 대형을 만든다.

#6. 음악 수업

둘리송을 아카펠라로 합창하고 관객들과도 논다.
"만두의 친구가 찐빵이듯이 라면의 친구는 구공탄이죠.
라면이 있기에 세상 살맛나 후루룩 짭짭 후루룩 짭짭 맛좋은 라면"
음악 선생 등장 아이들 자리로 돌아간다.

음악 · 뭐하는 거야? 시험 준비 다했어? (관객석을 향해) 그리고 거기 서 있던 애들은
뭐니? 처음 누구야?

미자, 열심히 가곡 '목련화'를 부른다. 가사를 잊고 지어서 부른다.

음악 · (노래를 중단시킨다) 현미자, 너 어디 가서 내가 네 음악 선생이라고 말하면 안된다. 넌 C야. 다음 누구니?

보라가 나와 바이올린을 연주한다. 선생은 보라 자리에 앉아서 흐뭇하게 바라본다. 아이들은 삐죽거리며 듣고 있다. 혜원, 지원의 연습장으로 꼬리표를 만들어 몰래 선생 등에 붙인다. 아이들, 재미있어 하며 웃음을 참다가 보라의 연주가 끝나자 기다렸다는 듯 환호를 지르고 손뼉 친다.

음악 · 너희들이 웬일이니? 박수를 다 치고?

혜원 · 첼로 소리가 너무 아름다워서요.

음악 · 바이올린을 들으니까 생각나는데, 바이올린 하면 역시 파가니니 아니겠니? 내가 대학원 시절에 파가니니를 배울 때 말이다.

혜원 · 파가니니 되게 비싸다. 한 500만 원은 할걸?

음악 · 니들이 뭘 알겠니? 다만 파가니니는 가구 이름이 아니라 악기 이름이라는 것만 말해 주고 싶구나. 잘했어. 배운 지 얼마나 됐니?

보라 · 1년밖에 안돼요.

음악 · 1년 정도 배워서 이 정도 하면 정말 잘하는 거야. 전공해 볼 생각 없니?

보라 · 전 성적이 되니까요, 그냥 공부로 대학 갈래요.

음악 · 왜? 음대도 괜찮아. 아 참! 이번에 아버님 부장 검사로 승진하셨다며? 축하드린다구 전해 드려라. A야. 그래. 다음.

아이들도 보라에게 부럽다는 듯이 "축하해" "좋겠다"
지원이 하모니카를 들고 나와서 '메기의 추억'을 연주한다.

음악 · 그만 넌 C야.

아이들, 연주에 취해 있다가 항의한다.

음악 · 너희들은 음악에 대한 안목도 없어. 이 음악에 하모니카가 어울린다고 생각하니?

아이들 · 네.

음악 · 애애. 그런 건 옛날에 약장수들이나 불던 거야. 빈티나게스리. 자, 다음.

혜원이 V자를 그리며 나오자 아이들은 기대에 찬 환호를 보낸다.

음악 · 애애 조용히 해. 뭐야. 넌 악기 없어?

혜원 · 전 목소리가 악긴데요. (아이들, 박장 대소한다.)

음악 · (어이없다는 듯) 좋아 해봐.

혜원은 나름대로 열심히 '금강산'을 부르지만 잘 안된다. 아이들이 킥킥대고 웃으며 야유하자 혜원은 '에라 모르겠다' 싶어서 특유의 뽕짝 스타일로 다시 부른다. 열광하는 아이들. 선생이 질색해서 온다.

음악 · 애 그만해. 누가 가곡을 뽕짝으로 바꿔 부르래? 어디서 장난질이야.

혜원 · 선생님, 제 스타일로 리바이벌한 건데요.

음악 · 애, 너 지금 뽕짝이 네 스타일이라고 네 입으로 얘기하고 있는 거니?

아이들 · 그럼요. 혜원이 뽕짝 캡이에요.

음악 · 시끄러. 그런 건 술집에서나 부르는 거야. 내가 니들 그런 데 빠지지 말라고 가곡이니 클래식이니 가르쳐 주는데, 뭐? 뽕짝이 어울려?

혜원 · 선생님, 저희 엄마 아빠도 뽕짝 잘 부르시는데요?

음악 · 그게 자랑이니? 온 가족이 둘러 앉아 뽕짝 부르는 게 그게 자랑이니? 들어가.

혜원 · 점수는요?

음악 · 뭐 했다고 점수를 바라니? 점수 없어, 빵점이야. 다음.

혜원은 입이 퉁퉁 부어서 자리에 들어가고 란희는 옆자리의 지원에게 마이마이를 맡기고 기타를 든다. 한껏 폼잡고 기타를 연주한다. 서태지의 '너에게' 아이들은 열광하며 따라 부른다.

"너의 말들을 웃어넘기는 나의 마음을 너는 모르겠지. 너의 모든 걸 좋아하지만 지금 나에겐 두려움이 앞서. 너무 많은 생각들이 너를 가로막고는 있지만 날 보고 웃어주는 네가 그냥 고마울 뿐이야. 너는 아직 순수한 마음이 너무 예쁘게 남았어. 하지만

나는 왜 그런지 모두가 어려운 걸 세상은 분명히 변하겠지 우리의 생각들도 달라지겠
지 생각해봐 어려운 일뿐이지 나에게 보내는 따뜻한 시선을 때로는 외면하고 얼굴을
돌리는 걸 넌 느끼니 너를 싫어해서가 아니야"

음악 · 애 그만해. 누가 대중가요 연주하라고 그랬어. 어!

란희 · 선생님, 자유곡이라고 하셨잖아요.

음악 · 그건 교과서나 클래식 중에서 자유라고 한 거지.

란희 · 어, 선생님, 밤새도록 연습한 거예요.

음악 · 시끄러. 그런 건 밤무대에서나 부르는 거야.

혜원 · 서태지는 밤무대 안 서요.

음악 · 뭐야? 너 나가서 무릎 꿇어. 넌 점수 없어. 다음.

란희 · 선생님, 재시험 볼게요. 끝까지 하게 해주세요.

음악 · 여기가 네 놀이터인 줄 아니? 그 노래가 그렇게 부르고 싶으면 교육부에 가
서 얘기해. 서태지 음악 교과서에 실어 달라고. 그러면 내가 부르게 해줄게.
애, 너 지금 나 노려보는 거니?

란희 · 아니에요. (자리에 돌아가 앉는다.)

지원, 란희의 마이마이에 빠져서 음악을 듣는데, 란희가 마이마이를 확 잡아채는 바
람에 이어폰이 빠져서 "됐어, 됐어"가 흘러나온다. 선생은 화가 극도로 치밀어서 마
이마이를 집어든다. 테이프를 확인하고 나서는 히스테리 발작에 가깝게 흥분한다.

음악 · 무슨 소리야. 응, 이게 뭐야. 서태지? 누가 내 시간에 이런 거 들으랬어. 악마
같은 새끼, 순 저질. 어디서 미국 하류 문화나 배워 와가지구 말이야. 고등학
교도 졸업 못한 주제에. 서태지가 그렇게 좋아? (테이프를 잡아 뽑아 란희 몸에
감으면서) 차라리 감고 살아라. 감고 살아.

선생이 테이프를 바닥에 내팽개치자 란희, 테이프를 주우려고 한다. 선생이 그걸 보
고 쫓아가서 란희의 손에서 테이프를 빼앗아서 다시 팽개치더니 발로 밟기 시작한다.

음악 · 이런 건 다 부셔버려야 돼. 나를 뭘로 보고, 건방진 것들 니네반은 점수 없을

지 알아. 그리구 니네 담임 선생님한테도 다 이를 줄 알아. 각오해. 순 저질들. 니네반은 다 빵점이야. 빵점.

란희는 믿기진 않다는 듯이 박살난 테이프를 바라보고 있다. 아무 말 없는 아이들의 매서운 시선을 의식한 선생.

음악 · 왜 그래? 너희들 뭐하는 거야? (책 등을 황급히 챙기면서) 누가 내 시간을 이렇게 만들었어? 너희가 뭔데, 감히. 두고봐. 내가 가만있을 줄 알아? 니들 담임 선생님한테 다 이를 꺼야. (퇴장)

란희는 끅끅거리며 울먹이고 있고 지원은 테이프에 감겨서 우두커니 서 있다. 아이들이 란희를 위로하고 지원의 몸에 감긴 테이프를 뜯어 준다. 지원이 하모니카로 '너에게'를 불기 시작하고 보라도 살며시 바이올린을 연주한다. 서태지의 '너에게'가 흐르면서 암전.

#7. 못찾겠다 꾀꼬리

조명 들어오면 형사와 음악 선생 서 있다.

형사 · 이렇게 수사에 협조해 주신다니 감사합니다. 그럼 시작해 볼까요.
음악 · 예.

아이들 뛰어 들어오면서 고무줄 놀이, '전우의 시체,' '무찌르자 공산당,' '월화수목금토일 야!' 선생 둘이 고무줄을 잡고 흔드는 흉내를 내고 있다.
"친구의 시체를 넘고 넘어 앞으로 앞으로 (앞으로) 낙제생아 잘 있거라 우리는 대학 간다. 옆에 앉은 내 친구의 머리를 밟고 올라서서 돈과 명예 움켜쥐는 우리 교육 만만세"
"무찌르자 김선생 몇해 만이냐 (12년) 우리들이 당한 일 처참하구나. 나가자 나가자 자유의 길로 나가자 나가자 자유의 길로. 월화수목금토일 야!"
아이들은 순식간에 흩어진다.

형사 · 아니, 수사 하루종일 할 거예요? 왜 그런 애들 있잖아요? 심하게 맞았다거나, 문제아, 문제아, 아, 왜 그런 애들 있잖아요? 아시는 대로 아시는 대로 말씀해 주세요.

아이들은 무대 장치들 사이에서 고개만 삐죽삐죽 내밀며 한마디씩 한다.

란희 · 제 테이프 돌려주세요.

음악 · 이란희

지원 · 됐어 됐어.

혜원 · 태지는 밤무대 안 서요.

음악 · 최혜원

미자 · 그래요, 저 담배 피워요.

음악 · 현미자

지원 · 가난이 죄죠.

음악 · 최지원

보라 · 선생님 이러지 마세요

음악 · 그리고 요즘은 보라도 좀 이상하더라구요.

아이들 흩어진 상태로 선생을 향하여 마구 지껄인다.

형사 · 아니, 전교생이 다 범인입니까? 이 여자 정신 없구만.(퇴장)

음악 · 아니, 왜 나보고 야단일까?(퇴장)

란희가 살그머니 나오면서 "못찾겠다 꾀꼬리 깽깽이하고 나와라" 하면 아이들 모두 나와서 따라한다. (3번 반복) 아이들의 즐거운 장난.

미자 · 야, 꼰대

아이들 우르르 정리하고 앉는다.

#8. 종례

아이들 의자에 차렷 자세로 꼿꼿이 앉아 있다. 담임, 의자에 앉아 있는 인형을 들고

와 무대 뒤에 선다.

보라 · 전체 차렷! 1996년 8월 1일 2학년 3반 저녁 종례 인원 보고. 총원 56명 사고 무 현재원 56명 종례 준비 끝.

담임 · 이란희, 권혜원, 현미자 나와. (차례대로 때린다. 맞는 마임) 야, 이년들아 니들 은 수업 시간에 도대체 어떻게 된 거야! 개판이야 개판 (때린다) 어디서 배워 먹은 버릇이야! 앉어! (꼬리표를 들고) 나 열받게 하지 마. 이거 누가 썼어? 누 가 썼어! 안 나와 일어서 앉어. 니들은 개돼지 새끼처럼 맞아야 말을 듣지! 일어서 앉어 일어서 앉어(옷을 벗는다) 안 나와! 니들이 이기나 내가 이기나 해보자! (보라, 지원, 란희, 미자, 혜원 순서로 때린다.) 안 나와! 어라 이년들 봐 라! 가방 뒤져서 나오면 죽는 줄 알아. 이란희! (란희, 일어선다. 란희의 소지품 에서 브로마이드를 꺼낸다.) 첫, 이 새끼가 그렇게 좋아? 아예 니 이마빡에다 붙이고 다녀. (브로마이드를 얼굴에 대고 밀어댄다.)

[지원: Yo-Taiji. What are you doing now? 아이들: 오빠! 오빠! 사랑해요!]

란희 · 안돼!

담임 · 안돼긴 뭐가 안돼! (브로마이드를 찢는다) 다음.

(란희 앉고 미자 일어선다.) 현미자! 니가 뭔데 국어 시간 개판 만들어? 너 대학 못가는 게 체육 선생님 잘못이야! 연습 시간 농땡이 피우니까 맞았지 이유 없이 때려? 니가 깡패야? (가방을 뒤지다 생리대를 꺼내고는) 이건 뭐야? 이건 뭐야?

미자 · 생리대요!

담임 · (선생, 생리대를 뜯는다. 담배가 나온다.) 내 이럴 줄 알았어 대갈빡에 피도 안 마른 년이… 아예 대마초를 피우지 그래?

미자 · (째려보며) 안 그래도 그럴려고 해요.

담임 · 뭐야! (미자를 때린다.) [아이들: 담배 피는…] 야 너 그따위로 하려면 학교 나오 지 마 앉어! 다음.

(미자 앉고 혜원이 일어선다.) 음 문제아 또 하나 나왔군! 너 술집으로 출근하지 왜 나와서 말썽이야. 얼굴 화장하고, 머리 염색하고 너 같은 년이 반 평균 깎

아 먹는 거야. 알어? 이년아. 우리 반 이번에 또 꼴찌했어. 돌대가리 같은 년. (가방 속의 오토바이 사진을 보고) 이년 머리 속엔 온통 오토바이뿐이구만. [아이들: 오토바이 타는…] 너도 이따위로 학교 생활하려면 학교 나오지 마! 너 같은 년 필요 없어! 다음

(혜원 앉고 지원 일어선다.) 야, 너 밤일했어? 넌 기집애가 꼴이 이게 뭐야 교복좀 빨아 입고 다녀. 냄새 나서, 얼굴은 부시시해가지고 눈 크게 떠 이년아! 뭐가 될래? (연습장을 발견한다.) 어라, 이 연습장 니꺼 맞지? 이 쥐새끼 같은 년.

지원 · (정색을 하며) 아니에요, 제꺼 아니에요

담임 · 배불둑이 ㅇㅇ했다! 이년이 (때린다) 거짓말이 입에 붙었구만. 너 같은 년은 맞아야 정신 차려! (인형을 마구 때린다.) 너 때문에 담임이 교무실에서 얼마나 망신 당했는 줄 알아! 못된 버릇 뿌리를 뽑겠어. (품속에서 봉투를 꺼내 들고서) 그리고 너 내가 무슨 거지 새낀 줄 알어? 2만 5천원? 이것도 촌지라고 날 주는 거야? 내가 시장통에서 오뎅 판 돈이나 받는 그런 거지 새낀 줄 알아? [아이들: "하하하, 2만 5천원이래. 우와 오뎅 냄새 난다." 교무실 풍경]

담임 · (봉투를 집어던지며) 야, 오뎅이나 많이 팔라고 해. 그리고 앞으로 너희 어머니 학교에 올 땐 그 오뎅 냄새 나는 옷부터 갈아입고 오라고 해. 선생을 뭘로 아는 거야! (지원 선생을 노려본다.) 뭘 노려봐? 이년 버르장머리 못됐군! 니 엄니가 그렇게 가르치든? 오늘 그 못된 버릇 뿌리를 뽑겠어! (사정없이 구타한다.)

미자 · 선생님, 그 꼬리표 제가 붙였어요.

담임 · 뭐야?

란희 · 아니에요. 제가 붙였어요.

보라 · 아니에요. 제가 그랬어요.

담임 · 이 쌍년들이… 좋아, 너희들 오늘 한번 죽어봐. (아이들을 앉히기 위해 마구잡이로 때린다. 성적표를 집어 던진다.) 대학 갈려면 공부나 열심히 해! (나간다)

지원, 조각칼로 교과서를 찢고 아이들도 함께 교과서를 찢으며 선생에게 다가간다. 음악 '교실 이데아'가 점점 크게 흐른다.

담임 · 이년이 정말 죽고 싶나? 이것들이 반항하는 거야! (아이들 죽일 듯이 선생을 향해 다가온다. '교실 이데아'가 점점 크게 흐른다. 선생과 아이들. 선생, 주춤 밀려난다.) 지원이 너 그게 무슨 짓이야! 앉아! 니들 이러면 퇴학이야. 앉아! 앉아! 저리가! 아········ 아········ 악!!!!!

(암전)

#9. 축제

조명 회미하게 들어오면 아이들, 교탁과 큐빅으로 제단을 쌓는다. 교복을 벗어 제단에 쌓는다. 교과서를 찢어 제단에 쌓는다. 허우적거리듯 제단을 천천히 돈다. 제의의 춤. 밑으로 꺼지듯, 바닥을 기듯. 절정에 이르면 지원이 제단 가까이에서 라이타불을 켠다. (조명, 음향 dim out) 라이타불만 켜져 있고 잠시 후 암전.

지원 · (목소리만) 다음 차렌 누구지?

#10. 백지로 인생 표현하기

조명 들어오면 삼삼오오 앉아 있는 아이들
차례대로 종이 하나씩을 가지고 나온다.

란희 · 내 인생은 새야. 지금은 이렇게 날개가 꺾여서 잘 날아다닐 수가 없지만 나도 언젠가는 두 날개를 활짝 피고 날아다닐 꺼야. 내 인생은 새야.

보라 · 내 인생은 원래는 하얀 백지였거든. 그런데 어른들 눈치 보느라고 이렇게 꾸겨지고 꺾여 버렸어.

지원 · 내 인생은 잡초야. 비바람이 불어도 아무도 보살펴 주지 않아. 괜찮아, 이젠 많이 익숙해졌어. 나 잘살 거야. 다른 잡초들처럼.

혜원 · 내 인생은 난파선이야. 어디로 갈지도 모르겠고 사실 가고 싶은 데도 없고. 잘 모르겠어. 내 인생은 난파선이야.

정영 · 내 인생은 똥이야. 난 태어나서 한번도 내 뜻대로 살아본 적이 없거든. 내 인생은 똥이야.

미자 · (가슴에 구멍이 뚫린 사람 모양의 종이를 내밀며) 이게 나야. 나? 다른 애들이랑 똑같아. 친구들도 많고 잘 놀아. 그런데 가끔씩 가슴이 뻥 뚫리는 것 같고 허전하고 가슴속이 너무 시려워. 이거 너 가질래?

아이들 · 이거 너 가질래?

배우들 관객들에게 다가가서 종이를 준다. 이때 갑작스런 호루라기 소리, 아이들 화들짝 놀라서 무대 뒤로 뛰어 들어간다. 암전.

#11. 에필로그

조명 들어오면 대 위에 교장이 유격 조교 복장으로 서 있다.
무대 뒤에서 "학교 종이 땡땡땡 어서 모이자. 선생님이 우리를 기다리신다."
무대 양 옆에서 '학교 종이 땡땡땡'을 부르면서 한 명씩 짝지어 등장한다. 무대 위에서 '학교 종이 땡땡땡'에 맞추어서 정지 동작 2회.
배우들 순번대로 반복적인 동작과 대사

란희 · 창살 없는 / 감옥

미자 · 순종 천국 / 반항 지옥

지원 · 왜 사니 왜 살아 / 대학 가려고 살지

혜원 · 별 보고 학교 가고 / 별 보고 집에 오고

보라 · 졸음 / 참아야 하느니라

정영 · 학교 종이 땡땡땡 / 엿 바꿔 먹자

교장의 호루라기 소리에 맞추어 아이들 일렬로 선다.
아이들, 국민 교육 헌장 제창
순국 선열에 대한 묵념 음악이 흐른다. 암전

커튼콜

조명 들어오면 배우들 로큰롤 댄스에 맞추어 춤추면서 인사한다. ■

[또 하나의 문화] 제13호
새로 쓰는 청소년 이야기 · 1
아이들이 없다

· 초판 발행일
  1997년 5월 26일
· 10쇄 발행일
  2006년 10월 18일
· 편집인
  또 하나의 문화 동인들
· 발행인
  유승희
· 발행처
  도서출판 또 하나의 문화 www.tomoon.com
· 주소
  서울 마포구 동교동 184-6 대재빌라 302호
· 전화
  02-324-7486
· 팩스
  02-323-2934
· 이메일
  tomoon@tomoon.com
· 출판등록번호
  1987년 12월 29일 제9-129호
· ISBN
  89-85635-27-1 03330